高等院校立体化创新经管教材系列

财务报表分析
(第 2 版)

孙建华　主　编
顿朝晖　副主编

清华大学出版社
北　京

内 容 简 介

本书以现代经济理论、现代管理理论为依据，在系统论述企业财务报表分析基本理论、方法和程序的基础上，全面讲述了如何分析企业的资产负债表、利润表、现金流量表，以及如何正确评价企业的营运能力、偿债能力、盈利能力和发展能力，论述了如何进行企业财务综合分析和评价，如何进行财务成本分析、财务预算分析、财务风险分析，并结合上市公司进行了案例分析。

本书力求内容全面、框架完整、结构合理、思路清晰，注重满足信息使用者的决策需要，注重全面讲述财务报表分析理论和方法，注重立足企业管理，密切联系企业实际，倡导并强化案例教学。

本书既适合作为高等院校财经类专业本科生、研究生财务分析课程的教材，也适合作为教师的教学参考用书，各类财务培训教材，以及企业集团、公司、银行实际工作者及各级政府经济管理部门的管理人员进行财务分析的参考书。

本书封面贴有清华大学出版社防伪标签，无标签者不得销售。
版权所有，侵权必究。举报：010-62782989，beiqinquan@tup.tsinghua.edu.cn。

图书在版编目(CIP)数据

财务报表分析/孙建华主编. —2版. —北京：清华大学出版社，2021.6
高等院校立体化创新经管教材系列
ISBN 978-7-302-57781-2

Ⅰ. ①财… Ⅱ. ①孙… Ⅲ. ①会计报表—会计分析—高等学校—教材 Ⅳ. ①F231.5

中国版本图书馆 CIP 数据核字(2021)第 055481 号

责任编辑：陈冬梅
封面设计：刘孝琼
责任校对：周剑云
责任印制：刘海龙

出版发行：清华大学出版社
网　　址：http://www.tup.com.cn, http://www.wqbook.com
地　　址：北京清华大学学研大厦A座　　邮　编：100084
社 总 机：010-62770175　　邮　购：010-62786544
投稿与读者服务：010-62776969, c-service@tup.tsinghua.edu.cn
质量反馈：010-62772015, zhiliang@tup.tsinghua.edu.cn
课件下载：http://www.tup.com.cn, 010-62791865

印　刷　者：北京富博印刷有限公司
装　　订　者：北京市密云县京文制本装订厂
经　　销：全国新华书店
开　　本：185mm×260mm　　印　张：15.5　　字　数：372千字
版　　次：2012年1月第1版　2021年7月第2版　印　次：2021年7月第1次印刷
定　　价：48.00元

产品编号：083521-01

前　言

随着世界经济一体化的发展及我国多层次资本市场体系的不断完善，企业经营者、投资人、债权人等信息使用者越来越重视企业的财务报表分析。企业经营者借助财务分析，评价经营状况及经营效果，发现经营管理中存在的问题，不断改进和完善管理，同时，通过与同行业公司对比分析，明确在竞争中的优势和不足，不断提升自身竞争力；投资人，如各种公募基金、私募基金、投资公司、个人及法人投资者、资本市场现实及潜在投资人等，通过对拟投资企业、行业的全面财务分析，发现和寻找投资机会，更好地做出正确的投资决策；以银行为代表的债权人，通过对拟放贷企业的财务分析，正确评价企业的偿债能力和盈利能力，在支持信贷决策的同时，防范信贷风险；此外，资本运营、收购兼并、政府部门的监管都需要对企业进行财务分析。因此，财务报表分析在经济生活中的作用越来越重要。结合自身的教学及企业实践经验，我们组织编写了本书，以满足会计学乃至其他财经类专业财务分析教学的需要，同时，也为广大从事经济管理的实务工作者提供一些理论指导和帮助。

财务分析又称财务报表分析或财务报告分析，是以企业财务报告及其他相关资料为主要依据，采用一系列专门的分析技术和方法，对企业的财务状况和经营成果进行评价和剖析，为信息使用者提供决策信息的一门应用性学科，是在会计、财务管理和经济活动分析的基础上形成的一门独立的边缘学科。本书分十二章，第一章主要介绍财务分析的内涵、财务分析的作用和目标等一些基本理论，以及财务分析的方法和程序等；第二章至第四章主要结合案例讲述如何阅读企业财务报表，如何进行企业报表分析；第五章至第八章主要讲述如何进行财务效率分析，即如何评价企业的营运能力、偿债能力、盈利能力和发展能力；第九章主要讲述如何进行企业财务综合分析和评价；第十章至第十二章讲述几个财务分析专题，包括成本分析、预算分析和风险分析，并结合上市公司案例分析(电子版)，系统地讲述如何对一家上市公司进行系统性财务分析和评价。

本书由河南财经政法大学孙建华博士任主编，负责设计教材体系、编写提纲、组织分工和审纂定稿，并撰写第三章、第七章；湖南科技大学颜剩勇教授撰写第一章、第十一章；西南财经大学博士研究生薛媛撰写第二章、第五章；河南财经政法大学方拥军博士撰写第四章、第八章；西南财经大学李玉周教授、邓霞云硕士撰写第六章；李玉周教授、杨美丽硕士撰写第十章；河南财经政法大学顿朝晖副教授撰写第九章、第十二章；案例分析由孙建华、顿朝晖指导研究生完成。此外，河南财经政法大学会计学院硕士研究生陈丹、袁莎莎、赵丽娜和陈璐进行了大量辅助工作，并进行了案例的收集和数据的初步处理。

在本书的编写过程中，我们参阅了国内外学者有关财务分析的著作，清华大学出版社编辑及有关同志为本书的顺利出版也付出了辛勤劳动，在此一并表示衷心感谢！

由于作者水平有限，尽管我们非常努力，但书中仍可能会存在错误和不足，恳请各位同仁、读者不吝赐教，以便将来修订时加以完善。

编　者

目　　录

第一章　财务分析概论 1
第一节　财务分析基础 1
　　一、财务分析的概念 1
　　二、财务分析与相关学科的关系 2
　　三、财务分析的分类 3
第二节　财务分析的作用和目标 3
　　一、财务分析的作用 3
　　二、财务分析的目标 4
第三节　财务分析的原则与要求 5
　　一、财务分析的原则 5
　　二、财务分析的要求 6
第四节　财务分析的依据和评价标准 8
　　一、财务分析的依据 8
　　二、财务分析的评价标准 9
第五节　财务分析的组织和程序 10
　　一、财务分析的组织 10
　　二、财务分析的基本程序 11
　　思考题 12

第二章　资产负债表分析 13
第一节　资产负债表分析基础 13
　　一、资产负债表的形式和内容 13
　　二、资产负债表与企业财务状况 16
　　三、资产负债表及其附表举例 16
第二节　资产负债表的项目分析 23
　　一、资产分析 23
　　二、负债分析 29
　　三、所有者权益分析 31
第三节　资产负债表的比较分析 33
　　一、比较资产负债表的编制 33
　　二、比较资产负债表案例分析 33
　　思考题 34

第三章　利润表分析 35
第一节　利润表分析基础 35
　　一、利润表 35
　　二、利润表的附表及分析 38
第二节　利润表主要项目分析 40
　　一、分析目的 40
　　二、对利润表主要项目的分析 40
第三节　利润表的比较分析 43
　　一、损益趋势分析的意义和基本
　　　　方法 44
　　二、绝对额比较分析 44
　　三、百分率比较分析 45
第四节　利润表的结构分析 47
第五节　利润额变动分析 49
　　一、企业利润总额的构成 49
　　二、利润总额变动的关键因素——
　　　　营业利润 49
　　三、营业利润变动的分析重点——
　　　　主营业务利润 50
　　四、产品销售利润额变动的因素
　　　　分析 51
　　思考题 58

第四章　现金流量表分析 59
第一节　现金流量表分析的含义 59
　　一、关于现金流量表 59
　　二、现金流量表分析的目的与内容 ... 60
第二节　现金流量表基本分析 62
　　一、现金流量状况总体分析 62
　　二、现金流量表结构分析 64
　　三、现金流量表主要项目的分析 68
　　四、现金流量表变动分析 71

思考题 73

第五章　企业营运能力分析 74

第一节　企业营运能力分析概述 74
　　一、资产营运能力分析的内容 74
　　二、营运能力分析的目的 75
　　三、企业营运能力分析的意义 76
　　四、影响资产营运能力的因素 77

第二节　流动资产营运能力分析 78
　　一、流动资产周转率分析 79
　　二、存货周转率分析 81
　　三、应收账款周转率 84
　　四、现金周转率 86

第三节　总资产营运能力分析 88
　　一、总资产周转率 88
　　二、不良资产比率 89

第四节　案例分析 89
　　一、案例介绍 89
　　二、营运能力分析 90

　　思考题 91

第六章　企业偿债能力分析 92

第一节　企业偿债能力分析概述 92
　　一、偿债能力概述 92
　　二、偿债能力分析的意义和作用 93

第二节　短期偿债能力分析 94
　　一、短期偿债能力概述 96
　　二、影响企业短期偿债能力的因素 97
　　三、衡量企业短期偿债能力的分析
　　　　指标 98
　　四、影响企业短期偿债能力的表外
　　　　因素 105

第三节　长期偿债能力分析 105
　　一、长期偿债能力概述 105
　　二、影响长期偿债能力的因素 107
　　三、企业长期偿债能力指标分析 107
　　四、影响企业长期偿债能力的表外
　　　　因素 115

第四节　案例分析 116
　　一、短期偿债能力分析 116
　　二、长期偿债能力分析 117
　　三、分析结论 118

　　思考题 118

第七章　企业盈利能力分析 119

第一节　企业盈利能力分析概述 119
　　一、企业盈利能力分析的目的 119
　　二、企业盈利能力分析的内容 120

第二节　企业投资盈利能力分析 120
　　一、资产盈利能力分析 120
　　二、资本盈利能力分析 123

第三节　企业经营盈利能力分析 126
　　一、企业收入利润率分析 126
　　二、企业成本利润率分析 129

第四节　上市公司盈利能力分析 130
　　一、每股盈余指标分析 131
　　二、每股净资产指标分析 133
　　三、托宾 Q 指标分析 134

第五节　盈利质量分析 135
　　一、盈利质量概述 135
　　二、盈利质量分析的必要性 136
　　三、与盈利质量分析相关的因素 137
　　四、企业盈利质量分析方法 137
　　五、企业盈利质量评价指标
　　　　及分析 139

第六节　盈利能力与偿债能力的关系 140
　　一、偿债能力与盈利能力的
　　　　统一性 141
　　二、偿债能力与盈利能力的
　　　　矛盾性 141

第七节　案例分析 142
　　一、行业分析 142
　　二、资产经营盈利能力分析 142
　　三、资本经营盈利能力分析 143
　　四、收入利润率分析 145

五、成本利润率分析 145
　　六、盈利质量分析(分析三年) 145
　　七、总体结论及改进建议 146
思考题 146

第八章　企业发展能力分析 147

第一节　企业发展能力分析概述 147
　　一、企业增长、发展与发展能力
　　　　解析 147
　　二、企业发展能力分析的意义
　　　　与目的 148
　　三、企业发展能力分析的基本框架
　　　　与内容 149
第二节　企业发展能力的财务指标
　　　　 分析 151
　　一、企业销售(营业)增长指标 151
　　二、企业资产增长指标 153
　　三、企业利润增长指标 156
　　四、企业资本增长指标 158
　　五、企业股利增长指标 160
　　六、技术投入比率 161
　　七、企业发展能力的因素分析 161
第三节　案例分析 163
　　一、比率计算 163
　　二、企业整体发展能力分析 165
　　三、结论与建议 166
思考题 166

第九章　企业财务综合分析与评价 167

第一节　财务综合分析和评价概述 167
　　一、财务综合分析和评价的含义 167
　　二、财务综合分析和评价的目的 167
　　三、综合分析和评价的内容 167
　　四、财务综合分析和评价的特点 168
　　五、财务综合分析和评价的要求 168
　　六、财务综合分析与评价的方法 169
第二节　战略分析 169
　　一、战略分析框架：SWOT
　　　　分析法 170
　　二、宏观分析：PESTEL 模型 170
　　三、行业分析：五力模型 171
第三节　财务综合分析与评价 173
　　一、沃尔评分法的步骤 173
　　二、沃尔评分法举例 175
　　三、沃尔评分法的缺陷和改进 176
第四节　杜邦分析法及发展 177
　　一、杜邦分析法的概念和含义 178
　　二、杜邦分析法的特点和基本
　　　　思路 179
　　三、杜邦分析法的程序 180
　　四、杜邦分析法的核心指标 182
　　五、对杜邦图的分析 183
　　六、杜邦分析法案例 185
　　七、杜邦分析法的局限性 189
思考题 191

第十章　企业成本分析与评价 192

　　一、成本分析的内容 192
　　二、成本分析的程序 193
　　三、成本分析的方法 193
　　四、主要产品单位成本分析
　　　　与评价 195
　　五、降低企业成本的方法 197
思考题 200

第十一章　企业财务预算分析 201

　　一、预算的含义 201
　　二、全面预算的概述 204
　　三、财务预算的含义 208
　　四、财务预算的作用 211
思考题 211

第十二章　企业财务风险分析 212

第一节　风险概述 212

一、风险的含义 212
　　二、投资的风险与报酬 214
第二节　企业财务风险 216
　　一、企业财务风险的含义及其
　　　　分类 216
　　二、财务风险的表现 218
　　三、财务风险的特征 219
　　四、财务风险的成因 221
第三节　企业财务危机 222
　　一、财务危机的含义 222
　　二、财务危机发生前的早期表现 222
　　三、企业财务危机的形成过程 224
第四节　财务风险评估与预警 225
　　一、风险评估管理 225
　　二、财务预警 228
　　三、财务风险预警方法 230
思考题 236

参考文献 237

第一章 财务分析概论

知识要点：

财务分析是以企业财务报告及其他相关资料为主要依据，采用一系列专门的分析技术和方法，对企业的财务状况和经营成果进行评价和剖析，为投资者、经营管理者、债权人和其他信息使用者提供决策信息的一门应用性学科，是在会计、财务管理和经济活动分析的基础上形成的一门独立的边缘学科。不同的财务信息使用者由于其使用的环境而不同，而且他们都要遵循一定的原则和要求，在分析时也有相关的依据和标准。进行财务分析时，首先要明确目标，制订分析计划；其次是根据目标收集资料，确定分析对象；然后再选定方法，测算因素影响；最后根据前面的分析，总结评价，提出措施建议。财务分析方法是完成财务分析的方式和手段，最常用的基本方法有比较分析法、因素分析法、趋势分析法、比重分析法、比率分析法、现金流量分析法、量本利分析法和图形分析法。

第一节 财务分析基础

一、财务分析的概念

财务分析又称财务报表分析或财务报告分析，不同的学者对此有不同的解释。

利奥波德·A.伯恩斯坦(Leopold A.Bernstein)和约翰·J.维欧德(John J.Wild)认为："财务报表分析即将分析工具和技术任务用于通用目的的财务报表和相关数据而得出对企业决策有用的预测和推论。财务分析是搜寻及兼并对象的审查工具，是对未来财务状况和结果的预测工具。它也是评价筹资、投资和经营活动的判断工具，是管理和其他企业决策的评价工具。"美国南加州大学教授沃特·乃内思(Water B. Neigs)认为，财务分析的本质在于收集与决策有关的各种财务信息，并加以分析和解释的一种技术。我国财务学者张先治教授等将财务分析定义为："以会计核算和报表资料及其他相关资料为依据，采用一系列专门的分析技术和方法，从偿债能力、盈利能力和营运能力的角度对企业等经济组织过去和现在的筹资活动、投资活动、经营活动等进行分析与评价，为企业的投资者、债权人、经营者及其他关心企业的组织或个人了解过去、评价企业现状、预测企业未来，做出正确决策提供准确的信息或依据的经济运用学科。"

我们知道，投资人、债权人、政府监管部门及企业经营管理者，经常需要了解企业的资产权益信息、收益信息和现金流信息，并以信息为基础，判断企业的财务状况和经营绩效，对未来做出预测。这就需要采用一系列专门的分析技术和方法，依据企业财务报告及其他相关资料，对企业过去、现在、未来的财务状况和经营绩效做出系统客观的分析和评价，以满足有关各方决策的需要。因此，财务分析是以企业财务报告及其他相关资料为主要依据，采用一系列专门的分析技术和方法，对企业的财务状况和经营成果进行评价和剖析，为投资者、经营管理者、债权人和其他信息使用者提供决策信息的一门应用型学科。

二、财务分析与相关学科的关系

财务分析与相关学科的关系主要表现为与会计、财务管理和经济活动分析的关系。

(一)财务分析与会计

财务分析与会计的关系包括财务分析与财务会计和财务分析与管理会计的关系。

(1) 财务分析与财务会计的关系。财务分析以财务会计核算的报表资料为依据,没有财务会计资料的正确性就没有财务分析的准确性,财务分析中的财务报表分析,要以会计原则、会计政策选择等为依据进行。因此,在某种程度上会计分析也是财务会计的一部分,在西方的一些基础会计学中,通常有财务报表分析部分。我国的会计学中有时也包括会计分析部分,但是对财务会计资料进行的分析并不是财务分析的全部含义。

(2) 财务分析与管理会计的关系。管理会计在一些步骤上应用财务分析方法。财务分析的进行也需要以管理会计资料为依据。

(二)财务分析与财务管理

财务分析与财务管理的相同点在于"财务",都是将财务问题作为研究对象。

(1) 研究财务的职能与方法不同。财务分析的职能与方法的着眼点在于"分析",财务管理的职能与方法的着眼点在于"管理",而管理包含预测、决策、计划、控制、分析、考核等。但是财务管理中的财务分析往往只局限于对财务报表的比率进行分析,而不是财务分析的全部内容。

(2) 研究财务问题的侧重点不同。财务分析侧重于对财务活动状况和结果的研究,而财务管理则侧重于对财务活动全过程的研究。

(3) 结果确定性不同。财务分析结果具有确定性,因为它是以实际的财务报表等资料为基础进行的分析;而财务管理的结果通常是不确定的,因为它的结果往往是根据预测值及概率估算的。

(4) 服务对象不同。财务分析服务对象包括投资者、债权人、经营者等所有有关人员;而财务管理的服务对象主要是企业内部的经营者和所有者。

(三)财务分析与经济活动分析

财务分析和经济活动分析的相同点在于"分析",有相同或相近的分析程序、分析方法、分析形式等。其区别主要表现在以下几个方面。

(1) 对象与内容不同。财务分析的对象是企业财务活动,包括资金的筹集、投放、耗费、回收、分配等;经济活动分析的对象是企业的经济活动,除了财务活动外,还有生产活动。

(2) 分析的依据不同。财务分析的依据主要是企业会计报表资料;经济活动分析的依据则包括企业内部各种会计资料、统计资料、技术或业务资料等。

(3) 分析的主体不同。财务分析的主体具有多元性,可以是企业的投资者、债权人,也可以是企业经营者、企业职工及其他与企业有关或对企业感兴趣的部门、单位或个人;经济活动分析通常是一种经营分析,分析的主体是企业经营者或职工。

可见,财务分析与会计、财务管理和经济活动分析有联系,但并不能完全替代,财务分析正是在上述学科的基础上形成的一门独立的边缘学科。

三、财务分析的分类

财务分析按照不同的标准可以划分为以下几种不同的类别。

(1) 按分析内容所包括的范围来划分，财务分析可以分为全面分析和专门分析。全面分析是对一定时期内的企业财务经济活动进行全面详细的分析，包括分析全部财务报表和企业各项财务能力指标的变动趋势，有利于纵观全局、协调平衡、相互联系地对企业财务活动过程及其结果做出总体性的综合评价。但是，全面分析涉及面广、工作量大且需时较长。专门分析则是对某些重大的财务经济问题进行专门深入的调查研究，分析评价重点财务指标的异动情况，它往往能抓住关键问题，发现薄弱环节，及时制定措施。

(2) 按分析的人员来划分，财务分析可以分为专业分析和群众分析。专业分析是财务会计部门、各有关职能部门和有关专业人员对有关财务经济指标的分析。群众分析是广大职工群众在日常生产经营实践中所进行的分析。群众分析是基础，专业分析是骨干，专业分析必须与群众分析相结合。

(3) 从分析时间来划分，财务分析可以分为事前分析和事后分析。事前分析又称为预测分析，事后分析又称为总体分析。事后分析又可分为日常分析、定期分析和不定期分析。

(4) 从分析空间来划分，财务分析可分为厂内分析和厂际分析。企业内部各单位进行的分析，包括全厂分析、车间分析和班组分析，均属于厂内分析。企业与企业之间同类财务经济指标的对比分析，称为厂际分析，它有利于激励后进，找差距，挖潜力。

(5) 从分析的计量来划分，财务分析可分为静态分析和动态分析。静态分析是对计量单一报表各项目之间的关系所作的分析。动态分析是对计量连续报表中各项目之间的关系所作的分析。静态分析通过对经济活动各项目之间的关系分析，找出其内在联系，揭示其相互影响与作用，反映其财务状况。动态分析则通过对不同时期经济活动的对比分析，揭示经济活动的变动及其规律。

(6) 按分析主体与分析对象的关系来划分，财务分析可分为外部分析和内部分析。外部分析是指外部分析主体依据企业必须披露和自愿披露的信息所作的分析。内部分析是指企业内部分析主体依据直接接触的会计账簿和企业的其他所有相关信息所作的分析。通常银行信贷分析、投资者的投资分析等属于外部分析，而企业管理者从经营角度进行的分析则属于内部分析。

总之，财务分析的种类多样，要根据不同的分析对象和目的，因地制宜地采取灵活多样的财务分析形式，同时，各种组织形式要相互结合、相互补充。

第二节　财务分析的作用和目标

一、财务分析的作用

财务分析以企业财务报告及其他相关资料为主要依据，对企业的财务状况和经营成果进行评价和剖析，反映企业在经营过程中的利弊得失和发展趋势，从而为改进企业财务管理工作和优化经济决策提供重要的财务信息。财务分析既是对已完成的财务活动的总结，又是财务预测的前提,是财务管理过程中承上启下的环节。做好财务分析工作具有以下重要作用。

(一)财务分析是评价财务状况、衡量经营业绩的重要依据

通过对企业财务报表等核算资料进行分析,可以了解企业偿债能力、营运能力、盈利能力和发展能力,便于企业管理当局及其他报表使用人了解企业财务状况和经营成果,并通过分析将影响财务状况和经营成果的主观因素和客观因素、微观因素与宏观因素区分开来,以划清经济责任,合理评价经营者的工作业绩,并据此奖优罚劣,以促使经营者不断改进工作。

(二)财务分析是挖掘能力、改进工作、实现理财目标的重要手段

企业理财的根本目的是努力实现企业价值最大化。通过财务指标的设置和分析,能了解企业的盈利能力和资金周转状况,不断挖掘企业改善财务状况、扩大财务成果的内部潜力,充分认识未被利用的人力资源和物质资源,寻找利用不当的部分及原因,发现进一步提高利用效率的可能性,以便从各方面揭露矛盾、找出差距、寻求措施,促进企业经营理财活动按照企业价值最大化的目标实现良性运行。

(三)财务分析是合理实施投资决策的重要步骤

投资者及潜在投资者是企业重要的财务报表使用人,他们通过对企业财务报表的分析,可以了解企业偿债能力的强弱、运营能力的大小、获利能力的高低以及发展能力的增减,可以了解投资后的收益水平和风险程度,从而为投资决策提供必需的信息。

二、财务分析的目标

财务分析的目标取决于财务分析信息使用者的目标。虽然不同的使用者具有一定的共性,但是他们都有其特殊的环境和目的。

财务分析的使用者主要有外部使用者和内部使用者。外部使用者主要有投资者、债权人、客户和政府等;内部使用者主要有经营者和职工等。不同的使用者,目的不同。

投资者的利益源于资本收益和股利收益。资本收益是资本市场上企业资本价格上扬的结果,股利收益则是企业将获取的利润按一定的比例分给投资者的现金或实物资产。这些利益决定投资者分析的目的,与企业的盈利能力、风险水平、经营效率和发展潜力相关。

债权人的利益源于持有债权的安全完整性和利息收益。债权的安全完整性主要取决于债务人的经营状况和信誉程度,而利息收益则直接与企业的盈利能力相关。

政府的利益源于企业缴纳的各种税金,这些税金包括与收入相关的流转税、与盈利相关的所得税、与财产金额相关的财产税等。可见,国家的利益直接与企业的资产规模、收入水平和盈利能力相关。

客户的利益源于企业良好的信用和持续发展。供应商可以从及时收回的货款和持续的销售合同中获益;购货方可以通过购进质优价廉的产品受益。而这一切又与企业的盈利能力、偿债能力和营运能力相关。

经营者的利益来源与完成受托责任的好坏相关。而受托责任往往表现为具体的财务指

标，如资本增值额、投资报酬率、销售利润率等。

职工利益来源于企业支付的工资、奖金和福利。虽然这些利益不完全与企业经济效益有关，但有些部分仍受企业经济效益的影响，如奖金、福利等。

第三节 财务分析的原则与要求

一、财务分析的原则

财务分析的基本原则，既是财务经济分析工作内在要求的集中反映，也是财务分析所提供的信息的使用者对分析工作具体要求的集中体现。财务分析的基本原则来源于财务分析工作实践经验的提炼与概括，它已成为财务分析工作的指导规范。

财务分析应遵循的基本原则如下。

(一)实事求是原则

实事求是原则就是要从企业的实际财务状况出发，做出财务分析。实事求是原则要求财务分析工作人员应具备客观、公正的优秀品质，敢于面对现实，充分揭露问题，注重让事实说话。坚持实事求是原则，并不排除具体问题具体分析和具体情况具体对待，即要求在尊重事实的基础上，充分考虑分析对象的特殊性，善于把分析对象与所处的特殊环境结合起来，全面、深入地分析影响分析对象的各种不同的因素，找出使其发生增减变动的真实原因。

(二)科学性原则

科学性原则要求对企业进行财务评价时对财务指标的选取、指标权重系数的确定、数据的选取、计算与合成必须以公认的科学理论(统计理论、管理与决策科学的理论等)为依据。同时必须对企业的社会责任表现和诸多方面的相互关系做出准确、全面的分析、描述和评价。此外还要避免指标间的重叠。

(三)系统性原则

企业社会责任财务评价是对企业的经济责任、法律责任、生态责任和伦理责任等社会责任表现的全面综合的评价，不能"只见树木，不见森林"。设计财务评价指标体系应注意各种指标间的相互关联，既要充分考虑各指标之间的内在联系，也不应使各指标之间评价的内容相互重复，确保评价的完整性和系统性。

(四)动态性原则

根据企业生态学的系统生存理论，任何一个企业都是动态存在的。因此为了客观评价企业的社会责任表现，还必须考虑企业未来的生存与发展能力，即从动态的观点对企业的社会责任进行财务分析与评价，而不能仅仅依据企业在某一时点或某一时期的资料进行分析评判。

(五)可操作性原则

可操作性原则一方面要求作为计量和评价的数据必须以客观事实为基础,另一方面要求用于分析评价企业社会责任的各项财务指标的数据易于取得。否则,指标再好,也会由于计算指标的数据难以取得或没有客观事实而缺乏实际的价值。

(六)成本效益性原则

组织任何一项简单或复杂的财务分析工作,都要花费一定的人力、物力和财力。成本效益性原则要求在开展财务分析时,要讲求成本最低、效果最佳。成本效益性原则要求关注每一项分析工作所需成本与其可能取得的效果之间的对比关系,还要求财务分析应注意时效性。对于财务活动中出现的新情况、新问题,要积极配合开展可行性分析,以便及时发现问题,总结经验,为下一阶段更有效地开展各项理财活动提出建设性意见。

(七)可比性原则

可比性原则要求企业社会责任财务评价从指标设计到评价结果要能进行横向和纵向比较,具有企业之间的可比性和历史可比性。

(八)可理解性原则

财务分析是财务信息深度加工与转换的过程,其目的是为企业管理者和外部利害关系者提供更具有使用价值的决策信息。因此,这些信息应该是容易被理解的。如果分析指标复杂烦琐,或似是而非,或深奥莫测,就不易被信息使用者所接受,从而也就丧失了财务分析应有的功能。可理解性原则要求分析结论简明扼要、通俗易懂,不仅让专业人员能够理解,而且应尽量能被广大非专业人士所接受。这有利于将分析中揭示的成绩与问题公之于众,集思广益,为更有效地开展财务分析奠定坚实的群众基础;同时也有利于进一步增强企业职工的主人翁责任感,充分调动他们在生产经营管理中的积极性。

二、财务分析的要求

财务分析的要求取决于财务分析的目的,而财务分析的目的取决于财务分析信息使用者的目的,不同的财务分析信息使用者有不同的财务分析要求。

(一)投资者

权益投资者包括公司现有的和潜在的股东。权益投资者可能面临的投资决策问题包括股票的买进、持有、卖出,以及买卖时点、买卖组合的确定等。为了决定是否投资,潜在股东与中介机构要求分析公司的未来盈利能力和经营风险;为了决定是否转让股份,现有股东或中介机构要求分析企业盈利状况、股价变动和发展前景;为了考察经营者业绩,股东要求分析资产盈利水平、破产风险和竞争能力;为了决定股利分配政策,股东要求分析筹资状况。

(二)债权人

债权人是指银行、债券持有者和其他一些贷款给公司的机构或人员。银行等贷款人为决定是否给公司贷款，要求分析公司是否有能力定期支付利息并到期偿还贷款本金，据此确定是否贷款并制定债务条款；为了解债务人的短期偿债能力，要求分析其资金流动状况；为了解债务人的长期偿债能力，要求分析其盈利状况和资本结构。

(三)政府

政府兼具多重身份，既是宏观经济管理者，又是国有企业的所有者和重要的市场参与者，因此政府对企业财务分析的关注点因所具身份的不同而异。政府对国有企业投资的目的，除关注投资所产生的社会效益外，还必然对投资的经济效益予以考虑，在谋求资本保全的前提下，期望能够同时带来稳定增长的财政收入。因此，政府考核企业经营理财状况，不仅要求了解企业资金占用的使用效率，预测财政收入增长情况，有效地组织和调整社会资金资源的配置，而且还要借助财务分析，检查企业是否存在违法违纪、浪费国家财产的问题，最后通过综合分析，对企业的发展后劲以及对社会的贡献程度进行分析考察。另外，政府合同的价格以成本加成为基础，政府要求通过财务成本分析确定政府合同的价格，从而决定公用事业费率。政府对陷入财务困境公司的挽救以及对企业贷款做出的担保，也要以财务分析为依据。

(四)客户

供应商为决定建立长期合作关系，要求分析公司的长期偿债能力和盈利能力；为制定信用政策，要求分析公司的短期偿债能力。

顾客关注自身与公司的长期关系，关注公司的售后服务以及今后的优惠，要求分析公司的财务实力、发展趋势和持续供货能力等。

(五)经营者

公司董事会、监事会受股东委托监督管理层，要求分析评价公司财务报表的质量和管理层的经营业绩。公司管理层(如首席执行官、执行董事、总监等)负责公司的经营和战略决策，是财务报表信息最主要的内部使用者。为满足不同利益主体的要求、协调各方面的利益关系，管理层必须详尽了解和掌握公司经营理财的各个方面，包括偿债能力、运营能力、盈利能力及发展能力的全部信息，以便及时发现问题，采取对策，规划和调整市场定位目标、策略，进一步挖掘潜力，为经营效益的持续稳定奠定基础。此外，基于财务报表指标的明示或暗含的报酬计划，管理层也会分析自身的经营业绩。

(六)员工

雇员基于自身的职业发展规划，要求分析公司经营的持续性和盈利能力，分析其工资和工作环境的公允性，分析退休金的保障程度，并根据财务报表信息签订和履行劳动补偿合同。

(七)中介机构

注册会计师为减少审计风险，要求评估公司的盈利能力和破产风险；为确定审计的重点，要求分析财务数据的异常变动。

并购分析师关心的是分析确定潜在兼并对象的经济价值和评估其在财务和经营上的兼容性。

媒体基于对资本市场的监督和提供投资建议，也会分析公司的财务状况、经营成果和现金流量等情况。

第四节　财务分析的依据和评价标准

一、财务分析的依据

财务分析的依据主要来自企业的内部信息和外部信息。

企业内部信息主要包括会计信息、统计信息与业务信息、计划与预算信息。会计信息又可分为财务会计信息和管理会计信息。财务会计信息主要指财务会计报告，包括资产负债表、利润表、现金流量表等国家财务会计制度规定企业编制的各种报表、财务报表附注、管理层的解释和讨论、审计师意见、社会责任报告等。管理会计信息主要包括责任会计核算信息、决策会计核算信息和企业成本报表信息。统计信息主要是指各种统计报表和企业内部统计信息。业务信息则是指与各部门经营业务及技术状况有关的核算与报表信息。总之，统计信息与业务信息包括企业除会计信息之外的其他反映企业实际财务状况或经营状况的信息。计划及预算信息是企业管理的目标或标准，主要有企业的生产计划、经营计划、财务计划以及各种消耗定额、储备定额、资金定额等。

企业外部信息包括国家的宏观经济政策与法规信息、综合部门发布的信息、证券市场信息、中介机构信息、报纸杂志信息、企业间交换的信息和国外有关信息等。国家的宏观经济信息主要是指与企业财务活动密切相关的信息，如物价上涨率或通货膨胀率、银行利率和各种税率等；有关法规包括会计法、税法、会计准则、审计准则、会计制度等。综合部门发布的信息包括国家统计局定期公布的统计报告和统计分析、国家经委的经济形势分析、国家发改委的国民经济计划及有关部门的经济形势预测信息等。证券市场信息包括各证券市场和资金市场的有关股价、债券利息等方面的信息以及财务分析师预测信息等。中介机构信息主要有会计师事务所、资产评估事务所等提供的企业资产评估报告和审计报告等。报纸杂志信息是指各种经济著作、报纸及杂志的科研成果、调查报告、经济分析中所提供的与企业财务分析相关的信息。企业间交换的信息为企业与同行业其他企业或有业务往来的企业间相互交换的报表及业务信息等。国外有关信息是指从国外取得的各种经济信息，其获取渠道有出国考察访问、购买国外经济信息报纸杂志、国际会议交流等。

财务报表是财务分析最直接、最主要的依据。依据财务报表得出有效的分析结论要求具备两个前提条件：一是财务报表具有反馈价值，能够如实地反映过去；二是财务报表具有前瞻价值，一贯稳定具有可预测性。但财务会计本身存在固有的局限性，财务会计对经营业绩和财务状况的反映不是照相而是速写，存在着可能偏离实际业绩和状况的因素。这些因素包括：会计准则的统一性限制了企业的个性化报告；管理层有选择会计政策的自由；管理层选择会计估计的可能偏差和误导；交易事项对会计结果的影响可能受人为操作等。影响财务报表质量的因素有很多，如会计准则和监管、财务数据估计和预测的准确性、审计的有效性、法律环境和诉讼的可能、管理人员操纵盈利的动机和机会等。

由于以上原因，使得财务报表存在以下三个方面的局限性：①财务报表没有披露公司的全部信息，管理层拥有更多的信息，得到披露的只是其中一部分；②已经披露的财务信息存在会计估计误差，不一定是真实情况的准确计量；③管理层的各项会计政策选择，使财务报表会扭曲公司的实际情况。

因此，我们在进行财务分析时要做好三项工作：①全面系统地收集各类信息，既要收集财务信息，也要收集非财务信息；既要收集公开披露的信息，也要收集内部信息；既要收集静态信息，也要收集动态信息。②对有关分析资料要注意口径是否一致，剔除不可比因素。③从实际出发，坚持实事求是，反对主观臆断、结论先行、搞数字游戏。同时，注意识别盈利操纵的警示信号：如未经解释的会计方法变化；未经解释的资产交易盈利；应收账款和存货不成比例地增减；净利润和现金流量变化的不一致；期末(12月份)的大量交易；递延和未摊销资产的不寻常变化；关联交易；非标准审计意见等。

二、财务分析的评价标准

确立企业社会责任财务评价标准是企业社会责任财务评价的基础工作。不同的社会责任财务评价标准，会对企业的社会责任表现得出不同的结论。正确确立或选择企业社会责任财务评价标准，对于引导企业良好的企业责任行为具有十分重要的现实意义。通常，企业社会责任财务评价标准有：经验标准、历史标准、行业标准、预算(计划)标准和法律标准。

(一)经验标准

经验标准是指依据人们长期大量的实践经验的检验而形成的标准。经验标准来自社会中许多企业的经验，或者行业中许多企业的经验。这些经验数据虽然不具有法律效力，但却被人们所认可，是约定俗成的数据。例如：流动比率的经验标准为2∶1；速动比率的经验标准是1∶1等。还有，当流动负债对有形净资产的比率超过80%时，企业就会出现经营困难；存货对净营运资本的比率不应超过80%等，都是经验标准。值得注意的是，经验标准只是对一般情况而言，不同时期、不同行业、不同地区可能还会有不同的经验数据，选择适当的经验数据对分析评价企业的财务指标有着重要作用。

(二)历史标准

历史标准是指以企业过去某一时间的实际业绩为标准，如上年平均值、上年同期实际值、历史上某一年的业绩、历史上的最好水平等。根据历史标准可以查明该企业所分析的项目比过去是有所改善还是正在恶化，以总结经验，找出存在的问题并分析原因，做出评价。历史标准的好处：一是比较可靠，它是企业曾达到的水平；二是具有较好的可比性。其不妥之处在于：一是现实要求与历史要求不同可能导致历史标准比较保守；二是历史标准适用范围较窄，只能说明企业自身的发展变化，不能全面评价企业在行业中的地位与水平。尤其对于外部分析，只用历史标准是远远不够的。

(三)行业标准

行业标准是指根据行业生产经营特点制定的反映行业财务经济状况和社会责任表现的

水平。该标准在企业财务评价中得到广泛认可。行业标准可以根据不同的依据划分为不同的类别,如按标准的先进程度可以划分为行业先进标准和行业年均标准;按地域可划分为国际标准和国内标准。同一行业还可以按经营规模或其他技术条件等分类制定不同类的行业标准,可以说明本企业在行业中所处的地位与水平。值得注意的是以下三个因素会影响行业标准的运用:一是同行业不同链节上的两个公司不一定可比;二是跨行业的大企业不适合运用某一行业标准进行评价;三是由于会计方法的限制,同行业中运用不同会计方法核算的企业,运用行业标准评价会不准确。

(四)预算(计划)标准

预算(计划)标准是企业根据自身条件或经营状况所制定的目标标准(计划)。预算(计划)标准通常在一些新的行业、新建企业,以及垄断性企业中运用较多。对于其他行业和企业,运用预算(计划)标准也是有益的,因为预算(计划)标准可将行业标准与企业历史标准相结合,比较全面地反映企业的状况。尤其对于企业内部开展社会责任财务评价,预算(计划)标准更有其优越性,可考核评价企业各部门的社会责任表现以及企业社会责任总表现。但是,预算(计划)标准对于外部评价企业社会责任表现作用不明显。另外,预算(计划)标准的确定受人为因素影响,缺乏客观依据。

(五)法律标准

法律标准是指国家在法律法规中所制定的企业所必须遵照执行的标准。目前我国还没有统一的企业在社会责任方面的专用法律规范,许多规定都分散在相关的法律法规中。

第五节 财务分析的组织和程序

一、财务分析的组织

财务分析的组织可分为外部分析组织和内部分析组织。

外部分析组织是指企业外部机构或个人对企业财务分析的组织,即成立财务分析小组。它主要包括财务分析小组人员的配备与分工。这种配备和分工应注意人员之间的专业搭配和特长发挥,同时协调好内外关系,以便财务分析工作的顺利进行。内部分析组织是指内部分析的机构设置和人员分工,即设置专门的财务分析部门。财务分析部门应同企业的规模和治理结构相适应。一般而言,内部分析组织应由企业主管人员负责领导和组织,设有总会计师的企业,可由总会计师负责领导和组织,实行"统一领导,分级管理",按企业内部管理层次分级组织财务分析工作。企业内部各职能部门可根据工作范围和岗位责任,由专业人员负责本部门的分析工作。财务部门作为全面、综合核算和监督企业经济活动的综合部门,负有对企业经济活动进行全面财务分析的责任。

为了实现财务分析的功能与目的要求,财务分析小组应做好充分的业务准备,具体来说,应该在分析资料的数量和质量方面有充分的准备。

分析资料的数量,主要是反映企业财务的报表应按规定的表格数量定期编制,这是财务分析的资料基础。此外,还应补充一些其他相关资料,作为全面分析评价的依据。例如:

核算资料，即除财务报表以外的包括会计核算、统计核算、业务核算的各种有关凭证、账簿、报表资料等；计划资料，包括国家和主管部门下达的计划以及企业自身制订的计划；定额资料，包括材料、能源消耗定额和工时定额等各种技术经济定额；调查资料，即各种专题调查和现场调查资料；同行业资料，即同行业的主要财务经济指标资料；合同资料，即与外单位签订的合同协议等；其他资料，即会议记录、决议、文件、报告等。

分析资料的质量，主要是财务报表所提供信息的质量要高，才能保证财务报表分析结果的正确性。根据美国会计师公认会计原则委员会的意见，财务报表应具有相关性、理解性、验证性、公正性、及时性、可比性和完整性。

综上所述，财务分析的信息保证主要是从分析资料数量的完备性和财务报表提供资料质量的可靠性两个方面来体现，尤其是信息质量更重要。尽管如此，财务报表也难以做到十全十美，一般都会存在不足之处。因此，在进行财务报表分析时，应尽量克服报表本身的缺陷：一是财务报表中的数据常采用估计与判断而得出，因此应注意分析结果的近似性；二是要考虑物价变动对报表中数据的影响，尤其是历史报表资料的数据应结合市价予以适当调整；三是财务报表以数字资料为主，而无法表达非货币量表示的其他资料，如企业的外部环境、内部条件以及经营管理水平等情况，而它们对企业财务状况都能产生重要影响。因此，在进行财务报表分析时，应做到定量分析与定性分析相结合，使财务分析结论更加可信。

二、财务分析的基本程序

财务分析一般按以下程序进行。

第一，明确目的，制订分析计划。根据企业分析期间的工作重点，确定应进行财务分析的范围和问题，制订财务分析计划时，应规定分析的目的要求、分析工作的组织分工，确定采取的分析形式与分析程序，安排分析工作的进度和确定分析资料的种类和来源等。财务分析工作应按计划进行，但在实际分析过程中可以根据具体情况进行修改和补充。

第二，收集资料，确定分析对象。为了全面分析企业财务活动、正确评价企业的经营绩效，应完整地收集整理分析资料。收集整理分析资料之后，还必须认真核查核实分析资料，只有真实可靠的分析资料才能保证分析工作的质量。检查核算资料应根据资料的来源和类别，采取适当的方法进行，重点在于检查分析资料的真实性和合法性。在此基础上，通过对资料数据的研究和比较，制定分析目标，确定分析对象。

第三，选定方法，测算因素影响。根据分析指标的性质及其指标之间的相互联系，选定合适的分析方法，寻找指标变动的因素，并测算各因素变动对财务指标变动的影响，以便根据计算结果分清主次，区别利弊。这是财务分析工作的中心环节。

第四，总结评价，提出措施建议。结合本单位的特点和历年的状况，对分析结果进行认真的总结和评价。肯定成绩，发现问题，实事求是地评价过去，科学地预测未来，提出合理化建议和改进工作的措施，供企业领导决策时参考。

拓展阅读

"财务分析方法"的内容扫右侧二维码。

财务分析方法.doc

思 考 题

1. 简述财务分析的内涵。
2. 简述财务分析的目标与任务。
3. 简述财务分析的原则与要求。
4. 简述财务分析的依据与评价标准。
5. 财务分析的基本程序是什么?
6. 财务分析方法体系应具备哪些功能?
7. 财务分析的基本方法有哪些?其特点各是什么?

第二章　资产负债表分析

知识要点：

资产负债表是企业的四大财务报表之一，它反映企业在某一特定时点的财务状况。对资产负债表的分析历来是财务报告的重点，尤其对债权人和投资者进行偿债能力分析和资本保值分析具有重要意义。另外，对资产结构的考察也有助于判断企业的盈利能力。本章将首先介绍资产负债表的形式和内容，在此基础上，再分别介绍资产负债表的主要项目分析、比较分析和结构分析。

第一节　资产负债表分析基础

一、资产负债表的形式和内容

资产负债表是反映企业在某一特定时点财务状况的会计报表。它是一种静态报表，以"资产=负债+所有者权益"这一会计方程式为其基本结构的理论基础，按一定的标准和顺序列示企业的资产、负债和所有者权益。

资产是企业所取得的、可控制的，能够用来进行生产经营活动并带来经济利益的经济资源，其所有权属于企业法人。所谓企业法人财产权，就是企业对其资产所拥有的权利。在资产负债表中，资产位于表的左边，反映的是企业所拥有的财产。资产项目按照其流动性大小依次排列，流动性强的在前，流动性弱的在后。

负债和所有者权益位于资产负债表的右边，反映的是企业的资金来源，即企业用于获得各项资产的资金来自何方：多少来源于债权人，多少来源于权益投资者(股东)。负债反映的是企业所欠债权人资金的支付，根据到期期限的长短，分为流动负债与非流动负债。在排列时，各项负债根据其偿还时间的先后排列，先偿还的在前，后偿还的在后。所有者权益(又称股东权益)反映的是企业股东所拥有的财富价值。所有者权益项目按其永久程度的高低排列，永久程度高的在前，永久程度低的在后。

负债与权益是企业的两类资本来源，债务资本的求偿权先于权益资本。企业的现金流入在扣除各项运营成本支出(工资、原材料、燃料动力等)之后，剩余的属于资本投资者的现金流量首先支付给债权人(债务资本提供者)，其余部分才属于企业的股东(权益资本提供者)。这些剩余现金收益的价值就是股东权益的价值，它等于企业价值减去负债的价值。在经济学上，它反映的就是股东的剩余索取权，即当企业的资产变现并偿付所有债务后的剩余，不论多少，都归股东所有。

从资金投入者的角度，可以将企业的资金来源分为资本性投资和非资本性投资。资本性投资是指企业的各项借款(包括企业的长、短期债券)和股东权益，这些资金的投入者向企业投入资金后直接向企业索取利息或现金股利的回报，他们的目的是取得资本的回报或增值。他们分别构成企业的债务资本和权益资本，企业使用这些资金是要付出直接成本的，而且需要通过专门的筹资活动才能获得这些资金。非资本性投资是指企业流动负债中的各种应付项，如应付账款、应付职工薪酬、应交税费等。这些应付项作为企业的资金来源，是在企业的生产经营活动中正常形成的，资金提供者的目的也不是为了直接索取投资的回报。比如，应付职工薪酬和应交税费是由于成本与税金的核算与实际支付时间的自然差异形成的；应付账款是企业在采购活动中由供货商提供的商业信用，如果企业在规定的期限内偿还货款，并不需要为此支付利息。也就是说，企业使用这些资金并不需要支付资金成本。因此这些资金来源也被称为企业的自然负债，在很多情况下不需要企业刻意安排，在生产经营活动中自然形成。

(一)资产负债表的形式

资产负债表的形式主要有三种：账户式、报告式和营运资金式。

1. 账户式资产负债表

账户式资产负债表，是我国企业普遍采用的形式，是将企业的资产和负债及所有者权益按会计平衡等式"资产=负债+所有者权益"分为左右两方，左方列示资产，右方反映企业负债和所有者权益。由于全部资产从所有者权益来看，不是属于债权人，就是属于投资者，因此资产负债表左方的总计和右方的总计永远相等，始终保持平衡。由于其整体设计与T形账户类似，故称之为账户式。这种格式的资产负债表将各项目分左右两方对称排列，方便阅读，因而应用最为广泛。

2. 报告式资产负债表

报告式资产负债表将所有项目按照资产、负债、所有者权益的顺序依次排列，同时依据会计平衡等式"资产=负债+所有者权益"集中反映企业财务状况的各项指标。这种形式便于灵活掌握情况，因此也是一种常用的形式。

3. 营运资金式资产负债表

营运资金式资产负债表，即先列示流动资产，然后列示流动负债，根据"流动资产-流动负债=营运资金"的关系式而得出营运资金，再加上非流动资产并减去非流动负债后得到股东权益。至于各类科目，另编明细表加以说明。这种形式的资产负债表同样依据会计平衡等式"资产-负债=所有者权益"。

(二)资产负债表的内容

资产负债表主要反映企业资产、负债、所有者权益等项目的有关情况。资产负债表的基本结构如图2-1所示。

账户式资产负债表各项目的具体内容如下。

1. 流动资产

资产根据其变现的时间长短分为流动资产与非流动资产。流动资产是指可以在一年内或超过一年的一个营业周期内变现或者耗用的资产，此类资产列作资产项目的首位，是计算企业偿债能力的基础，在日常经营活动中占有极其重要的地位。它包括货币资金、交易性金融资产、应收票据、应收账款、预付账款、其他应收款及其他流动资产。

```
流动资产：              流动负债：
  现金
  应收账款              非流动负债
  存货
                        股东权益：
非流动资产：              股本
  固定资产                留存收益
  无形资产
  ……
```

图 2-1　资产负债表的基本结构

2. 长期投资

长期投资是指不准备随时变现、持有时间在一年以上的有价证券投资以及超过一年的其他投资，如股票投资、债券投资等。

3. 固定资产

固定资产是指使用期限超过一年、单位价值在规定标准以上并且在使用过程中保持原有物质形态的资产，包括房屋及建筑物、机器设备、运输设备、工具和器具等。资产负债表主要反映固定资产原价、累计折旧、固定资产净值、固定资产清理、在建工程、待处理固定资产净损失等内容。

4. 无形资产及递延资产

无形资产是指企业长期使用但没有实物形态的资产，包括专利权、商标权、著作权、土地使用权、非专利技术、商誉等。

递延资产是指不能全部计入当年损益，应当在以后年度内分期摊销的各项费用，比如开办费、固定资产修理支出、租入固定资产的改良支出、摊销期在一年以上的其他待摊费用等。

5. 其他资产

其他资产是指不属于上述各类的资产，如不列作无形资产的开办费、未摊销费用、非常损失和杂项资产等。

6. 流动负债

流动负债是指将在一年或者超过一年的一个营业周期内偿还的债务。它与流动资产的比值是衡量企业偿债能力的依据。其具体包括短期借款、应收票据、应付账款、预收账款、应交税费、一年内到期的长期负债以及其他流动负债。

7. 长期负债

长期负债是指偿还期在一年或超过一年的一个营业周期以上的债务，包括长期借款、应付债券、长期应付款以及其他长期负债。

8. 所有者权益

所有者权益是指企业投资者对企业净资产的所有权，包括企业所有者投入资金以及留存收益等，也可称为净资产。为反映所有者权益的来源及其变动情况，在资产负债表中所有者权益一般分实收资本、资本公积、盈余公积、未分配利润四部分列示。

二、资产负债表与企业财务状况

财务状况是指一个企业资产、负债、所有者权益的存在状况及其相互关系和财务报表中未能揭示的或有事项、承诺及其他财务事项的存在状况。资产负债表披露了一个企业基本的财务状况，通过资产负债表提供的信息，报表使用者可以了解企业资产的构成、资金来源的结构、资产的流动性和偿债能力。因此，对于需要了解企业财务信息的债权人、投资人、政府和企业管理当局来说，资产负债表是非常重要的。他们可以根据此表提供的信息并结合利润表、现金流量表等相关内容，按照自己的动机与利益需求加以分析和判断，为企业财务决策提供可靠的依据。

一般来说，资产负债表所披露的信息能对报表使用者起到如下作用。

(1) 资产负债表最主要的功能在于将会计期结束日企业的财务状况用货币金额表达出来。分析人员可以通过报表数字的信息了解企业的财务现状，如果再加上多期报表的比较，即可预测企业的财务趋势。

(2) 评估企业资产的流动性。资产负债表可以揭示企业所掌握的资产及其分布结构，显示企业资产的流动性与变现能力。它通过流动比率、速动比率等来具体体现。

(3) 可以揭示企业的资本结构，通过计算资产负债率等，可以评估企业的财务风险。

(4) 有助于评估企业的盈利能力。结合利润表的数据，通过计算资产报酬率、权益报酬率等，可以反映企业的盈利能力。

三、资产负债表及其附表举例

(一) HL 公司的资产负债表

资产负债表的具体结构、格式如表 2-1 所示。

(二) 附表

为了便于国家进行宏观管理和制定政策以及满足各方投资者和债权人对企业会计信息的需要，企业必须按时提供资产负债表等财务报表；同时，为了加强内部管理和进行经营决策，企业还必须编制满足内部需要的有关报表，作为对资产负债表的补充说明。企业内部报表主要有"存货表""固定资产及累计折旧表""在建工程表""无形资产及其他资产表""外币资金情况表"等。

这些内部报表的具体内容和编制方法如下所述。

1. 存货表

存货表是反映企业年末各项存货结存情况的报表，编制存货表的目的是为了全面考核企业存货资金的占用和周转情况。

第二章 资产负债表分析

表 2-1 资产负债表

会工 01 表

编制单位：HL 公司　　　　　　　　　2019 年 12 月 31 日　　　　　　　　　　　　万元

资产	行次	年初数	期末数	负债及所有者权益	行次	年初数	期末数
货币资金		246 158.60	628 245.35	短期借款		17 470.00	
交易性金融资产			154 727.08	交易性金融负债		96 632.08	
应收票据		251 221.62	350 503.22	应付票据		63 876.97	261 496.94
应收账款净额		79 457.05	120 464.92	应付账款		161 406.33	315 689.27
预付账款		16 860.70	9 728.92	预收账款		102 525.93	98 938.64
其他应收款		7 343.66	6 309.47	应付职工薪酬		9 011.03	294 790.00
存货		185 291.72	174 254.25	应交税费		-9 331.49	13 096.03
流动资产合计		786 333.35	1 444 233.21	应付股利		26 726.90	28 094.12
长期股权投资		138 355.75	152 725.93	其他应付款		68 788.27	119 029.76
				流动负债合计		537 106.02	1 131 134.76
				长期借款		7 940.00	
				递延所得税负债		63.92	144.92
固定资产净值		245 592.15	244 948.15	非流动负债合计		8 003.92	144.92
在建工程		20 402.50	26 191.38	负债合计		545 109.94	1 131 279.68
无形资产		13 494.40	19 791.84	实收资本		133 851.88	133 851.88
长期待摊费用		61.50	116.03	资本公积		300 577.35	303 052.89
递延所得税资产		18 270.86	15 346.49	盈余公积		116 076.72	123 175.61
非流动资产合计		436 177.16	459 119.82	未分配利润		126 894.62	211 992.97
				所有者权益合计		677 400.57	772 073.35
资产总计		1 222 510.51	1 903 353.03	负债及所有者权益总计		1 222 510.51	1 903 353.03

该表的基本结构分为正表和附注两部分。各部分的编制要求和方法如下。

(1) 正表共分三栏。"本年计划"栏，根据企业年度财务成本计划的数字填列；"本年实际"栏，根据存货各科目和"材料成本差异"科目及所属明细科目的年末余额分析计算填列；"上年实际"栏，根据上年该表的有关数字填列。

(2) 该表各项均按实际成本填列。采用计划成本核算的企业，应将计划成本调整为实际成本。

(3) "在途材料"项目反映企业已经收到发票账单，但尚未到达(包括尚未验收入库)的材料，根据"材料采购"科目的年末借方余额填列。在途材料不在"材料采购"科目核算而另设"在途材料"科目核算或并入"应付账款"科目中核算的，应根据"在途材料"科目的年末余额，或"应付账款"明细科目中属于在途材料的期末借方余额计算填列。

(4) "在产品"项目根据"生产成本"科目的年末借方余额填列。

(5) "分期收款发出商品"项目，反映以分期收款方式销售产品的企业已经发出但尚未结转销售成本的产品的实际成本,应根据"分期收款发出商品"科目的期末余额填列。

(6) 有委托外单位代销产品的企业,应在该表"产成品"项目之后增列"委托代销商品"项目,反映期末尚未售出的产品的成本余额,同时应根据"委托代销商品"科目的年末借方余额填列。有外购商品的企业,应再增列"外购商品"项目予以反映。

(7) 该表"本年实际"栏和"上年实际"栏各项目的合计数,应与年度"资产负债表"中"存货"项目的期末数和年初数分别相等。

(8) 该表下端附注部分所列各项目按下列公式计算填列。

各项存货全年平均余额=1～12月各月月初、月末余额之和÷24

存货周转天数=360÷(全年产品销售成本÷各项存货全年平均余额)

有外购商品销售业务的企业,上述公式中的各项存货和销售成本中还应包括外购商品在内。

(9) 对已提取存货变现损失准备且尚未处理的产成品和可以对外销售的自制半成品,可变现净值低于成本的其他存货,以及年末尚未处理完毕的存货短缺和毁损,应在该表下端的附注说明中列明其账面实际成本、可变现净值和可能发生的损失。

存货表的具体内容和结构如表 2-2 所示。

2. 固定资产及累计折旧表

固定资产及累计折旧表是反映企业各类固定资产的原价、累计折旧和本年折旧明细情况的报表。该表根据"固定资产"和"累计折旧"科目所属明细科目的年初、年末余额和本年计算的折旧额分别填列,并且表中"固定资产原价"栏的合计数和"累计折旧"栏的合计数,应分别与资产负债表中有关项目的数字相等。

在该表下端所列各项目中,反映年度内固定资产原价和累计折旧的增减情况,应根据"固定资产"科目和"累计折旧"科目的记录分析填列。其中本年各项增加的固定资产"累计折旧"栏,应填列所增加的旧的固定资产在企业收到时已有的累计折旧,不应填列企业收到后由企业计算的折旧。本年各项减少的固定资产"清理净收入"栏,反映出售、毁损和报废清理固定资产所得的价款、残料作价收入和保险赔款等减去有关的清理费用后的净额,应根据"固定资产清理"科目分析填列。

企业如有投资转入或接受捐赠的固定资产,应在"本年增加的固定资产"部分的"投资转入""捐赠转入"两个项目的各栏内填列。有非常损失的固定资产,应在"本年减少的固定资产"部分的"非常损失"项目各栏内填列。有向其他单位投资而转出的固定资产,应在"投资转出"项目各栏内填列。

该表各栏合计数的关系如下。

各类固定资产原价年初数合计+本年增加的固定资产原价合计-本年减少的固定资产原价合计=各类固定资产的原价年末数合计

各类固定资产累计折旧年初数合计+本年折旧额合计+本年增加的固定资产已有的累计折旧合计-本年减少的固定资产已有的累计折旧合计=各类固定资产累计折旧年末数合计

固定资产及累计折旧表的具体内容和结构如表 2-3 所示。

第二章 资产负债表分析

表 2-2 存货表

编制单位：HL 公司　　　　　　　2019 年 12 月 31 日　　　　　　　　万元

项　目	行　次	年末余额		
		本年计划	本年实际	上年实际
1．库存材料				
[1]原材料			50 893.33	56 652.70
（1）原料及主要材料				
（2）辅助材料				
（3）外购半成品				
（4）修理用备件				
（5）燃料				
[2]包装物				
[3]低值易耗品				17.04
2．在途材料				
3．委托加工材料				
4．在产品			5 491.31	4 554.92
5．自制半成品				
6．产成品			121 566.71	127 522.33
7．分期收款发出商品				
合计			177 951.35	188 746.99
附注： [1]各项存货全年平均余额、存货周转天数 [2]存货中包括： 　（1）已经提取变现损失准备的存货 　（2）可变现净值低于成本的存货 　（3）待处理存货短缺及毁损		账面实际成本	可变现净值	可能发生的损失

表 2-3 固定资产及累计折旧表

编制单位：HL 公司　　　　　　　2019 年　　　　　　　　　　　　万元

固定资产类别	行次	固定资产原价		累计折旧		本年折旧	
		年初数	年末数	年初数	年末数	年初数	年末数
房屋及建筑物		142 147.45	151 722.48	43 472.64	50 292.25		
生产设备		294 644.15	301 308.38	156 643.04	171 180.43		
运输设备		1 093.87	1 224.87	576.99	668.13		
办公设备		6 097.75	6 556.07	3 824.79	4 032.83		
其他		14 108.89	23 854.26	6 717.50	12 279.26		
合计		458 092.11	484 666.06	211 234.96	238 452.90		

续表

本年增加的固定资产	行次	原价	累计折旧	本年减少的固定资产	行次	原价	累计折旧	清理净收入
购入				出售				
建造完成				报废				
投资转入				盘亏				
盘盈				非常损失				
捐赠转入				投资转出				
				捐赠转出				
合计								

3. 在建工程表

在建工程表是反映企业在建工程支出的年初、年末增减变动情况和各项结存情况的报表。在建工程表的具体内容和结构如表 2-4 所示。

表 2-4 在建工程表

编制单位：HL 公司　　　　　　　　　　2019 年　　　　　　　　　　　　　　万元

项目	行次	金额	项目	行次	年初数	年末数
在建工程年初数			1.未完建筑工程			
加：本年投入的在建工程支出			(1)信息园公寓		648.58	1 468.22
(1) 购入工程用料			(2)平度冰箱项目		613.38	1 969.78
(2) 购入需要安装的设备						
(3) 购入不需要安装的设备			2.未安装工程			
(4) 建筑工程支出						
(5) 安装工程支出			3.待转已完工程			
(6) 预付工程价款			4.待安装设备			
(7) 工程管理费			5.工程用料结存			
			6.预付工程价款			
本年支出合计			7.待摊工程管理费			
减：本年已完工程转出数						
本年其他转出数						
本年转出数合计						
在建工程年末数			合　计			

该表的编制要求和方法如下：

(1) 该表左方"在建工程年初数"项目和"在建工程年末数"项目应分别根据"在建工程"科目的年初、年末余额填列。右方各项目的"年初数"栏和"年末数"栏应分别根据"在建工程"科目所属"建筑工程""设备安装工程""待转已完工程""待安装设备""工程用料结存""预付工程价款""工程管理费"等明细科目的年初、年末余额逐项填列,其合计数应分别与左方的"在建工程年初数"和"在建工程年末数"项目的金额相等。

(2) 该表左方"本年投入的在建工程支出"各项目,为本年实际发生的在建工程支出减去有关收入后的支出净额,应根据"在建工程"各明细科目的本年借方发生额(不包括"在建工程"各明细科目之间相互转账的数额),减去贷方发生额中属于多余材料处理、多付工程价款收回和清理报废工程的收入等项数字后的净额填列。

(3) 该表左方"本年已完工程转出数"项目,是指本年已经购建完成验收合格并已交付使用(包括年初已完、本年交付使用)的固定资产的成本,应根据"在建工程"科目所属"已完工程"明细科目的贷方记录填列。

(4) 该表左方"本年其他转出数"项目,反映企业在建工程由于非常原因而发生的损失净额中的"在建工程"科目转入"营业外支出"或"开办费"科目的数额,应根据"在建工程"科目贷方发生额或"在建工程"科目所属"建筑工程""设备安装工程"等明细科目贷方发生额分析填列。

(5) 该表左方"在建工程年初数"+"本年支出合计"-"本年转出数合计"="在建工程年末数"。

(6) 该表左方"本年已完工程转出数"+该表右方"待转已完工程"年末数-该表右方"待转已完工程"年初数=本年已完工程合计数。该合计数应在表下端的附注部分填列。

4. 无形资产及其他资产表

无形资产及其他资产表是反映企业各项无形资产、递延资产和其他资产在年度内增减变动情况的报表,编制该表的目的是为了分析无形资产、递延资产和其他资产的构成及摊销情况。

该表分为"年初余额""本年增加""本年摊销""本年减少""年末余额"五栏,应根据无形资产和其他资产各科目的记录分析填列。其中"年初余额"和"年末余额"两栏,应分别填列各项目的年初、年末摊余净额,并应与"资产负债表"的有关数值一致。

"本年增加"栏填列本年增加的各项无形资产、递延资产和其他资产的数额。

"本年摊销"栏填列各项无形资产、递延资产和其他资产的本年摊销数。

"本年减少"栏填列企业因投资等转出的无形资产的摊余净额。

该表中"年初余额"栏 +"本年增加"栏 -"本年摊销"栏 -"本年减少"栏 ="年末余额"栏。

该表的具体内容和结构如表 2-5 所示。

5. 外币资金情况表

外币资金情况表是反映企业各项非人民币的外币资产与外币负债季末或年末余额的报表。编制该表的目的在于集中分析企业外币资金的组成,了解企业外币资金的平衡情况。该表的具体内容和结构如表 2-6 所示。

表2-5　无形资产及其他资产表

编制单位：HL 公司　　　　　　　　　　2019 年　　　　　　　　　　万元

项目	行次	年初余额	本年增加	本年摊销	本年减少	年末余额
无形资产						
无形资产合计						
递延资产：						
递延资产合计						
其他资产：						
其他资产合计						
无形资产及其他资产合计						

表2-6　外币资金情况表

编制单位：HL 公司　　　　　　　　2019 年第 4 季度　　　　　　　　万元

项目	行次	资产负债表期末数折合为人民币总额	人民币户金额	外币户金额			
				外币名称		外币名称	
				外币金额（期末数）	折合为人民币金额	外币金额（期末数）	折合为人民币金额
有外币户的资产项目							
现金							
银行存款							
有价证券							
应收票据							
应收账款							
预付货款							
其他应收款							
小计							
长期投资							
外币资产合计							

续表

项目	行次	资产负债表期末数折合为人民币总额	人民币户金额	外币户金额			
				外币名称		外币名称	
				外币金额(期末数)	折合为人民币金额	外币金额(期末数)	折合为人民币金额
有外币户的负债项目							
短期借款							
应付票据							
应付账款							
应付职工薪酬							
应付股利							
预收货款							
其他应付款							
小计							
长期借款							
应付公司债务							
外币负债合计							

注：外币资产大于或小于外币负债的数额(小于数用"-"号表示)

该表的编制要求和方法如下。

表中"外币户金额"栏，按不同的外币分为"外币金额"(期末数)和"折合为人民币金额"两栏。企业如有多种外币的银行存款或往来款项，可以增设栏次进行反映。该表"外币金额"栏各项目应分别根据有关科目所属外币账户的期末余额填列。

为了使该表中各项目数字能与"资产负债表"中有关项目的期末数核对相符，表中各项目，除列出外币金额及折合为人民币金额外，还同时列出人民币户金额以及资产负债表期末折合为人民币金额，并且"资产负债表期末数折合为人民币金额"栏的数值应与各种货币"折合为人民币金额"栏数字和"人民币金额"栏数字之和相等。

"外币资产大于或小于外币负债的数额"，为各项外币资产合计数减去各项外币负债合计数的差额以及各项外币资产折合为人民币的合计数减去各项外币负债折合为人民币的合计数的差额。外币资产小于外币负债的差额，应以"-"号表示。

第二节 资产负债表的项目分析

一、资产分析

资产是指过去的交易或事项形成并由企业拥有或者控制的资源，该资源预期会给企业带来经济利益。在资产负债表中，资产是可以用取得它所耗费的成本或价格来计量的经济资源。按《企业会计制度》对资产的划分，企业资产由流动资产、长期投资、固定资产、无形资产、递延资产和其他资产组成。资产分析是对企业各类资产的性质、特征等逐一进行分析，其目的是为进一步做好企业的资产结构分析、企业资产的营运状况分析及企业偿债能力分析等打下基础。

(一)流动资产分析

流动资产是指可以在一年或者超过一年的一个正常营业周期内变现或耗用的资产，包括现金及各种存款、交易性金融资产、应收及预付款项、存货和其他流动资产。一般认为，流动资产具有以下两种不同性质的用途：①用于生产、销售等业务活动；②用于偿还债务。

1. 货币资金分析

货币资金是一个重要的流动资产项目，是企业直接用于偿还债务、购买材料和支付日常经济支出所必须拥有的资金。货币资金项目包括库存现金、银行存款和其他货币资金(包括外埠存款、银行汇票存款、银行本票存款、信用证存款)。企业保持货币资金的目的主要是满足交易性需要、预防性需要以及投机性需要。所谓交易性需要，是指满足企业正常经营活动中各项支出的需要，如采购材料和支付工资、税金、现金股利等；所谓投机性需要，是指持有货币资金用于不寻常的购买，比如遇到廉价原材料或其他资产供应的机会，便可大量购入；所谓预防性需要，则指持有货币以防止发生意外的支付。因此，企业必须保持一定量的货币资金。

债权人、管理当局等与企业利益相关者都十分重视企业所拥有的货币资金。其拥有量过多或过少对企业都是不利的。由于货币资金本身不能产生利润，过多地保留货币资金就容易形成浪费；而货币资金不足，又会影响日常支付，形成财务上的拮据。因而，保留适当的货币资金数额，是加强对这部分资产管理的一项重要内容。然而，保持多少货币资金才算合理，则需要进行具体的分析比较。

2. 交易性金融资产分析

交易性金融资产，是指企业能够随时变现并且持有时间不准备超过一年(含一年)的投资，一般包括股票、债券、基金等。随着资本市场的发展及企业理财能力的增强，企业会利用部分闲置的资金进行短期投资，以获得额外收益。可见，作为交易性金融资产，必须符合两个条件：①可交易性，即购入有价证券及其他交易性金融资产具有一个经常存在的交易市场，使其能够拥有一个可确定的市场价格并能够容易销售；②可预计的短暂持有期，其一般应短于一年或一个经营周期，企业可根据需要随时将其转化为现金。列入交易性金融资产项目的投资必须是经营者准备在一年之内将其变现的投资，因而一项投资是否列入交易性金融资产关键要看投资的意图。有时，报表使用者会看到同样的证券年复一年地被列入交易性金融资产，这显然是将应列为长期投资的项目列入了交易性金融资产，这会夸大企业的流动资产和流动比率。出于谨慎性考虑，分析人员遇到此类情况时应将其归入长期投资项目。

进行交易性金融资产成本与市价对比可以判断企业经营者的投资能力和理财水平。企业的某些交易性金融资产项目往往隐含着无法收回的可能，所以，应仔细研究各交易性金融资产项目的性质及其所面临的风险。

第二章 资产负债表分析

3. 应收账款分析

应收账款是指企业因从事对外销售产品、材料以及提供劳务等业务而应向购货单位或接受劳务的单位收取的款项。它是企业货币资金收入的重要来源。由于市场竞争日益加剧，企业要想不断地扩大经营销售的规模，就必然会广泛地采用延期收款的结算方式，这使得企业的赊销债权不断增加。虽然提供商业信用会增加产品的销售量，但如果赊销数额过大，不仅会造成企业资金周转速度放慢，而且会增加发生呆账的可能性。因此，企业必须加强对占用在应收账款上的这一部分资产的分析。

一般来说，造成企业应收账款过多的原因有以下几个方面：①企业信用政策发生了变化，通过放松信用来增加销售收入；②企业产品销售量增大，导致应收账款增加；③应收账款质量不高，存在长期挂账难以收回的账款。开展应收账款资产的分析，就是要使应收账款保持在一个适当的水平上。第一，比较放宽信用增加收入带来的收益是否大于应收账款增加造成的损失(包括应收账款的管理、催收及呆账损失等费用)。如果得不偿失，则要改变信用政策。第二，比较企业产品销售量增大与应收账款增加是否同步。如果企业产品销售量增大完全是靠增加应收账款得来的，则要进一步分析其是否存在弄虚作假、虚增利润的行为。第三，比较各期应收账款账龄，进行应收账款的账龄分析，看看是否存在过期应收而未收的应收账款。除此之外，还需要对各个购买单位，按商品、销售额、地区、销售条件进行分类，了解各购买单位购货占有率以及与企业在交易中的各种关系。一般来说，与企业有长期购货关系、信誉良好的购买单位，对企业非常有利。它不仅能扩大企业在社会上的信用，增加将来销售的可能，减少发生延期付款或呆账损失的危险性，而且是企业预计其销售量和制订销售计划的依据。

4. 存货分析

存货是指企业在日常生产经营过程中持有的以备出售或者仍然处在生产过程中或者在生产或提供劳务过程中将消耗的材料或物料，包括各类材料、商品、在产品、半成品、产成品等。存货往往在企业流动资产中占有相当大的比重。

如果企业能在生产或销售时才购入所需的原材料或商品，企业就不需要保持存货，即所谓的零存货。但实际上，企业总有储存存货的需要，并因此占用或多或少的资金，这有以下几方面的原因：第一，保证生产或销售的需要。实际上，企业很少能做到随时购入生产或销售所需的各种物资，即使是市场供应量充足的物资也如此。这不仅因为不时会出现某种材料的市场断档，还因为企业距供货点较远而需要必要的途中运输及可能出现的运输故障。一旦生产或销售所需物资短缺，生产经营就将被迫停顿，造成损失。为了避免或减少出现停工待料、停业待货等情况，企业需要储备存货。第二，出自价格的考虑。零购物资的价格往往较高，而整批购买在价格上常有优惠。但是，过多的存货会占用较多的资金，并且会增加包括仓储费、保险费、维护费、管理人员工资在内的各项开支。存货占用资金是有成本的，占用过多会使利息支出增加并导致利润的损失；各项开支的增加更直接使成本上升。进行存货管理，就是要尽量在各种存货成本与存货效益之间做出权衡，达到两者的最佳结合。这也是存货管理的目标。

如果企业存货资产投资过大，将给企业带来以下不利影响：①由于存货资金相对固定，这不但使企业资金周转困难，而且会增加相应的利息负担；②一次性大量采购会形成巨大的存货投资，虽然在运费、手续费和有关费用上会相对便宜一些，但另一方面又会增加保管、整理等费用，也容易产生损耗、被盗等损失；③随着时代的进步，科学技术日新月异，新产品、新材料会不断出现，如果存货资产过大，企业将不便于灵活地应付市场的变化；④存货资产投资过大也会给人留下企业管理不善的印象，影响企业的声誉。

对存货的分析包括以下三个方面。

(1) 存货的构成。对存货构成的分析可以初步判断企业存货的质量及未来预期。存货中的原材料占较大比重往往是较好的预兆，这一方面可能因为企业看好未来销售前景而提前大量采购原材料，另一方面也可能因为企业考虑到原材料将要大幅度涨价而提前进行储备。当然，较大的原材料储备也可能说明采购工作效率的低下和储备成本的增加，因此，需结合外部环境进行综合判断。在产品每期的数量若无特殊情况应处于相对稳定的状态，较大的变动很可能是由于在产品成本计算方面前后存在较大的不一致，或者是在产品的盘存制度存在问题。产成品(或库存商品)的数量在外部环境无较大变化的情况下也应是较稳定的，突然的变化说明可能存在问题。当存货急剧下降时，很可能在未来经营活动中发生存货不足、销售中断、员工加班甚至因购买存货而发生现金短缺的现象；当存货大幅度增加时，可能说明产品的销售遇到了问题。存货的变现性受到影响，很可能导致储备成本增加、生产中断等后果。更严重的是经营活动周期因存货变现能力降低而变长，从而产生一系列问题，如现金需求增加、销售费用增加、偿债能力下降和对外短期融资数量增加，甚至企业可能因此而一蹶不振，走向衰落。所以，能否保持存货特别是产成品(或库存商品)存货的均衡性是分析存货时应注意的首要问题。

(2) 存货的估价。存货是按历史成本来反映的。制造类企业存货的历史成本比贸易类企业更难以确定，贸易类企业存货成本主要是指对外支付的各类购置费用。制造类企业往往涉及原材料、人工费用及其他一些间接费用，同时间接费用还涉及在不同存货之间进行分摊的问题。一般情况下有以下两个问题需加以强调。

第一，虽然存货是按历史成本进行反映的，但是当存货的成本无法在市场上予以补偿，即市价低于成本时，这部分无法补偿的成本是不能为外部分析人员所接受和认可的。因此，财务报表上的存货应以成本与市价孰低法计价。1999年以前，我国境外上市公司、香港上市公司以及境内发行外资股的公司均对存货成本不可收回的部分提取"存货跌价准备"，其他上市公司也可按上述规定提取存货跌价准备。但是大部分境内上市公司未提取存货跌价准备。这样做，一方面是为了维持利润水平，另一方面也是受传统观点的影响。而从1999年起，财政部规定所有上市公司都必须提取"存货跌价准备"。

第二，存货价值确定的成本流程假定，也就是我们通常所说的存货计价方法，常见的有先进先出法、加权平均法。因为价格的变动，不同的计价方法可以导致极其不同的结果。

(3) 存货的流动性，亦即存货的周转速度。分析存货的周转速度对判断存货的变现能力具有重要的意义。较高的周转速度往往表明企业存货管理效率高，产生现金的能力较强。当然，过高的周转速度也可能会暴露出存货不足的问题。

存货的周转速度主要使用存货周转次数和周转天数两个指标进行衡量。在计算和解释这两个指标时要注意：第一，若企业的经营活动有明显的季节性，且在期初与期末均处于高潮或低谷，则用平均存货水平来计算的周转速度指标可能不反映真实的情况，这时最好使用月度存货平均余额；第二，不同的存货计价方法会影响存货的账面价值，也会影响存货的周转率指标。因此，当企业存货计价方法发生变更或不同企业存货的计价方法不同时，进行趋势分析或进行同行之间的比较时会存在不可比因素。

(二)长期投资分析

与交易性金融资产不同，长期投资包括持有时间准备超过一年(不含一年)的各种股权性质的投资、不能变更或不准备随时变现的债券和其他长期投资。长期投资一般占用资金时间长，对企业资本结构和经济效益的影响大。一般来说，企业进行长期投资的目的是积累资金以备特定用途之需，或控制其他企业以配合本身的经营，或为将来扩展经营规模做准备。由于企业进行长期债权投资，自投资之日起即成为债务单位的债权人，并按约定的利率收取利息，到期收回本金，所以一般来说投资风险较小。而长期股权投资则不同，它是指通过投资而拥有被投资单位的股权，投资企业成为被投资企业的股东，按所持股份比例享有权益并承担责任，投资风险较大，因而长期股权投资是长期投资分析的重点。如果企业对长期股权投资采用成本法结算，分析者应着重关注以下使长期股权投资永久性贬值的标志：①较长时间里，长期投资的市价一直低于其购买成本；②被投资企业常年亏损，以至于其股票暂停或被禁止在资本市场上交易；③被投资企业过去几年一直发生严重亏损，面临着破产清算的危险。

随着资本市场的发展及企业资本能力的提高，资本的逐利本性使企业的投资领域日益拓宽，企业之间以资本为纽带的投资与被投资关系变得日益错综复杂。由于长期投资中企业的不可控因素很多，投资的风险较大，投资的成败往往会给企业带来重大影响，因此分析人员要十分重视对企业长期投资项目的分析。

(三) 固定资产分析

固定资产是指使用年限较长、单位价值较高并在使用过程中保持原有物质形态的资产，包括房屋及建筑物、机器设备、运输设备、工具器具等。固定资产是企业进行生产的物质条件，企业拥有的固定资产的数量和质量是反映企业经营规模及营运能力的重要标志。随着企业生产经营方式的改变，企业为了搞活经营，满足日益增长的市场需求，必须不断地更新固定资产，增加必要的固定资产投资，以便用先进的技术装备武装企业，为提高营运生产率和扩大生产销售创造条件。但是，企业增加固定资产必须根据自身的财力情况，合理地控制固定资产的投资规模。进行固定资产分析，就是为了促使企业合理使用固定资产，使企业充分发挥固定资产的生产能力，提高固定资产的运用效果，并且在不增加或少增加固定资产的情况下生产出更多更好的产品，以适应市场的需求。

1. 固定资产增减变动分析

固定资产增减变动分析就是按固定资产原值分析一定时期内固定资产实物量或总值的增减变动情况，考察固定资产增减变动的合理性，以充分使用固定资产并维护财产的安全与完整。

为了分析固定资产增减变动的情况，可以用固定资产增减相对数来表示。一般情况下，可通过计算固定资产增长率、固定资产更新率、固定资产退废率、固定资产损失率等，考察一定时期内固定资产的增长、更新、退废、损失等情况。

2. 固定资产新旧程度分析

固定资产随着其不断使用和磨损会逐渐丧失其服务能力，因此在其资产使用年限内必须计提一定的折旧费用。固定资产的新旧程度可用固定资产净值率、固定资产磨损率来反映。

3. 固定资产结构配置分析

一般来说，固定资产价值较大或增长较快有利于发展生产。但有时固定资产的生产效益发挥并不理想，其原因可能是固定资产总值中或增长数中比例配置不当。因此，有必要进行固定资产结构配置分析。所谓固定资产结构配置，是指各类固定资产的原价占全部固定资产原价的比重，其计算公式为：某类固定资产原值/全部固定资产原值。

工业企业固定资产可以分为生产用固定资产、非生产用固定资产、未使用固定资产、不需用固定资产、租出固定资产、封存固定资产和土地七类。由于前四类占企业固定资产总值的比重较大，因此一般只需对前四类固定资产进行构成情况分析。

4. 在建工程分析

在建工程是企业进行的与固定资产有关的各项工程，包括固定资产新建工程、改扩建工程、大修理工程等资产负债表中的在建工程项目，反映企业期末各项未完工程的实际支出和尚未使用的工程物资的实际成本，以及企业固定资产新建、改扩建、大修理的规模等情况。为反映固定资产投资的使用效率，企业应根据资产负债表及附表——在建工程表所提供的有关明细资料进行在建工程分析和支出结构分析。

(四)无形资产分析

无形资产，是指企业为生产商品或提供劳务，出租给他人或为管理目的而持有的没有实物形态的非货币性长期资产，如专利权、商标权、著作权、土地使用权、非专利技术、商誉等。无形资产一般具有以下特征：①没有实物形态；②能够在较长时期内为企业带来经济利益；③持有的目的是为了使用、受益，而不是为了转卖；④所带来的未来经济利益具有较大的不确定性；⑤是企业有偿取得的。

《企业会计制度》规定，企业自创的商誉以及未满足无形资产确认条件的其他项目，不能作为无形资产。同时，企业的无形资产应当按照账面价值与可收回金额孰低的原则进行计量。对可收回金额低于账面价值的差额，应当计提为无形资产减值准备，计入当期的营业外支出。在资产负债表中，无形资产项目应当用减去无形资产减值准备后的净额予以反映。

无形资产因其性质特殊，所以分析起来较为复杂。由于无形资产没有物质形态，因而它的存在价值难以估计，有效寿命难以确定。对无形资产的分析，可着重从两个方面进行：①对企业各期用于无形资产方面支出的资本化数额进行追踪调查。金额的异常增加会给分析者一个警示，即企业的无形资产开发支出的资本化可能超出了会计准则所允许的范围。不过这也有可能是无形资产开发活动成功或购置所致，具体的分析需要更多的信息支持。②观察无形资产摊销成本占销售收入的百分比。这一比例的下降可能意味着无形资产摊销期的延长或者是企业经营越来越依赖于老的产品、陈旧的专利或权利。

二、负债分析

负债是指由企业过去的交易事项所形成的现时义务,履行该义务预期将会导致经济利益流出企业。负债的这一定义也含有以下几层含义:①负债是一项经济责任,或者说是一项义务,它需要企业进行偿还;②清偿负债会导致企业未来经济利益的流出;③负债是企业过去的交易或事项的一种后果。根据债务偿付期限的长短,负债可分为流动负债和长期负债。

负债是企业重要的筹资手段。企业的资金来源除所有者投资和企业内部积累外,就是对外举债。实践中,几乎没有一家企业是只靠自有资金而不运用负债就能满足需要的。企业通过举债方式来开展生产经营活动,不但能促使企业经营规模扩大,而且能提高所有者权益的报酬率。但举债就像一把双刃剑,当举债过多时,一旦企业经营不善或者资金调度不力,企业就有可能面临无力偿债而被清算或被接管的风险。因此,企业管理人员必须合理把握负债的规模,在避免可能产生财务风险的情况下,充分发挥负债经营的积极作用。负债的基本规律为:在企业发展较快、经营风险较小的情况下,增加负债有助于企业价值的提高。负债的成本比权益资本要低得多,但如果销售不畅,资金周转停滞,负债的增加就有可能成为一种巨大的负担。一般来说,可用负债比率来表示企业负债的规模,负债比率是指负债总额对资产总额的比率。

(一)流动负债分析

流动负债,是指将在一年(含一年)或者超过一年的一个营业周期内偿还的债务,包括短期借款、应付票据、应付账款、预收账款、应付职工薪酬、应付股利、应交税费等。流动负债有如下特点:①偿还期限短,是在一年内或一个营业周期内必须履行的义务;②这项义务要用企业的资产或负债清偿,即必须运用资产、提供劳务或举借新的负债来清偿。

流动负债还可按以下两种方法分类。

(1) 按照其产生的原因,可以将流动负债分为以下四类:①借贷形成的流动负债,如从银行和其他金融机构借入的短期借款;②结算过程中产生的流动负债,如企业购入的原材料已经到货,在货款尚未支付前形成的一笔待结算的应付款项;③经营过程中产生的流动负债,如应付职工薪酬、应交税费等;④利润分配产生的流动负债,如应付股利等。

(2) 按照其应付金额是否肯定,可以将流动负债分为以下三类:①应付金额肯定的流动负债。这类流动负债一般在确认一项义务的同时,根据合同、契约或法律的规定,确定具体的金额乃至确切的债权人和付款日,并且到期必须偿还。如由于购入一批材料,按照合同确定的交易额开出、承兑商业汇票,这一负债具有确定的金额、偿还日期和确定的债权人。②应付金额视经营情况而定的流动负债。这类流动负债需待企业在一定的经营期末才能确定其金额,在该经营期结束前,负债金额不能具体计量。如应交所得税、应付股利等,必须要到一定的会计期间终了才能确定应缴纳所得税的金额以及应分配给股东的股利。③应付金额须予以估计的流动负债。虽然这项负债是过去发生的现有义务,但对于其金额乃至偿还日期和债权人,在编制资产负债表时仍是难以确定的,如产品质量担保债务。这类债务应按以往的经验或依据有关的资料确定其金额。

就流动负债项目来说，短期借款属于银行信用，而各种应付预收款属于商业信用，同样期限的银行信用较之商业信用更具有到期偿还约束性，因而在资产负债表中，短期借款排在流动负债的最前面。应付票据表现为企业对外发生债务时所开出的、承兑的商业汇票，包括银行承兑汇票和商业承兑汇票。这些汇票不仅是一种必须到期支付的法律凭据，具有强制性，而且一旦由银行承兑它就由商业信用转化为银行信用，相应地，它的到期偿还约束性较强。但应付票据的到期偿还约束性不如短期借款，应付账款一般不能转换为银行信用，也不同于应付票据所具有的较强偿还约束力。所以，同期的应付账款比应付票据的流动性要弱。预收账款表现为企业按合同规定向购货单位预收的货款，显然，该项债务是以收到现款为前提的，企业可以到期发出和交付商品的方式偿还。预收账款意味着企业已经迈过销售环节，其偿还压力比收取现款中的应付账款的压力要小得多，即预收账款是一种几乎没有流动压力的债务。其他应付款通常没有上述各种债务那么强的偿还约束力，是否偿付主要取决于企业的经营状况。如应付职工薪酬、应交税费等都是以企业已实现的收入为基础的，它们都有相应的货币准备，到期便可以支付，其偿付压力较小。

(二)长期负债分析

长期负债，是指偿还期在一年或者超过一年的一个营业周期以上的负债，包括长期借款、应付债券、长期应付款等。长期负债除了具有负债的特点外，还具有如下特点：①债务偿还的期限较长，一般可以超过一年或者一个营业周期以上；②债务的金额较大；③债务可以采用分期偿还的方式，或者分期偿还利息，待一定日期后再偿还本金，或者到债务的日期已满时一次性偿还本息。

企业生产经营所需的能够长期占用的资金主要有两个来源：一是投资者投入的资金，二是举借长期债务。在企业正常经营的情况下，如果采用第一种方式取得长期占用的资金，需要变更注册资本，并通过投资者的追加投资，增加投入资本。对于企业的生产经营来说，除了必需的投入资本外，举借长期债务是很重要的一项资金来源，而举借长期债务主要是为了购置机器设备、厂房以及购入土地的使用权等进行扩大再生产。而这些投资仅仅靠企业本身的经营资金是远远不够的，但若待企业通过自身的资本积累筹措到足够的资金后再去投资，又可能会错失良机。因此，通过举借长期债务来筹措长期占用的资金，对于投资者来说具有更多的利益，也是经营者经常选择的途径。

举借长期债务，对于投资者来说，一方面，可以保持其投资比例，即不因筹措长期资本而影响投资者的投资比例。如股份制企业，倘若采用增发股票的方式筹集长期资本，可能会影响原有股东的持股比例。另一方面，举借长期债务，债务人除具有按期取得偿还的本金和利息权利外，不享有任何其他权利。对于债务人而言，这项债务的本金和利息一般是固定的，债务人只需按期偿还举借的本金和固定的利息，不再有任何其他的义务，即不需要支付股利或利润。在企业的投资利润率高于长期债务的固定利率的情况下，投资者可以享受其剩余的盈余。另外，举借长期债务，其债务的利息可以在缴纳所得税时扣除，即这项利息作为一项费用支出在计算经营所得时扣除，而增加投入资本所应支付的股利或利润在缴纳所得税时是不予扣除的。

企业选择举债经营还是增资来筹集长期资本，取决于不同的因素，应视企业的具体情况而定。如果采用增资方式筹措长期资本，没有到期日，不需要偿还(除非企业清算)；而举借长期债务要按期偿还本息。另外，如果长期债务是采用分期偿还方式清偿的，则企业实际占用的资金水平会随着债务的清偿而逐渐降低。在企业经济效益不佳的情况下，债务的利息仍然需要偿还，而采用增资方法，经济效益不好可以少分或不分股利或利润。如果企业的负债太多，对于债权人来说，需要考虑其偿债能力，这时，如果采用增资的方式，可为后期获得较多借款创造条件。

另外，长期负债也具有短期负债的分类特点，长期借款是银行信用，具有很强的偿还约束性。应付债券一则因债券的法律凭据性而使偿还具有较强的法律约束；二则一旦债券的偿付遇到困难或者预期存在困难，债券的价格必然下降，企业的信誉和财务形象将受损，企业就会遇到再融资的困难，迫使企业按期偿还。这说明债券的偿付具有较强的社会约束或市场约束，它比长期应付款的流动性要强。长期应付款作为商业信用，是否到期偿付主要取决于债务方的信用程度。

三、所有者权益分析

所有者权益，是指所有者在企业资产中享有的经济利益，其金额为资产减去负债后的余额。所有者权益包括实收资本(或者股本)、资本公积、盈余公积和未分配利润等。

所有者权益和负债都有对企业资产的要求权，是广义权益的两个不同方面，是企业生产经营资金的来源。但是，所有者权益和负债之间又存在着明显的区别。这主要表现在：①从各自的性质来看，负债是对债权人承担的经济责任，所有者权益是对所有者承担的经济责任。②从不同投资者在企业所享有的权限来看，债权投资者与企业只存在债权债务关系，无参与企业经营管理的权利；而企业的股权投资者则对企业资产拥有所有权，有法定管理企业或委托他人管理企业的权利。③从投资的性质来看，无论是长期负债还是短期负债，其偿还期一般都能事先确定，体现了债权投资的暂时性；而所有者权益是企业的一项永久性投资。在企业经营过程中尽管有可能发生增加投资及分配利润等权益变动，所有者权益因股票流通、资本转让会发生所有者变更，但就企业而言，所有者权益在企业持续期间不能抽回，即所有者权益永久性投资的性质不会改变。④从收益的性质来看，支付给债权人的利息是一个预先确定的定值，作为费用可从营业收入中扣减，其数额的多少不受企业经营状况的影响；而支付给所有者的利润不能事先确定定值，其数额的多少要视企业的经营状况而定，也不能作为企业费用，须税后支付。⑤从各自的计量属性来看，所有者权益不像企业的各项资产和负债那样可以单独计量，因为所有者权益既不能按现行市价计价，也不能按主观价值来计价，而只能依据一定方法计量特定资产和负债后才可算出，即为企业资产总额减去负债总额之后的净资产。

(一)权益比率分析

权益比率是指所有者权益总额与资产总额的比例关系，又称净值比率或自有资本比率。其计算公式为

权益比率=所有者权益总额/资产总额×100%=1-资产负债率

公式中"1-资产负债率"说明了权益比率是资产负债率的相异比率，该比率是从与资产负债率相反的方向来说明资本结构所隐含的风险大小。这两个比率是一种互相消长的关系，两者之和为100%。

权益比率可以表明在企业所筹集的全部资金中有多少是由所有者提供的,它揭示了所有者对企业资产的净权益。这个比率越高,说明企业的所有者对企业的控制权越稳固,债权人的权益越有保障,企业还可较少地面临偿债付息的压力。但是,对一个利润增长或经营状况好的企业来说,资本结构偏重于所有者权益,必然使企业的融资成本提高,所有者难以获得因负债经营而获得的利益。所以,在确定和维持所有者权益比率时存在两种趋向,企业必须寻求风险相对较小同时资金成本也相对较低的资本结构。

(二)净资本对实收资本比率分析

净资本是指企业自有资本总额扣除所有者实际投资额(资本金)后的余额,即企业所有者实际投资所带来的资本积累。净资本对实收资本比率不仅能反映企业业主对投资资本的利用效果,而且能具体反映企业自有资本的构成情况。其计算公式为

$$净资本对实收资本的比率 = 净资本额/资本金 \times 100\%$$

如果企业每期的经营效果都很好,而且利润很少流向企业外部,那么该比率一定会呈现不断上升的趋势,企业的净资本额也会不断增长。该比率越高,说明净资本越多。就债权人来说,净资本越多,就越能相对减少利润的外流,从而增大偿还债务的可能性。就企业本身来看,净资本多,即使某期利润减少,仍能保证维持适当的分红率,所以,积累净资本和提高净资本对资本金的比率是企业稳定资金、增加盈利和充实资金来源的基础。

(三)公积金对所有者权益比率分析

企业的公积金包括资本公积和盈余公积,所以,公积金与所有者权益的比率就是指两者之和与所有者权益的比率,其计算公式如下。

$$公积金对所有者权益的比率 = (资本公积 + 盈余公积)/所有者权益 \times 100\%$$

资本公积和盈余公积是一种无实际融资成本的资金来源,既不像负债那样需支付利息,也不像实收资本或股本那样需分配企业的利润,并且可以长期使用。基于公积金的这种特点,它总是作为所有者权益中的一个特殊融资类别来分析的。一般而言,在所有者权益中,公积金的比重越大越好,因为无论对债权人还是股东或者所有者来说,公积金的比重越大,就意味着对实收资本的担保越可靠,债权人越安全。从企业自身来看,公积金的比重越大,说明企业无成本可长期使用的资金越多,尤其是盈余公积的比重越大,说明企业自身的获利能力越强,从而有利于提高企业抵抗风险的能力。从保持资本结构安全性和稳定性角度来看,盈余公积和资本公积与所有者权益的比率越高越好。

(四)自有资本周转率分析

为反映企业自有资本的利用程度,企业还可以计算自有资本周转率指标。该指标是以年销售额对自有资本额的比例来表示的,说明企业每一元的业主投资在一年内能创造多少销售额,借以反映自有资本的利用程度。其计算公式为

$$自有资本周转率 = 年销售额/自有资本额$$

自有资本周转率越高,表明企业自有资本利用得越充分。如果将企业各年该指标的数值进行比较,就能说明不同年份企业自有资本利用效果的好坏。

第二章 资产负债表分析

第三节 资产负债表的比较分析

一、比较资产负债表的编制

在编制比较资产负债表时常采用趋势分析法对资产负债表进行横向分析,它的编制方式非常灵活:可以对企业进行多期比较分析,反映其发展趋势;也可以与其他相关企业进行同期对比分析,反映各自的特点。比较资产负债表可以是绝对额的比较,也可以是相对额的比较;可以只作简单比较,也可以在表中计算出定基或环比发展速度、增长速度等比率进行比较。

二、比较资产负债表案例分析

根据 HL 公司 2018—2019 年资产负债表编制比较资产负债表,如表 2-7 所示。

表 2-7　HL 公司比较资产负债表

项　目	2018 年/亿元	2019 年/亿元	增减数/亿元	增减率/%
货币资金	24.62	62.82	38.2	155.16
交易性金融资产		15.47	15.47	
应收票据	25.12	35.05	9.93	39.53
应收账款净额	7.95	12.05	4.10	51.57
预付账款	1.69	0.98	-0.71	-42.01
其他应收款	0.73	0.63	-0.10	-13.70
存货	18.53	17.43	-1.10	-5.94
流动资产合计	78.64	144.43	65.79	83.66
长期股权投资	13.84	15.27	1.43	10.33
固定资产净值	24.56	24.49	-0.07	-0.29
在建工程	2.04	2.62	0.58	28.43
无形资产	1.35	1.98	0.63	46.67
长期待摊费用	0.01	0.01	0.00	0.00
递延所得税资产	1.83	1.53	-0.30	-16.39
非流动资产合计	43.63	45.90	2.27	5.20
资产总计	122.27	190.33	68.06	55.66
短期借款	1.75		-1.75	-100.00
交易性金融负债	9.66		-9.66	-100.00
应付票据	6.39	26.15	19.76	309.23
应付账款	16.14	31.57	15.43	95.60
预收账款	10.25	9.89	-0.36	-3.51
应付职工薪酬	0.90	29.48	28.58	3 175.56

续表

项目	2018年/亿元	2019年/亿元	增减数/亿元	增减率/%
应交税费	-0.93	1.31	2.24	-240.86
应付股利	2.67	2.81	0.14	5.24
其他应付款	6.88	11.91	5.03	73.11
流动负债合计	53.71	113.12	59.41	110.61
长期借款	0.79		-0.79	-100.00
递延所得税负债	0.006	0.014	0.01	133.33
非流动负债合计	0.80	0.01	-0.78	-98.24
负债合计	54.51	113.13	58.63	107.56
实收资本	13.39	13.38	-0.01	-0.07
资本公积	30.06	30.31	0.25	0.83
盈余公积	11.61	12.32	0.71	6.12
未分配利润	12.69	21.20	8.51	67.06
所有者权益合计	67.75	77.21	9.46	13.96
负债及所有者权益总计	122.26	190.34	68.09	55.69

从表2-7所示比较资产负债表提供的资料可以看出，该公司2019年各项财务指标多数呈上升趋势，总体上公司的规模在迅速扩大。从资产部分的比较分析看，2019年公司的资产总额较上年增加了68.06亿元，增长率为55.66%，其中固定资产减少了约700万元，这表明公司的生产能力有所降低。但公司生产能力还需结合当年生产经营成果的变化进行评价，同时也需对公司生产能力变化的合理性和必要性进行分析。在生产能力降低的同时，流动资产得到大幅增长，增幅主要来自于货币资金及应收项目，分别为155.16%、39.53%和51.57%；存货和预付账款是主要的下降项目，降幅分别为5.94%和42.01%；各项资产的综合变化，最终导致总资产增长了55.66%。

从负债和所有者权益部分的比较分析来看，流动负债增加了59.41亿元，增长率为110.61%，明显快于流动资产的上升幅度，这对公司短期偿付能力的改善非常不利，应加以深入分析；长期负债大量下降，其对资本结构是否有影响，应加以分析；所有者权益较上年有显著增加，主要是出于公司扩大的需要，但这种变化对公司今后的生产经营有何影响，还需进行深入分析。

拓展阅读

"资产负债表的结构分析"的内容扫右侧二维码。

资产负债表的结构分析.doc

思 考 题

1. 资产负债表对报表使用者的作用有哪些？
2. 对资产负债表中资产项目分析的目的是什么？哪些资产项目是分析的重点？
3. 对资产负债表进行结构分析有哪些意义？

第三章 利润表分析

知识要点：

投资者投资企业的目的是为了获取利润，而利润表反映了企业一定期间发生的收入、费用和利润，是企业经营业绩的综合体现，它揭示了企业的未来前景和是否有能力为投资者创造财富。因此，对利润表的分析成为对财务报表分析的重点，一系列评价企业盈利性的指标都建立在利润表项目的基础之上。本章首先介绍了利润表的作用和结构，然后分别说明了利润表的主要项目分析、趋势分析、结构分析，最后详细讲解了利润额变动分析、利润分配分析以及币值变动下对利润表的分析。

第一节 利润表分析基础

一、利润表

(一)利润表的信息作用

利润表又称损益表，它是反映企业在一定时期(月份或年度)的经营成果(利润额或亏损额)的报表，是企业的定期报表之一。利润表是根据"收入-费用=利润"的会计平衡公式和收入与费用相配比的原则编制的。

企业定期编制的利润表，不仅要向企业管理部门报告，同时也要向外部的有关部门和人员报告。其重要作用在于以下几方面。

1. 利用利润表提供的财务信息，可以了解和分析企业的经营成果和获利能力

利润表通过对收入和成本费用情况的反映，一方面，可以提供企业在一定期间内的收益情况、成本费用情况以及资金投入与产出的比例关系，从而使报表的使用者了解企业的经营业绩和财务成果，了解企业获利的能力；另一方面，还可以从动态角度帮助报表使用者了解企业的偿债能力。企业的偿债能力虽然取决于企业的营运资金，但归根结底取决于企业获利能力的高低。因此，利润表提供的经营成果信息，对投资者来说，可帮助其预测、评价企业的获利能力，据此做出投资、是否增加投资、投资多少、投资于哪个方向或者是否收回投资的决策；对企业的债权人来说，可帮助其预测、评价企业的偿债能力，据此做出应否维持、增加或收缩对企业信贷的决策。

2. 利润表提供的财务信息，可以为经营管理者进行未来经营决策提供依据

通过比较、分析利润表中各项构成因素，并与以前各期相比较，可以反映出企业各项收入、费用和利润的升降趋势及其变化幅度，找出原因之所在，从而解决经营管理中存在的问题。同时，还可以分析企业利润的形成结构，对利润进行结构分析，为企业的经营决策(包括投资决策、筹资决策)提供依据。

3. 利用利润表所提供的财务信息，可以预测企业未来经营的盈利能力和发展趋势

利润表比较完整地提供了企业在一定时期的营业利润、投资净收益和营业外收支等有关损益的情况，是企业进行财务分析的主要资料来源，如净资产收益率、成本费用利润率、主营业务利润率中的许多数据都与利润表有关。通过分析前后期企业营业利润、投资收益和营业外收支的增减变动情况，可以预测企业未来的获利趋势。对企业利润总额的增减变化进行分析，可以判断企业利润变化的趋势，预测企业未来的盈利能力。

此外，利润表是国民收入计算的主要资料来源，它有助于国家的宏观国民经济核算。同时，对利润表中的利润项目与现金流量表中的现金净流量数额进行比较，可以更进一步地了解企业获利与收入的真实性。

(二)利润表的结构

利润表是通过一定格式来反映企业经营成果的。由于不同的国家和企业对会计报表的信息要求不完全一样，因而利润表的基本结构也不完全一致。目前普遍采用的主要有单步式和多步式两种结构。

1. 单步式

所谓单步式，是将本期全部收入(包括投资收益和营业外收入)按顺序排列汇总，然后将所有支出(包括资产减值损失和营业外支出)按顺序排列汇总，两者相减得出企业当期净损益。因为只有一个相减的步骤，所以称单步式。其简化格式如表 3-1 所示。

表 3-1 单步式利润表

项 目	本 月 数	本年累计数
收入		
支出		
净利润		

单步式利润表所表示的都是未经加工的按性质分类的原始资料。其优点是比较直观、明了、简单，易于编制，而且，这种格式对一切收入和费用等同对待，不分先后，可避免让人误认为收入与费用的配比有先后顺序。其缺点是不便于分析利润的形成结构，也不利于对不同时期各种项目的前后比较。

2. 多步式

所谓多步式，是将利润表的内容做多项分类，对相关收入与相关费用进行配比，分别计算出不同业务的结果，然后上下相加减计算确定本期的利润总额和净利润额。其简化格式如表 3-2 所示。

根据《企业会计制度》，我国企业利润表统一采用多步式结构，其具体格式如表 3-3 所示。

第三章 利润表分析

表3-2 多步式利润表

项　目	本期金额	上期金额
营业收入		
营业利润		
利润总额		
净利润		
每股收益		

表3-3 利润表

编制单位：××××　　　　　　××年×月　　　　　　　　　　　　元

项　目	行次	本年金额	上年金额
一、营业收入	1		
减：营业成本	2		
营业税金及附加	3		
销售费用	4		
管理费用	5		
财务费用(收益以"-"填列)	6		
资产减值损失	7		
加：公允价值变动净收益(净损失以"-"填列)	8		
投资净收益(净损失以"-"填列)	9		
二、营业利润(亏损以"-"填列)	11		
加：营业外收入	12		
减：营业外支出	13		
其中：非流动资产处理净损失(净收益以"-"填列)	14		
三、利润总额(亏损总额以"-"填列)	16		
减：所得税	17		
四、净利润(净亏损以"-"填列)	19		
五、每股收益	21		
基本每股收益	22		
稀释每股收益	23		

企业以收入为起点，计算出当期的利润总额和净利润额。其利润总额和净利润额的形成分为以下几个步骤。

第一步：以营业收入减去营业成本、营业税金及附加、销售费用、管理费用、财务费用、资产减值损失后加上公允价值变动损益和投资收益计算出营业利润，目的是考核企业的经营能力和盈利能力。

营业利润=营业收入-营业成本-营业税金及附加-销售费用-管理费用-财务费用-
　　　　　资产减值损失+公允价值变动损益+投资收益

第二步：以营业利润加上营业外收入再减去营业外支出计算出利润总额，目的是考核企业的综合盈利能力。

利润总额=营业利润+营业外收入-营业外支出

第三步：在利润总额的基础上，减去所得税，计算出当期净利润额，目的是考核企业最终盈利能力。

净利润额=利润总额-所得税

第四步：在净利润的基础上计算出企业每股收益，包括基本每股收益和稀释每股收益，目的是考核企业综合盈利能力。

多步式利润表的优点在于：便于对企业利润的构成进行分析，明了盈利的主要因素是什么(或亏损的主要原因是什么)，使管理更具有针对性，同时也有利于不同企业之间进行比较，还可以预测企业未来的盈利能力。

二、利润表的附表及分析

利润表的附表主要有利润分配表和分部报表，除此之外还有：①主营业务收支明细表；②管理费用明细表；③营业费用明细表；④财务费用明细表；⑤营业外收支明细表；⑥投资收益明细表；⑦其他业务收支明细表等。下面主要介绍利润分配表和分部报表。

(一)利润分配表

1. 利润分配表的概念

利润分配表是反映企业在一定会计期间内实现利润的分配或亏损的弥补情况以及期末未分配利润的结余情况的会计报表。利润分配表包括在年度会计报表中，是利润表的附表，用以说明利润表上反映的净利润的分配去向和利润分配的构成情况。

2. 利润分配表构成

利润分配表由表头和表体两部分构成。该表表头部分列出报表的名称、编制单位、编制年份、报表编号以及货币计量单位等。表体部分采用"报告式"结构，按照利润分配的顺序依次列出净利润、可供分配的利润和未分配利润，全面反映企业实现利润的分配情况及期末结余情况。

3. 分析利润分配表的目的

利润分配是在企业已形成的经营成果的基础上进行的分配，它与企业经营和理财有着直接和间接的联系，并对会计报表使用的各方产生影响。其分析目的不仅在于了解利润分配的去向及其合理性，还在于透过利润分配结构的变动，掌握企业经营和财务正在发生的异常变动以及发展趋势。

(二)分部报表(业务分部、地区分部)

1. 分部报表的含义

分部报表反映企业在各行业、各地区经营业务的收入、成本、费用、营业利润、资产总额以及负债总额的情况，分别按业务分部和地区分部编制。

业务分部是指企业内可区分的组成部分，该组成部分提供单项产品或劳务，或一组相关的产品或劳务，并且承担着不同于其他业务分部所承担的风险和回报。

地区分部是指企业内可区分的组成部分，该组成部分在一个特定的经济环境内提供产品或劳务，并且承担着不同于在其他经济环境中经营的组成部分所承担的风险和回报。

两个或多个本质上相似的业务分部或地区分部，可以合并为单一的业务分部或地区分部。企业应当根据本企业的具体情况，制定适合于本企业的业务分部、地区分部的分部原则，并且一贯性地遵循这一原则。

2. 分部报表编制范围

满足下列三个条件之一的，应当纳入分部报表编制的范围。

(1) 分部营业收入占所有分部营业收入合计的 10%或以上(这里的营业收入包括主营业务收入和其他业务收入，下同)。

(2) 分部营业利润占所有盈利分部的营业利润合计的 10%或以上，或者分部营业亏损占所有亏损分部的营业亏损合计的 10%或以上。

(3) 分部资产总额占所有分部资产总额合计的 10%或以上。

按上述条件纳入分部报表范围的各个分部对外营业收入总额低于企业全部营业收入总额 75%的，应将更多的分部纳入分部报表编制范围(即使未满足上述条件)，以便编制分部报表的各个分部对外营业收入总额至少达到企业全部营业收入总额的 75%。

纳入分部报表的各个分部最多为 10 个，如果超过，应将相关的分部予以合并反映；如果某一分部的对外营业收入总额占企业全部营业收入总额的 90%及以上，则不需编制分部报表。

3. 分部报表中主要项目的说明

"对外营业收入""对外销售成本"，是指某个业务分部对整个企业以外的单位销售所产生的收入、成本。

"分部间营业收入""分部间销售成本"，是指某个业务分部与其他业务分部从事销售业务所产生的收入、成本。

"分部资产总额"，是指分部在其经营活动中使用的并可直接归属于该分部的资产总额。

"分部负债总额"，是指分部的经营活动形成的并可直接归属于该分部的负债总额。

4. 分析分部报表的目的

分析企业分部报表的目的在于评估不同因素对企业的影响，以便更好地理解企业以往的经营业绩，并对其未来的发展趋势做出合理的预测和判断。

企业的整体风险和收益是由企业生产经营部分、各生产经营地区的风险和收益构成的，要具体了解企业的经营风险和收益情况，不仅要分析企业的整体情况，还必须借助分部报表按不同业务部门或不同地区提供的收入、费用、经营成果以及资产占用等较为详细的分部信息。通过分析分部报表提供的信息，可以了解各种产品或业务所占的比重、风险的大小、回报的高低等。

第二节 利润表主要项目分析

一、分析目的

利润表是反映企业在一定时期(月份、年度)内利润(或亏损)实现情况的会计报表。它是分析企业盈利能力和评价企业经营管理状况的重要依据,通过对表内主要项目的分析,可以具体了解企业利润形成的主要因素、影响利润额的主要原因,从而进一步分析企业的利润结构,为经营管理和决策提供依据。

二、对利润表主要项目的分析

(一)营业收入

这里的营业收入是指企业在销售商品、提供劳务及他人使用本企业资产等日常活动中形成的经济利益的总流入。

在对企业的营业收入进行分析时,应从以下几个方面入手。

1. 企业营业收入的品种构成

企业大多从事多种商品或劳务的经营活动。在从事多品种经营的条件下,企业不同品种的商品或劳务的营业收入构成对信息使用者有着十分重要的意义:占总收入比重大的商品或劳务是企业过去业绩的主要增长点。此外,信息使用者还可以通过对体现企业过去主要业绩的商品或劳务的未来发展趋势进行分析,从而判断企业的未来发展前景。

2. 企业营业收入的地区构成

在企业为不同地区提供产品或劳务的情况下,企业在不同地区的商品或劳务的营业收入构成对信息使用者也具有重要价值:占总收入比重大的地区是企业过去业绩的主要地区增长点。从消费者的心理与行为表现来看,不同地区的消费者对不同品牌的商品具有不同的偏好。不同地区的市场潜力则在很大程度上制约着企业的未来发展。

3. 与关联方交易的收入在总收入中的比重

在企业形成集团化经营的条件下,集团内各个企业之间就有可能发生关联方交易。由于关联方之间的联系密切,关联方之间有可能为了"包装"某个企业的业绩而人为地制造一些业务。当然,关联方之间的交易也有企业间正常交易的成分。但是,信息使用者必须关注以关联方销售为主体形成的营业收入在交易价格、交易的实现时间等方面的非市场化因素。

4. 部门或地区行政手段对企业业务收入的影响

在我国社会主义市场经济的发展过程中,部门或地区行政手段对企业营业收入的影响也不容忽视。应该说,那些新兴产业,在其发展的初期阶段,是很需要部门或地区的行政手段支持的。但是,在企业处于稳定的发展阶段,或者企业所处的行业已经发展成熟的条件下，部门或地区行政手段的影响应当逐步淡化。然而，我国仍有一部分企业的业绩是靠部门或地区行政手段来实现的。部门或地区行政手段对企业营业收入影响较大的企业，其形成的利润虽然在过去较大，但其未来发展前景却不一定乐观。

(二)营业成本

营业成本是指与营业收入相关的已经确定了归属对象的成本。营业成本有不同的表现形式：在制造业或工业企业，营业成本表现为已售产品的生产成本；在商品流通企业，营业成本表现为已销商品的成本。

从企业利润的形成过程来看，企业的营业收入减去营业成本后的余额为毛利，企业必须有毛利，才有可能形成营业利润。因此，追求一定规模的毛利和较高的毛利率是企业的普遍心态，也是企业信息使用者的普遍心理期望。

但是，必须指出，企业的营业成本水平的高低，既有企业不可控的因素(如受市场因素的影响而产生的价格波动)，也有企业可以控制的因素(如在一定的市场价格水平条件下，企业可以通过选择供货渠道、批量采购等来控制成本水平)，因此，对营业成本降低和提高的质量评价，应结合多种因素来进行。

(三)营业费用

营业费用是指企业从事一定时期的经营活动而发生的费用。在工业企业或制造业企业，营业费用表现为销售费用，在商品流通企业则表现为经营费用。

从营业费用的基本构成来看，从功能来分析，有的与企业的业务活动规模有关(如运输费、装卸费、整理费、包装费、保险费、销售佣金、差旅费、展览费、委托代销手续费、检验费等)，有的与企业从事销售活动人员的待遇有关(如营销人员的工资和福利费)，也有的与企业的未来发展、开拓市场、扩大企业品牌的知名度等有关。从企业管理层对上述各项费用的有效控制来看，尽管管理层对广告费、营销人员的工资和福利费等可以采取控制或降低其规模等措施，但是，这种控制或降低可能对企业的长期发展不利，或者影响有关人员的积极性。因此，在企业业务发展的条件下，营业费用不应当降低。片面追求在一定时期内的费用降低，有可能对企业的长期发展不利。

(四)管理费用

与营业费用一样，从企业管理层对上述各项费用的有效控制来看，尽管管理层可以对管理费用中诸如业务招待费、技术开发费、董事会会费、职工教育经费、涉外费、租赁费、咨询费、审计费、诉讼费、修理费、管理人员工资及福利费等采取控制或降低其规模等措施，但是，这种控制或降低可能对企业的长期发展不利，或者影响有关人员的积极性。

另外，折旧费、摊销费等是企业以前各个会计期间已经支出的费用，不存在控制其支出规模的问题，对这类费用的处理更多地受到企业会计政策的影响。

(五)财务费用

在我国目前的条件下，财务费用是指企业资金筹集和运用中发生的各项费用。其内容主要包括：企业生产经营期间发生的利息净支出、汇兑净损失、金融机构手续费以及筹资发生的其他财务费用。其中，经营期间发生的利息支出构成了企业财务费用的主体。

企业贷款利息水平的高低，主要取决于三个因素：贷款规模、贷款利息率和贷款期限。

1. 贷款规模

概括地说，如果因贷款规模的原因以致计入利润表的财务费用下降，则企业会因此而改善盈利能力。

2. 贷款利息率和贷款期限

从企业融资的角度来看，贷款利息率的具体水平主要取决于以下几个因素：一定时期资本市场的供求关系、贷款规模、贷款的担保条件以及贷款企业的信誉等。在利率的选择上，可以采用固定利率、变动利率或浮动利率等。

可见，贷款利率中，既有企业不可控制的因素，也有企业可以选择的因素，在不考虑贷款规模和贷款期限的条件下，企业的利息费用将随着利率水平的升降而波动。

从总体来说，贷款期限对企业财务费用的影响，主要体现在利率因素上。

应该说，企业的利率水平主要受一定时期资本市场上利率水平的影响。我们不应对企业因贷款利率的宏观下调而出现的财务费用降低给予过高的评价。

(六)投资收益分析

市场经济的发展为企业不断地拓展其生产经营业务提供了条件。企业对外投资活动的开展，不仅为资金的运用提供了场所，也使企业可以从中获取除企业经营活动以外的收益，使企业资金的利润效果大大增加，经营风险相对降低。

对投资收益的分析，一般是先对投资收益总额的完成情况作总括分析，可将本年实际投资收益总额与计划投资收益总额或上年投资收益总额进行对比，然后根据有关投资收益的明细资料(如投资收益明细表)进行具体分析，找出影响本年投资增减变动的原因。

(七)营业外收支分析

营业外收入和营业外支出是与企业正常经营业务没有直接关系的收入与支出，对该项目的分析主要是通过各具体项目进行比较，说明营业外收支净额变动究竟是由哪些项目引起的。营业外收支的分析，可以补充说明企业的管理水平对于促进和加强财务管理、减少不必要的损失有着重要意义。

营业外收支分析的详细程度，应视实际发生的情况而定。分析时，应根据营业外收支明细表以及有关具体核算资料，按照有关规定，分析其合法性和合理性。在分析时要特别注意一些项目是否有异常变化。

营业外收支中除一些固定项目(如教育费附加返还款、职工子弟学校经费、技工学校经费等)外，其他项目都是偶然发生的，有些是应尽量避免发生的项目。分析时，应通过其增减变化情况揭露企业在生产管理(如停工损失)、财务管理(如赔偿金、违约金)、安全管理(如非常损失)、资产管理(如固定资产的盘盈与盘亏)等方面存在的问题。

营业外收支分析主要根据营业外收支明细表提供的资料进行。

(八)所得税

利润表中的所得税，在不考虑时间性差异和永久性差异的条件下，应当与企业的利润总额成正比关系。在考虑时间性差异和永久性差异的条件下，利润表中的所得税与企业的利润总额呈现比较复杂的关系。企业在所得税方面的节约，属于企业税务筹划的范畴，与企业常规的费用控制明显不同。

(九)营业利润

按现行制度规定，营业利润是企业主营业务利润和其他业务利润之和减去营业费用、管理费用和财务费用后的余额。

企业营业利润的多少，代表了企业的总体经营管理水平和效果。通常营业利润越大的企业，效益越好。下面进行具体分析。

1. 营业利润额较大

当企业营业利润额较大时，通常认为该企业经营管理水平较高，经营效果良好。但在分析中，应注意如下问题：①因为营业利润也包括了其他业务利润，所以企业多元化经营、多种经营业务开展得比较好时，其他业务利润会弥补主营业务利润低的缺陷。如果企业其他业务利润长期高于主营业务利润，企业应适当考虑产业结构调整问题。②应注意其他业务利润的用途——是用来发展了主营业务，还是用于非生产经营性消费(如购买小汽车、高档装修)。如果是前者，企业的盈利能力会越来越强；如果是后者，企业会缺乏长远盈利能力。

2. 营业利润额较小

当企业营业利润较小时，应着重分析主营业务利润的大小、多种经营的发展情况和期间费用的多少。如果企业主营业务利润和其他业务利润均较大，但其期间费用较高，也会使得营业利润较小。这就要重点分析营业费用、管理费用和财务费用——分析三项费用的构成，找出三项费用居高的原因，严格控制和管理，通过降低费用，提高营业利润。

(十)利润总额和净利润

企业的利润总额是由营业利润加上投资收益、补贴收入、营业外收支净额等非营业利润组成。净利润的数额等于利润总额减去所得税后的余额。

在正常情况下，企业的非营业利润都是较少的，所得税也是相对稳定的，因此，只要营业利润较大，利润总额和净利润就会较高，在分析时应注意如下问题。

(1) 如果一个企业的利润总额和净利润主要源于非营业利润，则该企业利润实现的真实性和持续性应引起报表分析人员的重视。

(2) 如果企业在营业利润方面亏损，而靠投资收益盈利，企业应肯定以前的投资决策是正确的，但要分析内部经营管理存在的问题，提高企业内部生产经营活动的创新能力。

第三节 利润表的比较分析

对利润表进行初步分析的方法与资产负债表分析类似，即分别用趋势分析法和构成分析法编制比较利润表和共同比利润表。本节通过编制比较利润表进行损益趋势分析，从而使我们对企业经营成果的形成过程和制约因素及其变动趋势有一个大体的了解。

一、损益趋势分析的意义和基本方法

损益趋势分析是指通过对利润表所列各项目连续数期数额的比较,分析确定其增减变化的方向和幅度,预测未来的盈利水平和分配结构。损益趋势分析包括绝对额比较分析、百分率比较分析和结构比较分析。

损益趋势分析一般采用编制比较报表的方法进行。比较报表将两期或两期以上的利润表所提供的信息并行列示,通过相互比较,揭示差距,寻找原因,进而预测损益的变化趋势。

比较报表仅取最近两期的数据进行比较,是一种短期比较报表。这种报表由于仅选取了前后两期的数据,因而工作量较小,而且最近两期的信息往往也是报表阅读者最为关心的信息。如果选取两期以上的利润表数据进行比较,这样编出的报表称为长期比较报表。长期比较报表可以提醒用户排除各年份非常事项或偶然事项的影响,将企业若干年的数据依时间序列加以分析,这样,可以更加准确地反映企业损益发展的总体趋势,更好地推断企业的发展前景。

运用损益趋势分析的各种比较分析方法,比较利润表各期有关项目的金额或相对数,可以分析经营成果增减变化的原因,揭示损益构成项目的发展趋势,了解各因素的发展趋势及对未来损益产生的影响,以便更好地服务于企业经营管理与决策。

另外,在对损益趋势进行比较分析时,需注意以下几个问题:一是基期的选择要有一定的代表性,尽可能避开企业经营大起大落的年份而挑选发展平稳的时期;二是在各期间进行趋势比较时,应考虑通货膨胀因素的影响,如条件允许,可自行编制价格指数,以调整有关的损益项目;三是做到多种比较分析方法相互结合,尤其是绝对数与相对数的结合运用,以便从不同的角度进行较为全面的分析。

二、绝对额比较分析

绝对额比较分析是指以利润表中各项目的金额作为比较对象,通过分析各期金额的增减变化及其趋向,判断企业的发展前景。

现根据某企业2017年度、2018年度和2019年度利润表各项目的数据,编制利润比较分析表,说明绝对额比较分析方法的运用。损益比较分析如表3-4所示。

表3-4 损益比较分析表　　　　　　　　　万元

项目	2017年 ①	2018年 ②	2019年 ③	差异额 ②-①	差异额 ③-②
一、营业收入	10 910	11 338	12 290	428	952
减:营业成本	8 390	8 700	9 166	310	466
营业税金及附加	530	598	850	68	252
管理费用	80	94	106	14	12
财务费用	25	26	31	1	5
资产减值损失					

续表

项　目	2017年 ①	2018年 ②	2019年 ③	差异额 ②-①	差异额 ③-②
加：公允价值变动净收益					
投资净收益	100	135	135	35	0
二、营业利润	1 985	2 055	2 272	70	217
加：营业外收入	35	51	43	16	-8
减：营业外支出	30	26	32	-4	6
三、利润总额	1 990	2 080	2 283	90	203
减：所得税	656.7	686.4	753.4	29.7	67
四、净利润	1 333.3	1 393.6	1 529.6	60.3	136
五、每股收益					
基本每股收益					
稀释每股收益					

从表3-4中可以看出，仅就2018年与2019年相比，营业收入由11 338万元增长到12 290万元，增长了952万元，因为企业比较注重成本控制，所以营业成本增长额仅为466万元。由于这一主要原因，企业的营业利润、利润总额和净利润都有了较大的增长。但从比较中也可以看到一些问题，如2019年的管理费用、财务费用和营业外支出，尤其是营业税金及附加的增长额较大。对此，我们还应做进一步的调查和分析。

三、百分率比较分析

百分率比较分析是指通过对利润表中各项目变动趋势进行分析，揭示各损益项目变动对经营成果的影响，进而判断企业的发展前景。百分率比较分析又可分为环比趋势百分率分析和定基百分率损益趋势分析两种。

(一)环比趋势百分率分析

环比趋势百分率是考察期较上期变动的趋势比率。运用环比趋势百分率进行分析，可以直观地体现利润表各项目考察期较上期的变动趋势。其计算公式为

$$环比趋势百分率 = \frac{考察期金额}{上期金额} \times 100\%$$

现根据表3-4提供的资料，编制环比趋势百分率损益分析表，如表3-5所示。

从表3-5中可以清楚地看到：①营业收入两年内都有不同程度的增长，2019年较2018年增长8.40%，表明企业处于稳步发展时期。②2019年营业利润的增长幅度高于营业收入的增幅，达10.56%，超过了上一年度的增幅，由此可以说明企业在努力降低营业成本上做了大量的工作。但是，该企业营业税金及附加增长过快，尤以2019年为甚，高达42.14%，因此又影响了营业利润的增长。企业应对此做进一步的分析研究。③管理费用和财务费用(尤其是管理费用)两年内的增长幅度总体上超过了营业收入的增长幅度，在一定程度上影响

了营业利润的增幅,经营者对此应予以重视。④两年内营业外收入和营业外支出的变动情况异常,经营者对此问题的具体原因应做深入研究。⑤该企业2019年利润总额与净利润的增长幅度较上一年度有明显的提高,其主要原因在于加强了生产成本的管理,产品生产高效低耗,从而使产品成本总额增幅减小。

表 3-5　环比趋势百分率损益分析表　　　　　　　　　　　　　　　　　%

项　目	2018 年比 2017 年	2019 年比 2018 年
一、营业收入	103.92	108.40
减：营业成本	103.69	105.36
营业税金及附加	112.83	142.14
管理费用	117.50	112.77
财务费用	104.00	119.23
资产减值损失		
加：公允价值变动净收益		
投资净收益	135.00	100.00
二、营业利润	103.53	110.56
加：营业外收入	145.71	84.31
减：营业外支出	86.67	123.08
三、利润总额	104.52	109.76
减：所得税	104.52	109.76
四、净利润	104.52	109.76
五、每股收益		
基本每股收益		
稀释每股收益		

(二)定基百分率损益趋势分析

定基百分率损益趋势分析是指通过对连续多年的利润表各项目的有关数据同基年的相应数据进行分析比较,明确各项目的变化趋势。

运用定基百分率损益趋势分析,首先要选取一个基期,将基期报表上各项数额的指数均定为"100",其他各年度报表上的相应数额也用指数表示,由此进行损益趋势分析。损益表各项目考察期指数的计算公式为

$$考察期指数 = \frac{考察期金额}{基期金额} \times 100\%$$

现仍根据某企业 2017—2019 年的利润表资料,编制定基百分率损益趋势分析表,如表 3-6 所示。

表 3-6　定基百分率损益趋势分析表　　　　　　　　　　%

项　目	2017 年	2018 年	2019 年
一、营业收入	100	103.92	112.65
减：营业成本	100	103.69	109.25
营业税金及附加	100	112.83	160.38
管理费用	100	117.50	132.50
财务费用	100	104.00	124.00
资产减值损失			
加：公允价值变动净收益			
投资净收益	100	135.00	135.00
二、营业利润	100	103.53	114.46
加：营业外收入	100	145.71	122.86
减：营业外支出	100	86.67	106.67
三、利润总额	100	104.52	114.72
减：所得税	100	104.52	114.72
四、净利润	100	104.52	114.72
五、每股收益			
基本每股收益			
稀释每股收益			

从表 3-6 的计算结果可以看到考察期(2018 年、2019 年)各损益项目相对于基年(2017 年)的变化趋势和增减幅度：①2019 年营业收入增幅为 12.65%，营业利润增幅为 14.46%，说明该企业主营业务经营业绩较好。②投资收益 2019 年的指数达 135.00%，显示企业多元化经营发展的良好态势。③营业成本，尤其是 2019 年主营业务成本的增长幅度，低于同期营业收入的增长幅度，从而促使营业利润以高于营业收入的幅度增长，反映了企业在产品生产制造过程中注重降低工耗和物耗的工作成效。④营业税金及附加、管理费用、财务费用的增幅颇大，这对于营业利润增长的影响是很大的。当然应该承认，一个企业在努力拓宽市场、销售业绩处于上升的时期，相关费用开支也会相应地增长，但其增速、增幅过快、过大的问题，不能不引起关注。⑤2003 年企业净利润指数为 114.72%，高于上期指数 10.2%，而且其增长幅度也超过了营业收入的增幅，显示企业取得了较好的经营效益。

第四节　利润表的结构分析

如果说财务报表的趋势分析是对财务指标进行横向分析的话，那么财务报表的构成比率分析可以显示报表中各项目相互间的垂直关系，即总体指标内部整体结构分配百分比，因此可以认为是对财务报表进行的纵向分析。对经营成果的一般性分析，一方面可通过比较利润表对有关指标进行横向分析，另一方面可通过共同比损益表对利润形成过程的概况进行纵向分析,以便确定深入分析的重点。

利润表按照分步计算指标的格式进行设计和编制时,其构成比率分析可以根据分析要求分项目进行。表3-7、表3-8分别是营业收入、利润总额的结构分析表。

表3-7 营业收入结构分析表

项 目	金额/万元		构成比率/%	
	2018年	2019年	2018年	2019年
营业收入	11 338	12 290	100	100
营业成本	8 700	9 166	76.73	74.58
营业税金及附加	598	850	5.27	6.92
管理费用	94	106	0.83	0.86
财务费用	26	31	0.23	0.25
投资净收益	135	135	1.19	1.1
营业利润	2 055	2 272	18.12	18.49

通过对营业收入构成项目的共同比分析可知,尽管营业税金及附加项目占营业收入的比重略有上升(1.65%),管理费用和财务费用占营业收入的比重也有所上升(分别为0.03%和0.02%),投资净收益占营业收入的比重却略有下降(-0.09%),这些属于不利因素,但是营业成本占营业收入的比重下降得比较多(-2.15%),属于有利因素,这使得营业利润率上升了0.37%。

通过以利润总额为共同基数的项目构成分析,可知营业利润是构成利润总额的主体,这是企业主营业务突出、生产经营正常稳健的体现,但也有可能是企业经营范围较狭窄、隐藏较大经营风险的体现。营业外收支是影响利润总额升降的补充因素,本例营业外收支净额(营业外收入-营业外支出)占利润总额的比重有所下降,而营业利润占利润总额的比重上升了,应视为正常现象。

表3-8 利润总额结构分析表

项 目	金额/万元		构成比率/%	
	2018年	2019年	2018年	2019年
营业利润	2 055	2 272	98.80	99.52
营业外收入	51	43	2.45	1.88
营业外支出	26	32	1.25	1.40
利润总额	2 080	2 283	100.00	100.00

以上以表格的形式举例说明了按项目对利润表进行局部结构分析的情况。为了对利润表的结构进行全面分析,可以根据"收入=费用+利润"的平衡式原理,按照单步式利润表格式编制共同比利润表,如表3-9所示。

以上我们通过对利润表各项目位置的调整,将各项收入指标汇总为收入合计数,计算其共同比,从而说明总收入的来源。同时,将各项成本费用等支出项目与净利润以收入合计数为共同比基数,计算其构成比率,说明总收入的去向。这样,可以比较全面地对利润表各项目构成情况进行初步分析与评价。

表3-9 单步式共同比利润表

项　目	金额/万元		构成比率/%	
	2018年	2019年	2018年	2019年
营业收入	11 338	12 290	98.39	98.57
投资收益	135	135	1.17	1.08
营业外收入	51	43	0.44	0.34
收入合计	11 524	12 468	100.00	100.00
减：营业成本	8 700	9 166	75.49	73.52
营业税金及附加	598	850	5.19	6.82
管理费用	94	106	0.82	0.85
财务费用	26	31	0.23	0.25
营业外支出	26	32	0.23	0.26
所得税	686.4	753.4	5.96	6.04
净利润	1 393.6	1 529.6	12.09	12.27

第五节　利润额变动分析

一、企业利润总额的构成

利润总额反映企业一定时期内生产经营的最终成果。企业通过编制利润表对外公布有关经营成果的信息。多步式利润表可清晰地表现利润总额各构成要素的关系。其计算公式如下。

利润总额=营业利润+营业外收入-营业外支出

(一)营业利润

营业利润作为分析企业经营状况的重要指标，反映企业从事生产经营活动所取得的经营成果。若营业利润占利润总额的比重增加并且营业利润的增长大大超出利润总额的增长幅度，说明该企业经常性业务经营情况良好，能为企业提供稳定、持续的利润来源。

(二)营业外收支净额

营业外收支净额是企业在一定时期内发生的与其生产经营无直接关系的各项收入减去支出和损失后的净额。营业外收入具有偶然性，企业不能将营业外收入作为增加利润的主要渠道。分析营业外收支时，主要检查各项营业外收入、支出的合理性。

二、利润总额变动的关键因素——营业利润

从上面分析可以看出，在正常情况下，营业利润在利润总额中的构成比重最大，同时

利润总额的增减主要受营业利润增减的影响。因此，分析利润总额的变动时，营业利润的分析至关重要。其分析式为

营业利润=主营业务利润+其他业务利润+存货跌价损失−
营业费用−管理费用−财务费用

(一)主营业务利润

主营业务利润是企业主营业务收入净额扣除主营业务成本和主营业务税金及附加得到的主营业务毛利。它是企业利润的源泉。企业投入的大量资金主要是为发展主营业务而准备的，因而主营业务是否经营得好是企业能否生存和发展的关键。同时，由于企业主营业务的波动性比其他业务小，主营业务利润的稳定性较其他业务利润的稳定性更强。一般情况下，主营业务是形成企业利润的主要因素，它对企业盈利水平的高低、盈利稳定性及持续性起着决定性作用。因此，尽管利润表中没有单列主营业务利润，但企业内部及有条件的外部分析人员还是应该开展对主营业务利润的相关分析。

(二)其他业务利润

其他业务利润主要包括转让技术取得的收入、销售材料取得的收入、包装物出租取得的收入等扣除相应的成本费用以及负担的流转税后的净额。它在企业利润总额中所占比重不大，但仍不失为企业盈利的一种来源。由于其他业务不是经常性发生的，因而其他业务利润波动性较大，稳定性相对较弱。

分析时一方面应按照组成内容逐项分析其盈亏状况，同时还应检查其他每一项业务利润的合理性和合法性。比如，分析处理多余积压物资时，一方面应查明所处理的多余积压物资是否正常，有无将产品或材料私分或压价出售的情况，另一方面还应检查处理价格是否合理等。

(三)存货跌价损失、营业费用、管理费用、财务费用

存货跌价损失是企业对存货出现毁损、陈旧过时或销售价格低于成本而提取的一项费用。营业费用是指企业在整个经营过程中所发生的各种费用，包括企业销售商品过程中所发生的费用和商业性企业在进货过程中发生的费用。管理费用是为组织和管理生产、经营而发生的费用。财务费用是企业为筹集资金而发生的费用。营业费用、管理费用和财务费用一般随着企业经营规模的扩大而略有增长。主营业务收入增加而管理费用、财务费用、营业费用的涨幅低于主营业务收入的增长幅度，说明企业在挖掘内部潜力、提高管理效益等方面取得了突出成绩。

三、营业利润变动的分析重点——主营业务利润

主营业务利润是企业利润的根本来源。主营业务的经营状况与企业的生存和发展息息相关。主营业务利润计划完成情况的好坏对企业利润总额计划的完成起着决定性作用，因此，进行利润分析应着重分析主营业务利润的完成情况。主营业务利润的计算公式如下：

主营业务利润=主营业务收入−主营业务成本−主营业务税金及附加

分析主营业务利润的变动构成，可以得出下面几个结论。

(1) 主营业务收入,是企业按照营业执照上规定的主营业务内容经营所发生的营业收入。主营业务收入的不断增长是企业盈利持续、稳定的重要前提。若主营业务收入有所增长,说明企业经营战略恰当,目标市场定位准确,市场开发取得了一定进展。对主营业务收入增长的具体分析,应结合企业具体的市场环境和产品自身的生命周期加以考虑。

(2) 主营业务成本,是企业经营主营业务而发生的实际成本。主营业务成本是抵扣主营业务收入的主要因素,对它要进行严格的分析和考核。一般情况下,企业生产规模的扩大能带来平均成本的降低,但也不能排除因扩大产量的需要而增加固定资产、生产工人数或加班工资,从而使主营业务成本的增长超过了主营业务收入的增长的情况。这需要根据企业的实际情况加以判断。另外,在分析主营业务成本时,应结合报表附注中对存货计价方法的说明,剔除存货计价方法的变更对主营业务成本造成的影响,从而真实地反映成本控制的效果。

(3) 主营业务税金及附加,是指企业经营主要业务而应由主营业务负担的税金及附加,包括营业税、消费税、城市维护建设税、资源税、土地增值税和教育费附加等。这项支出不受企业决策的影响,分析时不必作过多考虑。

四、产品销售利润额变动的因素分析

(一)产品销售利润的影响因素

根据利润表的分析不难发现,主营业务利润是利润总额的主要来源。主营业务利润的高低及其变化情况直接反映了企业生产经营状况和经济效益情况,因此,应将企业主营业务利润指标的变动情况作为进一步分析的重点。在这里,我们以制造业企业为例,着重分析制造业企业的主营业务利润——产品销售利润。

产品销售利润是企业利润总额的主要组成部分,也是企业完成利润总额计划的决定性因素。产品销售利润综合反映了企业的产品生产、产品成本和产品销售等工作的数量和质量,因此,它是衡量企业经济效益的基本标志。产品销售利润分析的主要任务是研究影响产品销售利润的因素及其影响程度,进而分析各个因素变动的具体原因,揭示和挖掘企业增加产品生产、降低产品成本、扩大产品销售、增加产品销售利润的问题和潜力。

为了分析影响产品销售利润增减变动的因素,必须根据利润表主营业务收支明细表提供的资料编制本年度和上年度的产品销售利润明细表,如表3-10、表3-11所示,作为对利润表对应项目的补充说明,是进行产品销售利润的变动因素分析的主要资料。

表3-10 2018年产品销售利润明细表

产品名称	销售数量/台	销售收入/元		销售成本/元		销售税金/元		销售利润/元	
		单位售价	总额	单位售价	总额	单位售价	总额	单位售价	总额
甲	1 120	1 650	1 848 000	909	10 18 080	82.5	92 400	658.5	737 520
乙	40	5 000	200 000	4 159	166 360	250	10 000	591	23 640
丙	40	4 300	172 000	3 928	157 120	215	8 600	157	6 280
合计			2 220 000		1 341 560		111 000		767 440

表 3-11　2019年产品销售利润明细表

产品名称	销售数量/台	销售收入/元		销售成本/元		销售税金/元		销售利润/元	
		单位售价	总额	单位售价	总额	单位售价	总额	单位售价	总额
甲	1 200	1 600	1 920 000	890.76	1 068 912	80	96 000	629.24	755 088
乙	50	5 000	250 000	4 131.2	206 560	250	12 500	618.8	30 940
丙	35	4 200	147 000	4 026	140 910	168	5 880	6	210
合计			2 317 000		1 416 382		114 380		786 238

产品销售利润分析，包括全部产品盈亏情况的综合分析和各种产品盈亏情况的个别分析。分析的一般顺序是，首先将全部产品及其主要产品盈亏本年实际数与上期实际数进行比较，求出差异，然后分析差异产生的原因，如表 3-12 所示。

表 3-12　产品销售利润差异分析表

产品名称	上年数/元	本年数/元	差异数/元	趋势/%
甲	737 520	755 088	+17 568	102.38
乙	23 640	30 940	+7 300	130.88
丙	6 280	210	-6 070	3.34
合计	767 440	786 238	+18 798	102.45

从分析情况来看，企业全部销售利润比上年增加 18 798 元，增长 2.45%。其中甲、乙两种产品的销售利润均超过上年，说明企业在扩大产品销售、降低产品成本、改善经营管理、提高经济效益方面均取得了较好的成绩。丙产品销售利润比上年减少 6 070 元，应分析其原因。

产品销售利润=产品销售收入-产品销售成本-产品销售税金及附加

式中：

产品销售收入=∑(产品销售数量×产品销售单价)

产品销售成本=∑(产品销售数量×单位销售成本)

产品销售税金及附加=∑(产品销售数量×产品销售单价×税率或附加比率)

将上述算式代入产品销售利润计算公式后，即为产品销售利润的分析式。

产品销售利润=∑{产品销售数量×[产品销售单价×

(1-税率或附加比率)-单位销售成本]}

由此可见，影响产品销售利润变动的因素有产品销售数量、销售品种结构、产品销售单价、单位销售成本、税率(或附加比率)等。

(二)各影响因素与产品销售利润的关系

产品销售数量、产品销售单价与产品销售利润成正比。产品销售数量越多，产品售价越高，则产品销售利润越多；反之越少。提高产品销售价格固然能够增加利润，但产品售价降低也不一定就不好，因为降价的结果可能导致销售数量的增加，对企业最终的经济效益也许是有益的。

产品销售成本、产品销售税率与产品销售利润变动的方向相反。产品销售成本和产品销售税率越低，则产品销售利润越多；反之越少。税率系国家税法规定的，不受企业经营状况好坏的影响。企业只有不断地改善经营管理，提高劳动生产率，节约活劳动和物化劳动的耗费，才能不断地降低产品成本，从而增加产品销售利润。

销售产品品种结构与产品销售利润之间没有固定的比例关系。企业如果提高利润率较高的产品在全部销售产品中所占的比重，而其他因素不变，就会使产品销售利润增加；如果提高利润率较低的产品在全部销售产品中所占的比重，其他因素不变，就会使产品销售利润减少。只要各种产品的销售计划都完成了，无论结构变动使利润增加还是减少，都应当是允许的。

下面我们以甲公司为例，具体分析各因素的变化对产品销售利润变动的影响。

分析对象：本年产品销售利润-上年产品销售利润=产品销售利润增减额

本例中的产品销售利润增减额=786 238-767 440=18 798(元)

1. 产品销售数量变动的影响

分析销售数量对利润的影响，可以按单类产品分析，也可以按全部产品综合分析，在多品种生产与销售的企业，一般采用综合分析法。在综合分析全部产品销售数量变动的影响时，必须用价值量指标来计算产品销售数量趋势比率(本年比上年)。

产品销售数量变动对销售利润的影响=上年产品销售利润×(产品销售数量趋势%-1)

$$产品销售数量趋势(\%) = \frac{\sum Q_1 \cdot P_0}{\sum Q_0 \cdot P_0} \times 100\%$$

式中：$\sum Q_0 \cdot P_0$ 表示基期(2018年)各产品销售收入之和；

$\sum Q_1 \cdot P_0$ 表示按照分析期(2019年)各产品销量和基期各产品单价计算的各产品销售收入之和。

计算可得：$产品销售数量趋势(\%) = \frac{1\,200 \times 1\,650 + 50 \times 5\,000 + 35 \times 4\,300}{1\,120 \times 1\,650 + 40 \times 5\,000 + 40 \times 4\,300} \times 100\%$

$= 107.23\%$

产品销售数量变动对销售利润的影响 = 767 440×(107.23%-1)

$\approx 55\,486(元)$

由于产品销售数量本年(2019年)比上年增长7.23%，因此，产品销售数量增长，在其他因素不变的情况下，可使产品销售利润相应地增长，即在其他因素不变的情况下，可使产品销售利润相应地增长7.23%，也就是增加利润55 486元。

销售数量是影响产品销售利润的重要因素，应进一步分析其变动原因，本例中全部产品销售数量本年比上年增长7.23%，但是，从各种产品销售数量的增减情况来看是不同的。根据表3-10和表3-11资料分析可以得表3-13。

我们可以对乙产品运用平衡分析法就其销售数量变动作进一步分析。

产品销售数量=本期产品生产量+期初产品结存量-期末产品结存量

表 3-13　产品销售数量变动分析表

产　品	上年数/台	本年数/台	增减数/台	增长/%	趋势/%
甲	1 120	1 200	80	7.14	107.14
乙	40	50	10	25	125
丙	40	35	-5	-12.5	87.5

由此可见，影响产品销售数量变动的因素有三个。其中，本期产品生产量、期初产品结存量与产品销售数量变动的方向相同，而期末产品结存量与产品销售数量变动的方向相反。各个因素的差异，就是各因素变动对产品销售数量的影响程度。

乙产品销售数量变动分析如下。

上年数：　　　　　　　40 = 45+5-10

本年数：　　　　　　　50 = 52+10-12

差　异：　　　　　　　+10 = +7+5-2

可见，乙产品本年比上年多销售 10 台，是由于本年产量比上年增加 7 台，期初产品结存本年比上年多 5 台，期末产品结存本年比上年多 2 台。

2. 销售品种结构变动的影响

由于产品销售品种结构一般随产品销售数量变动而不成比例地变动，因此按产品类别分析产品销售数量变动对销售利润的影响的总和，包括了纯销售数量变动和品种结构变动两个因素的影响。纯销售数量变动对销售利润的影响，已在上面综合分析全部产品销售数量变动对利润的影响时计算出来了。只要从按产品类别计算的销售数量变动对销售利润的影响总额中减去纯销售数量变动的影响，就是品种结构变动的影响。

本例中该影响额 = (1 200×658.5+50×591+35×157)-767 440×107.23%

≈ 2 319(元)

此计算公式的前半部分表示本年产品销售数量、本年产品销售品种结构、上年单价、上年单位成本、上年销售税率条件下的产品销售利润，后半部分表示本年产品销售数量、上年产品销售品种结构、上年单位成本、上年销售税率条件下的产品销售利润。二者之差额为销售品种结构变动对销售利润的影响额，即本例的增加销售利润为 2 319 元。

销售品种结构是指各种产品销售数量在全部产品销售数量中所占的比重。在生产和销售多种产品的企业中，各种产品销售数量不成比例地变动，会使各种产品销售数量占全部产品销售数量的比重即品种结构发生变动。由于各种产品的获利水平，亦即利润率一般不尽相同，产品销售品种结构变动，就会通过全部产品的总销售利润率的变动来影响产品销售利润额。提高利润率高的产品销售数量占总产品销售数量的比重，则代表着全部产品综合获利水平的总销售利润率会提高，从而使销售利润额的增长超过销售数量的增长；反之，就会低于销售数量的增长。如果各种产品的利润率都相同，则品种结构的变化对全部产品总销售利润率、销售利润额不产生影响。

3. 产品销售单价变动的影响

产品销售价格通过销售收入和销售税金两个方面影响产品销售利润。在其他条件不变的情况下，销售价格提高，销售收入增加，使得利润增加。但是由于增加了销售收入，以致销售税金增加，税金增加使得利润同数额地减少，因此，由于价格提高增加的销售收入并不会全部增加利润，其中一部分变成了销售税金，所以，价格提高增加的销售收入还要扣除增加的税金，才是增加的利润。反之亦然，即如果价格降低，以致销售收入减少，从而销售税金减少，所以售价降低，使得销售收入减少，再扣除销售税金的减少数，才是利润减少数。综上所述，计算产品销售价格变动对利润影响的公式如下。

$$\text{产品销售单价变动对销售利润的影响} = \sum\left[\text{本年产品销售数量} \times \left(\text{本年单价} - \text{上年单价}\right) \times \left(1 - \text{上年产品销售税率}\right)\right]$$

如本例：

甲产品：　　　　　　　1 200×(1 600-1 650)×(1-5%)= -57 000(元)

乙产品：　　　　　　　50×(5 000-5 000)×(1-5%)= 0(元)

丙产品：　　　　　　　35×(4 200-4 300)×(1-5%)= -3 325(元)

合计为-60 325元，即甲、丙产品销售单价降低，使产品销售利润减少了60 325元。

影响产品售价变动的因素有客观因素和主观因素两个方面。客观因素是指产品市场价格的波动，市场价格变化会引起产品销售利润的增加或减少。影响产品销售价格变动的主观因素，一般是指产品质量变动引起价格变动。根据按质论价、优质优价的原则，随着产品质量的提高，产品的价格也可以相应地提高；反之，也要相应地降低。因此，产品的质量变动可以通过产品的销售价格因素来影响产品销售利润。

产品质量对价格的影响，一般是通过产品平均价格的变动来实现的。因为一些在质量上可以区分为等级产品的产品(如胶鞋、纺织品、陶瓷品等)在市场上有等级差价，所以，在某种产品中提高其上等产品的比重，平均价格就相应提高；反之，就相应降低。

在产品质量上可以区分为等级产品的企业，其产品价格可能同时受市场价格波动和产品质量变动等方面的影响。为了正确评价企业管理工作的质量，准确考核企业利润指标，分析价格变动时要分别测定价格变动和产品质量变动对产品销售利润的影响程度。

分析的方法是：先计算上述两个因素共同的影响程度，然后计算产品质量引起的价格变动对产品销售利润的影响程度，再确定价格变动对产品销售利润的影响程度。

假定本例中该企业产品是划分质量等级的产品，现以丙产品为例进行分析。

上年度丙产品销售数量为40台，其中一等品20台，二等品20台，各占50%，一等品销售单价为4 400元，二等品销售单价为4 200元。

本年度丙产品销售数量为35台，其中一等品14台，占40%，二等品21台，占60%，一等品销售单价为4 500元，二等品销售单价为4 000元。

$$\text{产品平均单价} = \sum(\text{各等级产品销售比重} \times \text{各等级产品单价})$$

或

$$\text{产品平均单价} = \frac{\sum(\text{各等级产品销售量} \times \text{各等级产品单价})}{\sum(\text{各等级产品销售数量})}$$

本例中：

上年丙产品平均单价 = $\sum$(上年各等级品销售比重×上年各等级产品单价)

　　　　　　　　　= 50%×4 400+50%×4 200 =4 300(元)

或

$$\text{上年丙产品平均单价} = \frac{\sum(\text{上年各等级产品销售量} \times \text{上年各等级产品单价})}{\sum \text{上年各等级产品销售数量}}$$

$$= \frac{20 \times 4\,400 + 20 \times 4\,200}{40}$$

$$= 4\,300(\text{元})$$

按本年等级构成上年销售单价计算丙产品平均销售单价，即

丙产品本年等级构成上年平均单价 $= \sum(\text{本年各等级产品销售比重} \times \text{上年各等级产品单价})$

$$= 40\% \times 4\,400 + 60\% \times 4\,200$$

$$= 4\,280(\text{元})$$

或

$$\text{丙产品本年等级构成上年平均单价} = \frac{\sum(\text{本年各等级产品销售量} \times \text{上年各等级产品单价})}{\sum \text{本年各等级产品销售数量}}$$

$$= \frac{14 \times 4\,400 + 21 \times 4\,200}{35}$$

$$= 4\,280(\text{元})$$

本年丙产品平均单价 $= \sum(\text{本年各等级产品销售比重}) \times \text{本年各等级产品单价}$

$$= 40\% \times 4\,500 + 60\% \times 4\,000$$

$$= 4\,200(\text{元})$$

或

$$\text{本年丙产品平均单价} = \frac{\sum(\text{本年各等级产品销售量} \times \text{本年各等级产品单价})}{\sum \text{本年各等级产品销售量}}$$

$$= \frac{14 \times 4\,500 + 21 \times 4\,000}{35}$$

$$= 4\,200(\text{元})$$

在划分产品质量等级的情况下，产品平均单价变动对产品销售利润的影响为

影响额 $= \sum[\text{本年各等级产品销售量} \times (\text{本年平均单价} - \text{上年平均单价}) \times (1 - \text{上年销售税率})]$

本例中该影响额 $= 35 \times (4\,200 - 4\,300) \times (1 - 5\%) = -3\,325(\text{元})$

平均单价降低使产品销售利润减少 3 325 元，包括产品质量变动和产品价格调整两因素的影响。其中：

质量变动对产品销售利润的影响 $= \sum\left[\text{本年各等级产品销售量} \times \left(\text{本年等级构成上年平均单价} - \text{上年平均单价}\right) \times (1 - \text{上年销售税率})\right]$

本例中该影响额 $= 35 \times (4\,280 - 4\,300) \times (1 - 5\%) = -665(\text{元})$

产品调价对产品销售利润的影响 $= \sum\left[\text{本年各等级产品销售量} \times \left(\text{上年平均单价} - \text{本年等级构成上年平均单价}\right) \times (1 - \text{上年销售税率})\right]$

本例中该影响额 $= 35 \times (4\,200 - 4\,280) \times (1 - 5\%) = -2\,660(\text{元})$

两因素影响合计 $= (-665) + (-2\,660) = -3\,325(\text{元})$

4. 单位销售成本变动的影响

单位销售成本与销售利润变化的方向相反，在其他条件不变的情况下，销售成本越高，销售利润越低；反之，销售成本降低，销售利润增加。因此，产品销售成本本身的变动可以直接反映销售利润的变动程度。其计算公式如下。

$$\text{单位销售成本变动对销售利润的影响} = \sum \left[\text{本年产品销售数量} \times \left(\text{上年单位销售成本} - \text{本年单位销售成本} \right) \right]$$

本例中该影响额 = 1 200×(909-890.76)+50×(4 159-4 131.20)+35×(3 928-4 026)
        = +19 848(元)

这表明产品销售成本减少 19 848 元，即产品销售利润增加 19 848 元。

若需进一步分析单位销售成本变动的影响因素，可结合企业内部成本报表来进行。

5. 税率变动的影响

销售产品税率是由国家税法规定的，它对产品销售利润的影响与企业经营管理工作的好坏无关。但测定税率变动对产品销售利润的影响程度，可以如实地反映企业利润指标的完成情况，正确评价企业的经济效益。这里所说的销售产品税是指营业税、消费税等包括在价格之内的税金，不包括在价格之外的增值税。一般来说，增值税并不由生产企业负担，因而不计入企业的产品生产成本。企业销售产品时向购买其产品者收取的增值税，扣除企业购买材料时支付的增值税后的差额，就是企业实际支付给国家的增值税。因此，实际上增值税是由最终消费者承担的。这就是我们在此分析影响利润的因素时排除增值税的原因。

税率与产品销售利润变化的方向相反。在销售收入不变的情况下，销售产品税率越高，税金越大，产品销售利润就越少。产品税率变动对产品销售利润的影响程度的计算公式如下。

$$\text{税率变动对产品销售利润的影响} = \sum [\text{本年产品销售收入} \times (\text{上年销售税率} - \text{本年销售税率})]$$

如本例中产品税率变动对产品销售利润的影响为

甲产品：   1 920 000×(5%-5%) = 0(元)
乙产品：   250 000×(5%-5%) = 0(元)
丙产品：   147 000×(5%-4%) = +1 470(元)

合计为 +1 470 元，即由于丙产品销售税率的降低，使得该企业的产品销售利润增加了 1 470 元。

以上各因素变动对产品销售利润的影响，如表 3-14 所示。

表 3-14 利润影响因素表

影响因素	对利润的影响/元	占全部销售利润变动的百分比/%
销售数量	+55 486	+295.17
品种结构	+2 319	+12.33
单位售价	-60 325	-320.91
单位销售成本	+19 848	+105.59
税率	+1 470	+7.82
合计	+18 798	100

从表 3-14 中可知，甲公司 2019 年产品销售利润比前一年增加 18 798 元，主要是由产品销售量增加、品种结构优化、销售税金降低和单位销售成本下降四个因素引起的，其共同作用使利润增加了 79 123 元。由于产品销售单价降低抵减了 60 325 元，所以该企业增利 18 798 元。在增利因素中，销售数量排列第一(增利绝对额为 55 486 元，相对额为 295.17%)，单位销售成本排列第二(增利绝对额为 19 848 元，相对额为 105.59%)，品种结构排列第三(增利绝对额为 2 319 元，相对额为 12.33%)，销售税率排在最后(增利绝对额为 1 470 元，相对额为 7.82%)。

拓展阅读

"利润分配分析"的内容扫右侧二维码。

利润分配分析.doc

思 考 题

1. 利润表有哪几种结构？
2. 对利润表进行项目分析时，主要分析哪几个项目？
3. 如何进行利润表的比较分析？
4. 产品销售利润的影响因素有哪些？如何进行产品销售利润变动的因素分析？
5. 简述对利润分配分析的意义。

第四章 现金流量表分析

知识要点：

现金流量表是企业四大财务报表中的重要部分，对其进行分析意义重大。本章将在对现金流量表分析基础进行明确解释的前提下，对现金流量表基本分析、综合分析及相关财务比率分析的方法和程序进行详细阐释，并附加相关分析案例。

现金流量表是反映企业在一定会计期间现金和现金等价物流入和流出情况的报表，其编制基础是现金和现金等价物。现金流量表分析是企业财务分析的重要部分。通过现金流量表分析，可以进一步理解三大报表之间的内在逻辑关系及其蕴含，在掌握现金流量基本分析和综合分析基本方法的基础上，动态分析企业现金增减变动的基本情况和具体原因，评价企业获得现金的能力，为进一步的资金安排和财务决策提供依据。

第一节 现金流量表分析的含义

现金流量表分析是建立在对现金流量基本内容和结构的充分理解基础上的。因此，明确现金及现金流量的基本内涵，全面理解现金流量表的编制原理和方法、基本结构和内容，以及所代表的基本财务信息，特别是现金流量表与资产负债表和利润表的关系，并在此前提下确定现金流量表分析的基本目的和主要内容，就成为现金流量表分析的基础。

一、关于现金流量表

(一)现金流量表的概念及作用

现金流量表是反映企业一定会计期间现金和现金等价物(也可简称现金)流入和流出的报表。

编制现金流量表的目的，是为会计报表使用者提供企业一定会计期间现金流入和流出的信息，以便于报表使用者了解和评价企业获取现金和现金等价物的能力，并据以预测企业未来的现金流量。因此，现金流量表是以收付实现制为基础编制的，是一张反映企业一定会计期间的经营活动、投资活动和筹资活动现金以及现金等价物流入和流出信息的动态报表，并将权责发生制下的盈利信息调整为收付实现制下的现金流量信息。

现金流量表的作用主要体现在以下几个方面：①有助于评价企业支付能力、偿债能力和周转能力；②有助于预测企业未来现金流量；③有助于分析企业收益质量及影响现金净流量的因素。掌握企业经营活动、投资活动和筹资活动的现金流量，可以从现金的角度了解净利润的质量，为分析和判断企业的财务前景提供信息。

(二)现金流量表的编制基础

现金流量表是以现金和现金等价物为基础编制的。现金是指企业库存现金以及可以随时用于支付的存款。不能随时用于支付的存款不属于现金。现金主要包括：库存现金、银行存款、其他货币资金。现金等价物是指企业持有的期限短、流动性强、易于转换为已知金额现金以及价值变动风险很小的投资。其中，期限短，一般是指从购买日起3个月内到期。

现金流量是指企业现金和现金等价物的流入和流出。如企业销售商品、提供劳务、出售固定资产、向银行借款等取得现金，形成企业的现金流入；购买原材料、接受劳务、购建固定资产、对外投资、偿还债务等而支付的现金，形成企业的现金流出。现金流量表是根据企业业务活动的性质和现金流量的来源，将企业一定期间内产生的现金流量分为三类：经营活动产生的现金流量、投资活动产生的现金流量和筹资活动产生的现金流量。

(三)现金流量表中现金流量的列示

现金流量表主表应当分别列示经营活动、投资活动和筹资活动的现金流量。

除现金流量表主表反映的信息外，企业还应在附注中披露将净利润调节为经营活动现金流量的信息，不涉及当期现金收支但影响企业财务状况或在未来可能影响企业现金流量的重大投资和筹资活动的信息，当期取得或处置子公司及其他营业单位的有关信息，以及与现金和现金等价物有关的信息等。

二、现金流量表分析的目的与内容

(一)现金流量表分析的目的

现金流量表反映了企业在一定时期内创造现金的能力，揭示了在一定时期内现金流动的状况，分类提供了反映企业资金来源与资金运用情况的详细信息。通过现金流量表分析，可以达到以下目的：

1. 从动态上了解企业现金变动情况和变动原因

资产负债表中货币资金项目反映了企业一定时期内现金变动的结果，是静态上的现金存量，而企业从哪里取得现金，又将现金用于哪些方面，只有通过现金流量表的分析，才能从动态上说明现金的变动情况，并揭示其变动的原因。

2. 评判企业创造现金的能力

无论是经营活动的发展还是偿还到期债务的本金和利息，都需要企业在创造利润的同时，还创造现金收益，即具有一定的创造现金的能力。现金流量表中的"现金及现金等价物的净增加额"是由经营活动、投资活动、筹资活动这三类活动的现金流量净额所组成的，从一定意义上说明了企业获取现金的能力，但要准确说明企业创造现金的能力，还应进一步了解"现金和现金等价物净增加额"是由哪一类活动创造的，各类活动创造的现金净流量是多少。其中，经营活动现金净流量最能准确说明企业创造现金的能力。经营活动现金净流量为正值且数额越多，说明企业创造现金的能力越强。而投资活动现金净流量为负值，未必说明创造现金的能力是差的；投资活动现金净流量为正值，也未必说明其创造现金的能力是好的。总之，通过对现金流量表进行现金流量分析，便能够对企业创造现金的能力作出评判。

3. 从现金保证的角度评价利润(收益)的质量

企业收益质量的重要特征之一就是利润是否与现金的流入相伴随。利润是以权责发生制为基础编制的,用于反映当期的财务成果,凡是本期销售出去的产品,无论货款是否实际收到,都应作为本期的销售收入。这就导致在实际工作中经常会遇到这样的情况:有些企业利润表上反映的虽然是盈利,但却没有钱花,偿还不了到期债务;有些企业利润表上反映的虽然是亏损,但却现金充足,不但能够偿还债务,而且能够进行投资。所以,利润不代表真正实现的收益,账面上的利润满足不了企业的资金需要,利润如果不能与现金流量相伴随,其实际意义将大打折扣,质量是不高的。盈利企业仍然有可能发生财务危机,高质量盈利必须有相应的现金流入作保证,这就是人们更重视现金流量的原因之一。总之,通过将现金流量表中的经营现金净流量同利润表中的净利润相比较,可以说明利润的质量。

4. 了解企业偿债能力和支付能力

企业的偿债能力不仅表现在资产与负债的比较上,而且表现在未来取得盈利和创造现金的能力上,尤其是创造现金收益的能力,因为债务的偿还归根结底是要用现金支付的。通过现金流量表所揭示的现金流量信息,可以了解企业创造现金归还到期债务以及支付利息、股利的能力。可以将经营活动现金净流量同流动负债或负债总额相比较,说明负债是否适度。

5. 了解企业的投资和融资的策略及其合理性

一般来说,投资所需的现金主要依赖于融资所取得的现金(当然,如果企业通过经营活动创造的现金能够满足投资的快速发展是非常理想的,但往往难以做到),而融资使用成本的支付则依赖于经营活动创造的现金,提高经营活动创造现金的能力是投资活动的目的。如果经营活动现金净流量不仅不能满足投资的需求,而且不能保证利息的支付,则说明企业投资效益差,存在盲目扩张的问题。

(二)现金流量表分析的主要内容

基于以上目的,现金流量表分析的主要内容包括以下三大部分。

1. 现金流量表基本分析

现金流量表基本分析包括现金流量状况总体分析、现金流量表结构分析、现金流量表主要项目分析以及现金流量表变动分析等。

2. 现金流量表综合分析

现金流量表综合分析包括现金流量及其对比关系的分析、现金流量表补充资料及其主要项目分析,以及经营活动现金净流量与净利润的综合分析等。

3. 现金流量财务比率分析

现金流量财务比率分析包括基于流动性分析的现金流量比率、基于获现能力分析的现金流量比率、基于盈利能力质量分析的现金流量比率等。

第二节 现金流量表基本分析

一、现金流量状况总体分析

现金流量表提供的最主要也是最重要的信息就是关于三大部分现金流量状况的，因此，分析和把握现金流量的总体状况，就成为现金流量表分析的第一步。

通过对现金流量表总体上的一般性分析，以企业现金净流量为分析对象，分别从经营活动、投资活动和筹资活动三个部分的现金流量，来解释它们变动的原因及对企业净现金流量的影响，并对其进行总体上的分析与评价。这时，现金流量表本身就可作为一张分析表，表中的数据资料可在一定程度上反映出企业现金流量的基本情况。

【例 4-1】下面以 ABC 公司现金流量表的资料(具体如表 4-1 所示)为基础，对该公司2018 年现金流量进行总体分析。①

表 4-1　ABC 公司现金流量表

2018 年度　　　　　　　　　　　　　　　　　单位：人民币千元

项　目	本期金额	上期金额
一、经营活动产生的现金流量		
销售商品、提供劳务收到的现金	45 008 874	34 078 133
收到的税费返还	3 972 631	2 649 273
收到其他与经营活动有关的现金	325 759	199 881
经营活动现金流入小计	49 307 264	36 927 287
购买商品、接受劳务支付的现金	30 430 667	24 683 459
支付给职工以及为职工支付的现金	6 160 806	4 778 567
支付的各项税费	2 515 238	1 729 913
支付其他与经营活动有关的现金	6 552 640	5 646 958
经营活动现金流出小计	45 659 351	36 838 897
经营活动产生的现金流量净额	3 647 913	88 390
二、投资活动产生的现金流量		
收回投资收到的现金	15 392	26 803
取得投资收益收到的现金	89 862	34 479
处置固定资产、无形资产和其他长期资产收回的现金净额	52 554	18 295
投资活动现金流入小计	157 808	79 577
购建固定资产、无形资产和其他长期资产支付的现金	1 911 923	1 777 223
投资支付的现金	233 536	60 000

---

① 本章所涉及 ABC 公司例题根据张先治、陈友邦主编的《财务分析》(第五版，东北财经大学出版社，2010 年 2 月版)第 157～161 页的资料调整改编整理而成。

第四章 现金流量表分析

续表

项 目	本期金额	上期金额
投资活动现金流出小计	2 145 459	1 837 223
投资活动产生的现金流量净额	-1 987 651	-1 757 646
三、筹资活动产生的现金流量		
吸收投资收到的现金	43 342	503 138
其中：子公司吸收少数股东投资收到的现金		17 207
发行可分离交易的可转换公司债券收到的现金	3 961 444	
取得借款收到的现金	9 365 004	6 981 386
筹资活动现金流入小计	13 369 790	7 484 524
偿还债务支付的现金	8 896 625	3 117 701
分配股利、利润或偿付利息支付的现金	830 481	538 488
其中：子公司支付给少数股东投资的股利、利润		66 259
筹资活动现金流出小计	9 727 106	3 656 189
筹资活动产生的现金流量净额	3 642 684	3 828 335
四、汇率变动对现金及现金等价物的影响	-268 535	8 607
五、现金及现金等价物净增加额	5 034 411	2 167 686
加：年初现金及现金等价物余额	6 309 749	4 142 063
六、年末现金及现金等价物余额	11 344 160	6 309 749

第一，该公司本年现金及现金等价物共增加 50.34 亿元。其中，经营活动产生净现金流量 36.48 亿元；投资活动产生净现金流量 -19.88 亿元；筹资活动产生净现金流量 36.43 亿元。

第二，该公司本年经营活动净现金流量主要是：销售商品、提供劳务收到现金 450.08 亿元，购买商品、接受劳务支付现金 304.31 亿元。在三类业务活动引起的现金流量中，经营活动现金流量的稳定性和再生性较好，一般情况下应占较大比例。如果经营活动的现金流入量大于现金流出量，即经营活动的净现金流量大于 0，则反映出企业经营活动的现金流量自我适应能力较强，通过经营活动收取的现金，不仅能够满足经营本身的需要，而且剩余部分还可以用于再投资或偿债。如果经营活动现金流入量小于现金流出量，即经营活动净现金流量小于 0，说明经营活动的现金流量自我适应能力较差，通过经营活动取得的现金不仅不能满足投资或偿债的资金需要，而且还要借助于收回投资或举借新债取得现金才能维持正常的经营。形成这种情况的主要原因可能是销货款的回笼不及时，或存货大量积压无法变现。当然，也有可能是企业处于初创期或季节性销售等原因导致。

第三，投资活动现金流量主要是由于购建固定资产等长期资产引起的。大规模购建固定资产等长期资产可以增加企业未来的生产能力。

第四，筹资活动现金流量的增加主要来自于发行可转换公司债券收到的现金 39.61 亿元，取得借款收到的现金 93.65 亿元，偿还债务支付的现金 88.97 亿元。筹资活动净现金流量分析应同企业理财政策以及前两项业务活动引起的现金流量方向结合起来进行。如果筹资活动现金流出量远远大于现金流入量的话，有可能是企业执行了高股利分配政策，或者是已经进入债务偿还期；联系经营活动现金流量如果也是负的话，企业可能出现较大的资金缺口,有可能是企业前期经营不善导致。如果企业筹资活动的现金流入明显大于现金流出,说明企业吸收资本或举债的步伐加快。结合投资的净现金流量,如果投资的净现金流出量也非常明显的话,则意味着企业加快了投资和经营扩张的步伐,这可能意味着企业有了新的获利增长点;结合经营活动的净现金流量,如果经营活动的净现金流出量明显的话,则说明吸收资本或举债的资金部分地补充了经营上的资金短缺。

二、现金流量表结构分析

现金流量表的结构分析,目的在于分析现金流入量和现金流出量的比例和结构,揭示现金流量三个主要部分之间的关系,从中透视企业现金流量管理的重点。这一分析过程可以通过现金流量结构分析表来初步体现。

(一)现金流入结构分析

现金流入结构分为总流入结构和内部流入结构。现金总流入结构是反映企业三部分主要现金流入量(即经营活动的现金流入量、投资活动的现金流入量和筹资活动的现金流入量)分别占现金总流入量的比重;而现金流量内部流入结构反映的则是企业经营活动、投资活动和筹资活动等各项业务活动现金流入中各具体项目的构成比例。现金流入结构分析可以帮助企业明确现金究竟来自何方,从而为企业寻求增加现金流入所采取的措施提供建议。

【例 4-2】以四川长虹现金流量表的资料为基础,对该公司 201×年度现金流入结构进行基本分析。具体如表 4-2 所示。

表 4-2 四川长虹 201×年度现金流入结构分析表

项 目	金额/元	总体结构/%	分项结构/%
一、经营活动产生的现金流入量小计	23 259 116 010.49	86.99	100
销售商品、提供劳务收到的现金	22 983 117 515.40		98.81
收到的税费返还	167 876 714.25		0.73
收到其他与经营活动有关的现金	108 121 780.84		0.46
二、投资活动产生的现金流入量小计	352 560 202.30	1.33	100
收回投资收到的现金	309 169 667.43		87.69
取得投资收益收到的现金	4 637 811.78		1.32
处置固定资产、无形资产和其他长期资产收回的现金净额	16 988 160.16		4.82
收到其他与投资活动有关的现金	21 764 562.93		6.17
三、筹资活动产生的现金流入量小计	3 124 544 792.35	11.68	100
吸收投资收到的现金	15 691 000.00		0.50
取得借款收到的现金	3 108 853 792.35		99.50
现金流入量合计	26 736 221 005.14	100	

从现金流入量总体结构看,四川长虹电器股份有限公司 201×年度的现金流入量中,经营活动现金流入量占 86.99%,投资活动现金流入量占 1.33%,筹资活动现金流入量占 11.68%。这说明经营活动提供了主要的现金来源。

从现金流入量分项结构看，四川长虹电器股份有限公司201×年度经营活动现金流入量主要来自销售商品，占98.81%；投资活动现金流入量主要来自收回投资，占87.69%，其次为其他投资活动现金流入量，占6.17%；筹资活动现金流入量主要来自借款，占99.50%。企业要增加现金流入量主要还是要依靠经营活动，以便增加销售收入。

一般来说，企业的现金流入量中，经营活动的现金流入量应当占大部分比例，通俗地讲，就是企业的钱还是要靠企业自身"辛辛苦苦去挣"，特别是其销售商品、提供劳务收到的现金应明显高于其他业务活动流入的现金。当然，不同性质的企业，在生产经营的不同阶段，这一比例可能会不同，并有可能出现较大的差异。例如，单一经营，专心于某一特定经营业务即主营业务突出的企业，不愿意进行其他投资，筹资政策保守，不愿意举债经营的企业，该比例可能较高。处于生命周期初期的企业，发展所需资金较大，因此，筹资活动带来的现金流入较多，而经营活动的现金流入相对少一些；而在企业发展的成熟期，企业市场占有率高，生产经营活动稳定，经营活动带来的流量较大。

(二)现金流出结构分析

现金流出结构也包括总流出结构和内部流出结构。现金总流出结构是反映企业三部分主要现金流出量(经营活动的现金流出量、投资活动的现金流出量和筹资活动的现金流出量)分别占现金总流出量的比重；而现金流量内部流出结构反映的则是企业经营活动、投资活动和筹资活动等各项业务活动现金流出中各个具体项目的构成比例。现金流出结构分析可以帮助企业明确现金究竟流向何方，从而为企业寻求节约开支、合理开支可能采取的措施提供建议。

就企业的现金流出来说，一般情况下，购买商品、接受劳务支付的现金往往要占到较大的比重，投资活动和筹资活动的现金流出比重则因企业的投资政策和筹资政策以及状况不同而存在很大的差异。

【例4-3】以四川长虹现金流量表的资料为基础，对该公司201×年度现金流出结构进行基本分析，具体如表4-3所示。

表4-3 四川长虹201×年度现金流出结构分析表

项 目	金额/元	总体结构/%	分项结构/%
一、经营活动产生的现金流出量小计	22 873 576 083.10	88.92	100
购买商品、接受劳务支付的现金	19 797 457 832.92		86.55
支付给职工以及为职工支付的现金	1 073 661 691.59		4.70
支付的各项税费	354 695 872.22		1.55
支付其他与经营活动有关的现金	1 647 760 686.37		7.20
二、投资活动产生的现金流出量小计	727 507 691.54	2.83	100
购建固定资产、无形资产和其他长期资产支付的现金	426 448 880.44		58.62
投资支付的现金	299 668 811.10		41.19
支付其他与投资活动有关的现金	1 390 000.00		0.19

续表

项 目	金额/元	总体结构/%	分项结构/%
三、筹资活动产生的现金流出量小计	2 122 200 435.33	8.25	100
偿还债务支付的现金	2 029 383 956.75		95.63
分配股利、利润或偿付利息支付的现金	82 466 578.58		3.88
支付其他与筹资活动有关的现金	10 349 900.00		0.49
现金流出量合计	25 723 284 209.97	100	

从现金流出量总体结构来看,四川长虹电器股份有限公司 201×年度的现金流出量中,经营活动现金流出量占 88.92%,投资活动现金流出量占 2.83%,筹资活动现金流出量占 8.25%。这说明该公司主要的现金支出用于经营活动。

从现金流出量分项结构来看,四川长虹电器股份有限公司 201×年度经营活动现金流出量用于购买商品的支出占 86.55%;投资活动现金流出量用于购置固定资产等长期资产的支出占 58.62%,投资或支出占 41.19%;筹资活动现金流出量用于偿还债务的支出占 95.63%,用于分配股利、利润和偿付利息支付的现金占 3.88%。从总体来看,四川长虹电器股份有限公司的现金支出结构合理,大部分现金支出由经营活动所产生。

此外,为了进一步分析企业现金流入与流出的总体结构状况,还可以把各部分现金流入与现金流出进行对比分析。这可以通过编制"现金流入量与现金流出量之比分析表"来实现。

【例 4-4】以四川长虹现金流量表的资料为基础,对该公司 201×年度现金流入与流出之比进行分析,具体如表 4-4 所示。

表 4-4 四川长虹 201×年度现金流入与流出之比分析表

项 目	金额/元
一、经营活动现金流入量与现金流出量之比	1.02
经营活动现金流入量	23 259 116 010.49
经营活动现金流出量	22 873 576 083.10
二、投资活动现金流入量与现金流出量之比	0.48
投资活动现金流入量	352 560 202.30
投资活动现金流出量	727 507 691.54
三、筹资活动现金流入量与现金流出量之比	1.47
筹资活动现金流入量	3 124 544 792.35
筹资活动现金流出量	2 122 200 435.33
四、现金流入量与现金流出量之比	1.04
现金流入量	26 736 221 005.14
现金流出量	25 723 284 209.97

从总体上看,四川长虹电器股份有限公司 201×年度现金流入量与现金流出量之比为

1.04。从分项目上看,公司201×年度经营活动现金流入量与现金流出量之比为1.02,表明公司单位现金流出量可换回1.02元现金流入量。一般而言,这个比值越大越好。投资活动现金流入量与现金流出量之比为0.48,表明企业处在扩张时期。一般而言,企业发展时期这个比值较小,而衰退期或缺少投资机会时这个比值较大。筹资活动现金流入量与现金流出量之比为1.47,表明借款明显大于还款。

【例4-5】现金流量结构分析综合举例。下面以ABC公司现金流量表的资料为基础,对该公司2018年现金流量的结构进行基本分析,如表4-5所示。

表4-5 ABC公司现金流量结构分析表

2018年度

项 目	本期金额/人民币千元	流入结构/%	流出结构/%	内部结构/%
一、经营活动产生的现金流量				
销售商品、提供劳务收到的现金	45 008 874	71.63		91.28
收到的税费返还	3 972 631	6.32		8.06
收到其他与经营活动有关的现金	325 759	0.52		0.66
经营活动现金流入小计	49 307 264	78.47		100.00
购买商品、接受劳务支付的现金	30 430 667		52.89	66.65
支付给职工以及为职工支付的现金	6 160 806		10.71	13.49
支付的各项税费	2 515 238		4.37	5.51
支付其他与经营活动有关的现金	6 552 640		11.39	14.35
经营活动现金流出小计	45 659 351		79.36	100.00
经营活动产生的现金流量净额	3 647 913			
二、投资活动产生的现金流量				
收回投资收到的现金	15 392	0.02		9.75
取得投资收益收到的现金	89 862	0.14		56.94
处置固定资产、无形资产和其他长期资产收回的现金净额	52 554	0.08		33.30
投资活动现金流入小计	157 808	0.25		100.00
购建固定资产、无形资产和其他长期资产支付的现金	1 911 923		3.32	89.11
投资支付的现金	233 536		0.41	10.89
投资活动现金流出小计	2 145 459		3.73	100.00
投资活动产生的现金流量净额	-1 987 651			
三、筹资活动产生的现金流量				
吸收投资收到的现金	43 342	0.07		0.32
发行可分离交易可转换公司债券收到的现金	3 961 444	6.30		29.63
取得借款收到的现金	9 365 004	14.90		70.05

续表

项　　目	本期金额/人民币千元	流入结构/%	流出结构/%	内部结构/%
筹资活动现金流入小计	13 369 790	21.28		100.00
偿还债务支付的现金	8 896 625		15.46	91.46
分配股利、利润或偿付利息支付的现金	830 481		1.44	8.54
筹资活动现金流出小计	9 727 106		16.91	100.00
筹资活动产生的现金流量净额	3 642 684			
现金流入总额	62 834 862	100.00		
现金流出总额	57 531 916		100.00	

ABC 公司现金流量结构分析表显示以下内容。

(1) ABC 公司 2018 年现金流入总量约为 628.35 亿元，其中经营活动现金流入量、投资活动现金流入量和筹资活动现金流入量所占比重分别为 78.47%、0.25%和 21.28%。可见，企业现金流入量主要是由经营活动产生的，而经营活动的现金流入量中销售商品、提供劳务收到的现金是企业获取现金最主要的途径，其获得的现金流入占企业总现金流入的 71.63%，占经营活动自身现金流入量的 91.28%。此外，投资活动的现金流入量中取得投资收益收到的现金和处置长期资产收回的现金(分别占企业总现金流入的 0.14%和 0.08%，分别占投资活动自身现金流入量的 56.94%和 33.30%)，筹资活动的现金流入量中取得借款收到的现金、发行可转换公司债券所收到的现金(分别占企业总现金流入的 14.90%和 6.30%，分别占筹资活动自身现金流入量的 70.05%和 29.63%)，也是总现金流入量的重要来源，分别占企业总现金流入量和各类现金流入量的绝大部分。

(2) ABC 公司 2018 年现金流出总量约为 575.32 亿元，其中经营活动现金流出量、投资活动现金流出量和筹资活动现金流出量所占比重分别为 79.36%、3.73%和 16.91%。可见，企业现金流出量中最主要的也是由经营活动产生的，筹资活动现金流出量所占比重次之。而经营活动的现金流出量中，购买商品、接受劳务支付的现金比重最大，占经营活动现金流出量的 66.65%，占总现金流出量的 52.89%；支付给职工以及为职工支付的现金和支付的其他与经营活动有关的现金项目，也是企业现金流出的主要项目，分别占经营活动现金流出量的 13.49%和 14.35%，占全部现金流出量的 10.71%和 11.39%。此外，投资活动的现金流出量主要用于购建长期资产(占投资活动现金流出量的 89.11%，占企业总现金流出量的 3.32%)；筹资活动的现金流出量主要用于偿还债务，当期偿还债务支付的现金占筹资活动现金流出量的 91.46%，占企业全部现金流出量的 15.46%。

三、现金流量表主要项目的分析

(一)经营活动产生的现金流量主要项目的分析

1."销售商品、提供劳务收到的现金"项目

该项目反映企业销售商品、提供劳务实际收到的现金，包括销售收入和应向购买者收取的增值税额。其具体包括：本期销售商品、提供劳务收到的现金，前期销售和提供劳务

第四章 现金流量表分析

本期收到的现金和本期的预收账款,再减去本期销售本期退回的商品和前期销售本期退回的商品支付的现金。企业销售材料和代购代销业务收到的现金,也在该项目中反映。

销售商品、提供劳务收到的现金,是企业现金流入最主要的来源,通常具有数额大、所占比例高的特点。它与利润表中的营业收入项目相对比,可以判断企业销售收现情况以及最终利润的质量。较高的收现率表明企业产品适销对路,信用政策合理,经营环境良好。

2. "收到的税费返还"项目

该项目反映企业收到返还的各种税费,具体是指企业上缴后而由税务等政府部门返还的增值税、营业税、所得税、消费税、关税和教育费附加返还等。此项目通常数额不大,对经营活动现金流入量不会有太大的影响。

3. "购买商品、接受劳务支付的现金"项目

该项目反映企业购买材料、商品及接受劳务实际支付的现金,包括支付的增值税进项税额,具体包括:本期购买材料、商品及接受劳务支付的现金,本期支付的前期购买商品、接受劳务的未付款和本期预付的款项,减去本期发生的购货退回收到的现金。该项目应是企业现金流出的主要方向,通常具有数额大、所占比重大的特点。将其与利润表的营业成本相比较,可以判断企业购买商品、材料的付现情况,借此可以了解企业资金的紧张程度或企业的商业信用情况,从而可以更加全面地诊断企业的财务状况。

4. "支付给职工以及为职工支付的现金"项目

该项目反映企业实际支付给职工以及为职工支付的现金,包括企业为获得职工提供的服务、本期实际支付给职工的各种形式的报酬以及其他相关支出,如支付给职工的工资、奖金、各种津贴和补贴等。此项目也是企业现金流出的主要方向,金额一般稳定。值得注意的是,企业为职工支付的医疗、养老、失业、工伤、生育等社会保险基金、补充养老保险、住房公积金,企业为职工缴纳的商业保险,因解除与职工的劳动关系给予的补偿,现金结算的股份支付,以及企业支付给职工或为职工支付的其他福利费等,应根据职工的工作性质和服务对象,分别在"购建固定资产、无形资产和其他长期资产支付的现金"和"支付的其他与经营活动有关的现金"项目中反映。

5. "支付的各项税费"项目

该项目反映企业按规定支付的各项税费,包括本期发生并支付的税费,以及本期支付以前各期发生的税费和预交的税费,如支付的教育费附加、印花税、房产税、土地增值税、车船使用税、营业税、矿产增值税、所得税等,不包括本期退回的增值税、所得税(本期退回的增值税、所得税,在"收到的税费返还"项目中反映),计入固定资产价值、实际支付的耕地占用税、本期退回的增值税和所得税等税费除外。该项目会随着企业销售规模的变化而变动。

(二)投资活动产生的现金流量主要项目的分析

1. "收回投资收到的现金"项目

该项目反映企业出售、转让或到期收回除现金等价物以外的交易性金融资产、持有至

到期投资、可供出售金融资产、长期股权投资、投资性房地产而收到的现金,不包括债权性投资收回的利息(在"取得投资收益收到的现金"项目中反映)、收回的非现金资产,以及处置子公司及其他营业单位收到的现金净额(单设项目反映)。该项目不能绝对地追求数额较大。投资扩张是企业未来创造利润的增长点,缩小投资可能意味着企业在规避投资风险、投资战略改变或企业存在资金紧张的问题。

2."取得投资收益收到的现金"项目

该项目反映企业因股权性投资而分得的现金股利,从子公司、联营企业或合营企业分回利润而收到的现金,以及因债权性投资而取得的现金利息收入。股票股利不在该项目中反映;包括在现金等价物范围内的债券性投资,其利息收入在该项目中反映。该项目存在发生额说明企业进入投资回收期。该项目金额同利润表中的投资收益项目进行对比分析,可以考察投资收益的收现状况;同资产负债表中的投资资产金额进行对比分析,可以考察投资资产的现金回报情况。

3."处置固定资产、无形资产和其他长期资产收回的现金净额"项目

该项目反映企业处置固定资产、无形资产和其他长期资产收回的现金(包括因资产毁损而收到的保险赔偿收入),减去为处置这些资产而支付的有关费用后的净额(现金净额为负数的除外)。由于自然灾害等原因所造成的固定资产等长期资产报废、毁损而收到的保险赔偿收入在该项目中反映。该项目一般金额不大,如果数额较大,表明企业产业、产品结构将有所调整,或者表明企业未来的生产能力将受到严重的影响,已经陷入深度的债务危机之中,靠出售设备来维持经营。

4."购建固定资产、无形资产和其他长期资产支付的现金"项目

该项目反映企业购买、建造固定资产,取得无形资产和其他长期资产支付的现金,包括购买设备所支付的现金及增值税款、建造工程支付的现金、支付的应由在建工程和无形资产负担的职工薪酬现金支出、购入或自创取得各种无形资产的实际现金支出等,不包括为购建固定资产、无形资产和其他长期资产而发生的借款利息资本化的部分(在"分配股利、利润或偿付利息支付的现金"项目中反映),以及融资租入固定资产支付的租赁费(在"支付的其他与筹资活动有关的现金"项目中反映)。该项目表明企业扩大再生产能力的强弱,据此可以了解企业未来的经营方向和获利能力,揭示企业未来经营方式和经营战略的发展变化。

5."投资支付的现金"项目

该项目反映企业进行权益性投资和债权性投资支付的现金,包括企业取得的除现金等价物以外的交易性金融资产、持有至到期投资、可供出售金融资产、长期股权投资而支付的现金,以及支付的佣金、手续费等交易费用。该项目表明企业参与资本市场运作、实施股权及债权投资能力的强弱,据此可以分析投资方向与企业的战略目标是否一致。

(三)筹资活动产生的现金流量主要项目的分析

1."吸收投资收到的现金"项目

该项目反映企业以发行股票、债权的方式筹集资金实际收到的款项净额(发行收入减去

直接支付给金融企业的佣金、手续费、宣传费、咨询费、印刷费等发行费用后的净额）。企业以发行股票、债券等方式筹集资金而由企业直接支付的审计费、咨询费、宣传费、印花税等费用，在"支付的其他与筹资活动有关的现金"项目中反映。该项目在一定程度上反映了企业通过资本市场筹资能力的强弱。

2．"取得借款收到的现金"项目

该项目反映企业举借各种长、短期借款所收到的现金。该项目数额的大小，表明企业通过银行筹集资金能力的强弱，在一定程度上代表了企业的信用和偿债能力。

3．"偿还债务支付的现金"项目

该项目反映企业以现金偿还债务的本金，包括偿还银行或其他金融机构等的借款本金、偿付企业到期债券本金等。企业偿还的借款利息、债券利息在"分配股利、利润或偿付利息支付的现金"项目中反映。该项目有助于分析企业资金周转是否已经达到良性循环状态。

4．"分配股利、利润或偿付利息支付的现金"项目

该项目反映企业实际支付的现金股利、支付给其他投资单位的利润以及用现金支付的借款利息、债券利息。不同用途的借款，其利息的开支渠道不一样，如在建工程、财务费用等，均在本项目中反映。

四、现金流量表变动分析

前述关于现金流量表的总体分析、主要项目分析等，只是说明了企业当期现金流量产生的原因，没能揭示本期现金流量与前期或预计现金流量的差异。为此，可以对企业现金流量及其变动进行分析。

【例 4-6】仍以 ABC 公司现金流量表的资料为基础，对该公司现金流量及其变动分析如表 4-6 所示。

表 4-6　ABC 公司现金流量及其变动分析表

项目	2018 年/千元	2017 年/千元	变动额/千元	增减/%
一、经营活动产生的现金流量				
销售商品、提供劳务收到的现金	45 008 874	34 078 133	10 930 741	32.08
收到的税费返还	3 972 631	2 649 273	1 323 358	49.95
收到其他与经营活动有关的现金	325 759	199 881	125 878	62.98
经营活动现金流入小计	49 307 264	36 927 287	12 379 977	33.53
购买商品、接受劳务支付的现金	30 430 667	24 683 459	5 747 208	23.28
支付给职工以及为职工支付的现金	6 160 806	4 778 567	1 382 239	28.93
支付的各项税费	2 515 238	1 729 913	785 325	45.40
支付其他与经营活动有关的现金	6 552 640	5 646 958	905 682	16.04
经营活动现金流出小计	45 659 351	36 838 897	8 820 454	23.94
经营活动产生的现金流量净额	3 647 913	88 390	3 559 523	4 027.07

续表

项 目	2018年/千元	2017年/千元	变动额/千元	增减/%
二、投资活动产生的现金流量				
收回投资收到的现金	15 392	26 803	-11 411	-42.57
取得投资收益收到的现金	89 862	34 479	55 383	160.63
处置固定资产、无形资产和其他长期资产收回的现金净额	52 554	18 295	34 259	187.26
投资活动现金流入小计	157 808	79 577	78 231	98.31
购建固定资产、无形资产和其他长期资产支付的现金	1 911 923	1 777 223	134 700	7.58
投资支付的现金	233 536	60 000	173 536	289.23
投资活动现金流出小计	2 145 459	1 837 223	308 236	16.78
投资活动产生的现金流量净额	-1 987 651	-1 757 646	-230 005	13.09
三、筹资活动产生的现金流量				
吸收投资收到的现金	43 342	503 138	-459 796	-91.39
其中：子公司吸收少数股东投资收到的现金		17 207	-17 207	-100.00
发行可分离交易可转换公司债券收到的现金	3 961 444		3 961 444	
取得借款收到的现金	9 365 004	6 981 386	2 383 618	34.14
筹资活动现金流入小计	13 369 790	7 484 524	5 885 266	78.63
偿还债务支付的现金	8 896 625	3 117 701	5 778 924	185.36
分配股利、利润或偿付利息支付的现金	830 481	538 488	291 993	54.22
其中：子公司支付给少数股东的股利、利润		66 259	-66 259	-100.00
筹资活动现金流出小计	9 727 106	3 656 189	6 070 917	166.04
筹资活动产生的现金流量净额	3 642 684	3 828 335	-185 651	-4.85
四、汇率变动对现金及现金等价物的影响	-268 535	8 607	-277 142	
五、现金及现金等价物净增加额	5 034 411	2 167 686	2 866 725	132.25
加：年初现金及现金等价物余额	6 309 749	4 142 063	2 167 686	52.33
六、年末现金及现金等价物余额	11 344 160	6 309 749	5 034 411	79.79
公司或集团内子公司使用受限制的现金和现金等价物	136 246	173 421	-37 175	-21.44
资产负债表货币资金项目余额	6 445 995	4 315 484	2 130 511	49.37

从表4-6可以看出，公司2018年净现金流量比2017年增加了28.67亿元。其中，经营活动、投资活动和筹资活动产生的净现金流量较上年的变动额分别是35.60亿元、-2.30亿元和-1.86亿元。

就最主要的现金变动部分——经营活动而言，现金流量净额比上一年增长了35.60亿元，增长率为4 027.07%。经营活动现金流入量与流出量分别增长了123.80亿元和88.20亿元，分别比上年增长了33.53%和23.94%。经营活动现金流入量的增长速度远远快于经营活动现金流出量的增长速度，致使经营活动现金流量净额有了巨幅增长。结合前面现金流量的结构分析，经营活动现金流入量增加主要是因为销售商品、提供劳务收到的现金增加了109.31亿元(增长率为32.08%)所致，如果能结合利润表的信息，就可以进一步知道企业的信用政策和销售收现情况。另外，公司当年收到的税费返还比上年增加了13.23亿元(增长率为49.95%)，收到的其他与经营活动有关的现金比上年增加了约1.26亿元(增长率为62.98%)，正是这些因素的共同作用，才使得经营活动现金流入数量大幅度增加。而经营活动现金流出量的增加主要是因为购买商品、接受劳务支付的现金增加了57.47亿元，增长率为23.28%；支付给职工以及为职工支付的现金增加了13.82亿元，增长率为28.93%。

就投资活动而言，现金净流出量比上年增加了2.3亿元，比例为13.09%。其中，公司投资支付的现金增加了1.74亿元，增长率为289.23%，如果结合资产负债表的项目资料，就可以分析公司增加的投资项目的具体投向。投资活动现金流入量的增加主要来自于取得投资收益收到的现金，该项目增加了5 538.3万元，增长率高达160.63%；还有处置固定资产、无形资产和其他长期资产收回的现金净额增加了3 425.9万元，增长率为187.26%。

筹资活动产生的现金流量净额比上年减少了1.86亿元，降低率为4.85%。这主要是因为筹资活动现金流入的增加额(58.85亿元)小于筹资活动现金流出的增加额(60.71亿元)。引起变动的主要原因，一方面是本期吸收投资收到的现金较上期减少了91.39%，另一方面则是本期取得借款收到的现金增加了23.84亿元(增长34.14%)，而与此对应的是，偿还债务支付的现金较上期增加了57.79亿元(增加了185.36%)。可见，本期公司负债取得的现金流入远低于偿还债务的现金流出，这是造成筹资活动现金流量净额变化的最主要因素。

现金流量表综合分析.doc

拓展阅读

"现金流量表综合分析"的内容扫右侧二维码。

思 考 题

1. 现金流量表分析的目的是什么？
2. 现金流量表分析的主要内容有哪些？
3. 现金流量表主要项目分析包括哪些？
4. 如何进行现金流量的结构分析？
5. 如何进行三部分现金流量关系的总体分析？
6. 如何进行三部分现金流量关系的组合分析？
7. 如何进行现金流量表补充资料的分析？
8. 如何进行经营活动与利润的综合分析？
9. 现金流量分析中常用到哪些比率？

第五章 企业营运能力分析

知识要点:

营运能力是指企业资产的利用效率,它不仅反映企业的盈利水平,而且反映企业的基础管理、经营策略、市场营销等方面的状况,因而进行企业营运能力分析十分有必要。企业营运能力分析就是通过对反映企业资产营运效率与效益的指标进行计算与分析,评价企业的营运能力,为企业提高经济效益指明方向。企业营运能力分析主要包括流动资产营运能力分析和总资产营运能力分析两个方面。

企业的营运能力是指企业运用所掌握的资源创造财富的能力,集中体现为企业营运资产的使用效率和使用效益两个方面。其中,营运资产的效率通常是指企业资产的周转速度;营运资产的效益是指营运资产的利用效果,即通过资产的投入与产出相比较来体现。

企业营运能力分析是企业财务分析的重要组成部分。对企业的营运能力进行分析将有助于企业管理者掌握资产的使用效率以及资产可达到的使用潜力,以便充分利用企业的资源。对于企业的股东来说,分析企业的营运能力,将有助于其对企业的经营效果做出正确的评价。而对于企业的潜在投资者来说,正确估计企业的营运能力,将有助于他们了解企业的盈利能力和财务的安全性,并做出正确合理的投资决定。同样,对于企业营运能力的分析,将有助于债权人判断其债权的物资保障程度或安全性,并进行相应的财务决策。

第一节 企业营运能力分析概述

经营活动是企业主要的经济活动。企业从各种渠道以各种方式取得的资金,转化为相应的资产,这为经营活动奠定了物质基础,经营活动就此开始。经营活动是一个复杂的系统,企业其他活动均受其影响和制约。例如,企业理财活动必须围绕经营活动进行,满足经营活动所需的资金,使企业财务处于良好状态。又如,企业盈利的形成和收益的分配取决于经营活动,受其制约,离开了经营活动,企业的其他经济活动就无从谈起。

一、资产营运能力分析的内容

资产营运能力分析也称为资产营运状况分析,具体内容包括三个方面,即资产营运效率分析、资产规模分析、资产结构分析。其中,资产营运效率分析是结果分析,用以解释企业资产经营运作的结果;资产规模分析和资产结构分析则是原因分析,用以解释企业资产经营运作高效或低效的原因。

(一)资产营运效率分析

在财务上,为了更加纯粹地判断资产营运能力的强弱,一般选择资产周转速度作为资产营运效率的分析指标,而不选择资产盈利率。因为资产盈利率取决于收入盈利率和资产周转率两个因素,其中收入盈利率还要更多地受到市场竞争环境、国家税收制度等外部因素的影响,而资产周转率则完全取决于企业经营管理者对资产的经营管理水平和运作能力的高低。资产周转速度越快,资产的使用效率越高,则企业的营运能力越强。所谓周转率,是指企业在一定时期内资产的周转额与平均额的比率,它反映企业资金在一定时期的周转次数。它的反指标是周转天数,反映的是资金周转一次所需要的天数。周转率越快,周转次数越多,周转天数越短,则资产营运能力越强。通过分析企业各项资产的周转率高低或者周转天数长短,即可判断该项资产对企业盈利的贡献大小。

(二)资产效益分析

资产效益分析可以看作资产规模分析和资产结构分析的综合。

资产规模可以理解为资产占用量,可以从期末资产占用与平均资产占用两个角度来考察。因此,对企业资产占用的分析包括两个方面:期末资产占用分析的内容是资产质量及其变现能力;平均资产占用分析的内容是资产占用规模与结构的合理性。通过对这两部分的分析来揭示不同的资产项目给企业带来的收益,以及不同的资产结构对资产流动性或变现能力的影响,并进一步确定资产规模变化的原因,市即是由于场环境、销售组织、经营的行业、生产技术条件或管理水平等因素中的哪些因素的变化所致。当然,资产占用分析也分为两个层次:一个层次是总资产规模分析,即在总体上分析企业资产规模的变动趋势和原因;另一个层次是单项资产规模分析,即通过分析具体资产项目的变动趋势以深入研究影响企业资产营运状况的原因并寻求改善措施。依照这样的分析逻辑,该部分的分析包括四个方面:①期末资产规模(总量)及其变动分析;②资产结构比重分析;③资产结构项目比重分析;④各项资产结构分析。

资产结构分析包括资产结构的变动分析和弹性分析两种。资产结构变动分析是以企业总资产构成比例的变动为起点,深入分析导致企业资产结构变动的内在原因。可以说,这种分析的特点是从企业最基础的业务结果变化开始,按照从资产结构变化、总资产结构变化,一直到资产规模变化的逻辑展开分析。

受一系列财务活动的影响,企业在会计期末会形成一定的资产结构。就期初而言,期末资产结构已经在资产的流动性与收益性两个方面发生了变化。通过分析引起这两方面变化的原因,就可以真正评价一个企业的资产状况与经营成果水平。然而,企业的资产占用量和结构不是永远不变的,应该随着外部经营环境及企业内部经营条件的变化而变化,这种变化是建立在企业资产是否具有弹性的基础上的,即企业是否具有相应的进行调整的能力。这时,分析企业资产结构弹性大小就成了企业资产营运状况分析体系中的一个重要组成部分。

二、营运能力分析的目的

营运能力既表明企业管理当局运用其所拥有资金的能力,又表明企业管理当局对企业内部人力资源和生产资料资源的配置组合能力。企业生产经营资源配置组合先进合理、资金周转速度越快,表明企业资金利用的效果越好,效率越高,企业经营管理当局的经营能力越强。营运能力的大小对企业获得能力的持续增长和偿债能力的不断提高有着决定性的影响。因此，营运能力分析，对企业所有者考察其投入企业资金的运用效率、对债权人评价企业的偿债能力、对加强企业经营管理、对国家制定资源配置政策等各方面都具有十分重要的意义和作用。

(一)企业管理当局的分析目的

管理当局进行企业营运能力分析的主要目的：首先，发现企业资产结构问题，寻找优化资产结构的途径与方法，制定优化资产结构决策，进而达到优化资产结构的目的。不同行业、不同性质的企业，有着不同的资产结构需求，如制造业企业通常固定资产占资金总额的比重较高，流动资产占资金总额的比重较低；商业企业则流动资产比重较高，固定资产比重较低；历史悠久的企业可能无形资产比重较高。同时，不同资产其流动性、获利性各不相同，其管理要求也不同。因此，企业应合理安排资产结构与布局，做到物尽其用。其次，发现企业资金周转过程中的问题，寻找加速资金周转的途径与方法，制定加速资金周转的决策，进而达到优化资源配置、加速资金周转的目的。不同资产使用及周转特点不同，固定资产与流动资产在资金周转过程中相互依赖、相互促进、互为前提，只有合理配置资产，才能达到加速资金周转的目的。再次，不同行业的资产、同一企业的不同资产，其风险程度都不同，因此，合理安排资产结构可以达到资产风险降低的目的。最后，企业不同的资产在资本保值性能上具有不同的特征，进行营运能力分析，还可以分析企业资本保值能力状况。

(二)企业所有者及潜在投资者的分析目的

企业投资者投资于企业的基本目的是资本保值增值。就保值而言，不同行业以及同一企业不同资产具有不同的保值特征和能力，在通货膨胀情况下，企业的固定资产具有长期的较强的保值能力，流动资产具有短期的保值能力，因此，资产营运能力分析可以分析企业资产的保值能力状况。就资本增值而言，在正常企业经营条件下，资本的增值能力最终来源于资产的营运能力。加速资金周转、提高资金运用效率，是实现资本增值的基本保证和有效途径。企业潜在投资者进行企业营运能力分析主要是为了进行投资决策。资产营运能力强、资金利用效率高的企业是投资者的投资选择目标。

(三)企业债权人的分析目的

企业债权人进行资产营运能力分析，是为了弄清楚其债权的物质保障情况和安全状况，判断企业偿还债务利息及本金的能力。一般而言，债务人偿还债务利息的能力来源于其获利能力，而获利能力主要来源于资金营运能力，因此，分析企业营运能力有助于债权人分析企业的偿还债务利息的能力。营运能力又是企业投资是否能够按时收回的基本保证，只有企业投资及时收回，才能够按时偿还企业债务本金。

三、企业营运能力分析的意义

营运能力有广义和狭义之分。广义的营运能力是指企业所有要素所能发挥的营运作用；狭义的营运能力是指企业资产的利用效率。本章研究的是狭义的营运能力。企业营运能力分析就是要通过对反映企业资产营运效率与效益的指标进行计算与分析，评价企业的营运能力，为企业提高经济效益指明方向。

营运能力不仅反映企业的盈利水平，而且反映企业基础管理、经营策略、市场营销等方面的状况，因而进行企业营运能力的分析十分必要。其重要意义如下。

(1) 通过资产营运能力分析，确立合理的资产存量规模。随着企业生产规模的变化，资产存量规模也处在经常变化之中。通过资产营运能力分析，可以帮助我们了解经营活动对资产的需求情况，以便根据生产经营的变化调整资产存量，使资产的增减变动与生产经营规模的变动相适应。

(2) 通过资产营运能力分析，促进各项资产的合理配置。各种资产在经营中的作用不同，对企业财务状况和经营成果的影响率也不同。在资产存量一定的情况下，如果其配置不合理，营运效率就会降低。通过资产营运能力分析，可以了解资产配置中存在的问题，不断地优化资产配置。

(3) 通过资产营运能力分析，促进企业资产利用效率的提高。在资产存量、配置情况相同时，每一个企业利用其资产形成产品和销售的效率是不同的，反映出各个企业资产利用效率的不同，这最终会对企业的财务成果产生影响。借助于资产营运能力分析，对于了解资产利用过程存在的问题、挖掘资产潜力、促进资产利用效率的提高，具有重要意义。

四、影响资产营运能力的因素

影响资产营运能力的因素很多。从企业外部和内部两方面来考虑，影响企业资产营运能力的因素主要有以下几方面。

(一)市场环境

任何企业在市场的周期性波动中，都会受到市场扩张和收缩对其经营活动的冲击。在经济收缩阶段，市场衰落，企业销售额下降，生产萎缩，原料进货也跟着减少，当然，这同时也减少用于营业支出的现金流出量以及减少原料和在制品的存货。这时候，较少的制成品存货足以维持较低的销货量，而较低的销货量产生较少的应收账款。也就是说，在经济收缩阶段，减少现金流出量和清理一部分应收账款所得到的现金，使企业有了过剩的现金，从而货币资产的比重大量增加，存货的廉价处理，使存货资产的比重也逐渐下降。总的来说，企业拥有货币资产的比重与所处的市场环境是反方向变化的，即所处市场环境好的时候货币资金不足，比重下降；所处市场环境不景气的时候货币资金充裕，比重上升。

(二)销售状况

企业的销售一方面表现为商品物资等资产的减少，另一方面表现为货币资金的回收，而且在正常情况下，收回的货币资金的价值要大于商品物资资产的价值。同时，销售顺畅时，资金周转速度快，存货的保有量相对降低。所以，当企业经营状况良好的时候，货币资产的比重会相对提高，存货资产的比重会相对下降。同时，随着销售规模的上升，相应的生产规模必然扩大，这就使得企业的固定资产规模增大，因而周转加快，存货水平则不一定随着销售同步增长，甚至会出现下降趋势，其结果使流动资产比重相对较低，而固定资产比重相对较高。之所以会产生这样的结果，在于生产规模或销售规模与固定资产的规模相联系，而流动资产的规模受存货、应收账款周转的影响，而不与生产规模或销售规模相联系，这也就是发达国家企业固定资产比重逐渐上升以及实行零库存管理的原因。

(三)投资收益率

企业的投资包括短期投资和长期投资，企业根据市场上的投资收益率来决定自己的选择。如果市场上投资收益率随投资时间的延长而上升，则企业会较多地选择长期投资；反之，企业则会更多地选择短期投资。

(四)行业性质

企业的不同经营性质，通常对其资产结构有着极其重要的影响。例如，在商品流通活动中，需要更多地凭借流动手段进行运转的企业，所需要的固定资产较少。此外，生产经营周期的长短，也影响着资产结构。

(五)经营的季节性

经营季节性强的企业，其资产弹性要求较高，资产中临时波动的资产比重较大，永久固定的资产比重较小。此外，销售的淡旺季也会使货币资产和存货资产的比重发生很大变化，在销货的旺季，存货资产较少，而货币资产却在增加。

(六)技术和管理水平

生产技术条件在一定程度上影响企业的资产结构，不同技术特点的产品，由于专业性要求不同，其资产的流动性也不同。企业管理水平影响企业最终的资产结构，高水平的管理会使融资资本在进入企业后科学合理地配置和应用，进而影响企业的生产。

第二节　流动资产营运能力分析

对于企业的资产营运效率分析主要注重分析企业的资产周转速度。企业的资金周转效率又被称为资产管理比率，主要反映企业是否有效地利用了自己所掌握的资源并获得了合理的报酬。其主要指标包括各项资产的周转率和周转期。

企业的经营活动可以简单地概括为以各种筹资方式筹集资金，购置各项资产，而后利用所掌握的资产生产产品。因而在衡量企业的资产营运效率时，我们用企业销售生产出来的产品所获得的收益与企业所占用的资产之间的比率来表示企业的资产周转率。其计算公式如下：

$$资产周转率(次) = \frac{产品收益}{资产的平均余额} \times 100\%$$

$$资产周转天数 = \frac{计算期天数}{资产的周转率}$$

在实际计算中，我们用产品销售净额表示企业销售生产出来的产品所获得的收益，用资产平均余额表示企业所占用的资产。以年为单位的计算期天数为360天。

流动资产营运能力主要通过应收账款周转率、存货周转率以及流动资产周转率等指标来反映。

第五章 企业营运能力分析

一、流动资产周转率分析

流动资产周转率是指企业一定时期主营业务收入净额同流动资产平均余额的比值。它是评价企业资产利用效率的另一个主要指标。

流动资产周转率反映企业全部流动资产的利用效率和流动资产的周转速度，是从企业全部资产中流动性最强的流动资产角度对企业资产的利用效率进行分析，以进一步揭示影响企业资产质量的主要因素。流动资产周转率指标将主营业务收入净额与企业资产中最具活力的流动资产相比较，既能反映企业一定时期流动资产周转速度和使用效率，又能进一步体现每单位流动资产实现价值补偿的高低，以及补偿速度的快慢。

流动资产周转率有周转次数或周转天数两种表示方法。流动资产周转次数的计算公式如下。

$$流动资产周转率(次) = \frac{主营业务收入净额}{流动资产平均余额} \times 100\%$$

式中，主营业务收入净额是指企业当期销售产品、提供劳务等主要经营活动所取得的收入减去折扣与折让后的数额，数据取值于利润表及利润分配表；流动资产平均余额是指企业流动资产总额的年初数与年末数的平均值，数值取值于资产负债表。

流动资产周转天数的计算公式如下。

$$流动资产周转天数 = \frac{360}{流动资产周转次数}$$

【例 5-1】某公司 2018 年、2019 年度简易资产负债表、利润表资料如表 5-1、表 5-2 所示。

表 5-1 简易比较资产负债表　　　　　　　　　　　　　　　　万元

科　目	2019-12-31	2018-12-31	科　目	2019-12-31	2018-12-31
货币资金	39 688.59	38 462.95	短期借款	91 380.89	128 108.35
应收票据	9 490.81	14 416.97	应付票据		950.00
应收账款	34 330.76	40 060.13	应付账款	90 229.96	87 205.95
预付款项	13 454.70	11 497.20	预收款项	20 743.03	17 152.72
其他应收款	2 631.83	1 763.72	应付职工薪酬	3 095.43	1 685.67
应收关联公司款			应交税费	-2 037.27	-1 869.95
存货	97 401.62	62 707.23	其他应付款	6 471.26	4 504.33
一年内到期的非流动资产			一年内到期的非流动负债	10 000.00	5472.00
流动资产合计	196 998.31	168 908.20	流动负债合计	219 883.30	243 209.07
可供出售金融资产			长期借款	65 472.00	35 000.00
长期股权投资	100.00	100.00	其他非流动负债	1 869.48	
投资性房地产	701.56	726.30	非流动负债合计	67 341.48	35 000.00
固定资产	215 282.09	192 638.05	负债合计	287 224.78	278 209.07
在建工程	9 647.59	27 281.82	实收资本(或股本)	52 482.85	52 482.85

续表

科　目	2019-12-31	2018-12-31	科　目	2019-12-31	2018-12-31
工程物资			资本公积	46 401.44	46 401.44
无形资产	6 755.14	5 212.21	盈余公积	3 986.39	3 986.39
长期待摊费用	356.03	20.33	未分配利润	40 963.52	14 224.39
递延所得税资产	1 739.25	845.50	少数股东权益	520.98	412.66
非流动资产合计	234 581.66	226 824.21	所有者权益合计	144 355.18	117 507.73
资产总计	431 579.97	395 732.41	负债和所有者合计	431 579.96	395 716.80

表5-2　2019年简易利润表　　　　　　　　　　　　　　　　　　　　　　　　万元

科　目	2019年度	科　目	2019年度
一、营业收入	420 144.07	二、营业利润	24 937.40
减：营业成本	359 560.42	营业外收入	2 386.63
营业税金及附加	2 395.95	减：营业外支出	290.21
销售费用	16 210.11	其中：非流动资产处置净损失	238.20
管理费用	10 528.29	三、利润总额	27 013.81
财务费用	6 028.95	减：所得税	306.35
资产减值损失	492.96	四、净利润	26 707.46
加：公允价值变动净收益		归属于母公司所有者的净利润	26 719.14
投资收益	10.00	少数股东损益	-11.68

流动资产平均余额=(196 998.31+168 908.20)/2=182 953.25(万元)

流动资产周转次数=主营业务收入净额/流动资产平均余额

=420 144.07/182 953.25=2.296(次)

流动资产周转天数=360/周转次数=360/2.296≈157(天)

在运用该指标时应注意以下几点。

(1) 要实现流动资产周转率指标的良性变动，应以主营业务收入增幅高于流动资产增幅作为保证。在企业内部，通过对该指标的分析对比，一方面可以促进企业加强内部管理，充分有效地利用其流动资产，如降低成本、调动暂时闲置的货币资金用于短期投资创造收益等；另一方面也可以促进企业采取措施扩大销售，提高流动资产的综合使用效率。生产经营任何一个环节上的工作得到改善，都会反映到周转天数的缩短上来。

(2) 一般情况下，该指标越高，表明企业流动资产周转速度越快，利用越好。在较快的周转速度下，流动资产会相对节约，其意义相当于流动资产投入的扩大，在某种程度上增强了企业的盈利能力；流动资产周转速度慢，为维持企业正常经营，企业必须不断地补充流动资产，导致资金使用效率低，降低了企业盈利能力。在企业生产产量相同的情况下，流动资产周转率高的厂商可被看作流动资产的使用比较节约。至于对一个企业如何进行评价，应结合行业平均水平、企业历年水平等情况而定。

(3) 流动资产的周转率和周转天数都是衡量流动资产营运能力的指标，但是周转率指标不便用于不同时期的比较。周转天数表示的流动资产周转率能更直接地反映生产经营状况的改善，便于比较不同时期的流动资产周转率，故在日常的使用上多用周转天数指标。

(4) 影响流动资产的周转率指标的因素。

$$流动资产周转率 = \frac{产品销售净额}{流动资产平均余额} \times 100\%$$

$$= \frac{产品销售成本}{流动资产平均余额} \times \frac{产品销售净额}{产品销售成本} \times 100\%$$

式中，$\frac{产品销售成本}{流动资产平均余额}$ 为流动资产垫支周转率，表示垫支的流动资产周转额；$\frac{产品销售净额}{产品销售成本}$ 为成本收入率=1-毛利率，表示企业的盈利能力。

上式分解后可以看出，流动资产周转率受两个因素的影响：流动资产的垫支周转率和企业的成本收入率。其中流动资产的垫支周转率与流动资产的周转率呈同方向变化，即流动资产的垫支周转率越高，企业的流动资产周转率越高；反之亦然。企业的成本收入率和企业的流动资产周转率也呈同方向变化，即成本收入率越高，企业的流动资产周转率越高；反之亦然。

二、存货周转率分析

存货周转率分析的目的是从不同的角度和环节找出存货管理中的问题，使存货管理在保证生产经营连续性的同时，尽可能少地占用营运资金，提高企业资金的使用效率，增强企业的短期偿债能力，促进企业管理水平的提高。

存货主要由材料存货、在产品存货和产成品存货构成，它是流动资产中最重要的组成部分，常常达到甚至超过流动资产总额的一半以上。存货的质量和流动性对企业的流动比率有重大影响，因此存货营运能力分析是综合评价企业不可缺少的一部分。

存货周转率是企业一定时期销售成本与平均存货余额的比率，它评价企业从取得存货、投入生产到销售收回(包括现金销售和赊销)等各环节的综合管理状况，反映存货的周转速度，即存货的流动性及存货资金占用量的合理与否。

存货周转率指标有存货周转次数和存货周转天数两种形式。

(一)存货周转次数

存货周转次数的计算公式如下。

$$存货周转率(次) = \frac{销售成本}{存货平均余额} \times 100\%$$

式中，销售成本是指企业销售产品、商品或提供劳务等经营业务的实际成本；存货平均余额是指存货余额年初数与年末数的平均值，即：

$$存货平均余额 = \frac{存货余额年初数 + 存货余额年末数}{2}$$

存货余额是指企业存货账面价值与存货跌价准备之和，即：

$$存货余额 = 存货账面价值 + 存货跌价准备$$

在存货平均水平一定的条件下，存货周转次数越大，说明企业销售成本数额增多，产品销售的数量增大，企业的销售能力越强；反之，企业的销售能力越弱。

(二)存货周转天数

存货周转天数的计算公式如下。

$$存货周转天数 = \frac{360}{存货周转次数} = \frac{360 \times 存货平均余额}{销售成本}$$

存货周转天数与存货周转次数比较，存货周转次数是个正指标，越大越好；存货周转天数是个反指标，越小越好。

【例 5-2】某公司 2018 年度、2019 年度简易资产负债表、利润表资料同例 5-1。

平均存货余额=(存货余额年初数+存货余额年末数)/2
=(97 401.62+62 707.23)/2=80 054.43(万元)

存货周转次数=销售成本/平均存货余额=359 560.42/80 054.43=4.49(次)

存货周转天数=360/存货周转次数=360/4.49≈80(天)

在进行存货周转率分析时应该注意以下几点。

(1) 在计算存货的周转率指标时，不同于计算流动资产的周转率时采用流动资产的销售净额表示资产的周转额，而是采用企业的销售成本表示企业的存货周转额。各种存货的计价方法必须前后一致，如果发现有不一致的现象，如由先进先出法变为后进先出法，分析时应做必要的调整。

(2) 平均存货余额一般按期初期末的平均值计算求得。当期初期末存货变动幅度不大时，可用期末存货余额计算。在计算全年平均存货余额时，为了准确起见，应按 12 个月月初月末数计算其平均值。

(3) 存货的周转率是表明企业从取得存货，投入生产到实现销售等各个环节管理状态的综合指标，用于反映存货周转的快慢，即存货流动性及存货占用量合理与否。在一般情况下，存货周转率是个正指标，越高越好。在存货水平一定的条件下，存货周转率越高，表明企业的销货成本数额增多，产品销售的数量增长，企业的销售能力加强；反之，则销售能力不强。企业要扩大产品销售数量，增强销售能力，就必须在原材料购进、生产过程中的投入、产品的销售、现金的收回等方面做到协调和衔接。因此，存货周转率不仅可以反映企业的销售能力，而且能用以衡量企业生产经营中的各有关方面运用和管理存货的工作水平。运用存货周转率指标时，应综合考虑进货批量、生产销售的季节性变动以及存货结构等因素。

(4) 存货周转率还可以衡量存货的储存是否适当，是否能保证生产不间断地进行和产品有秩序地销售。存货既不能储存过少，造成生产中断或销售紧张，又不能储存过多，造成呆滞、积压。存货周转率也反映存货结构合理与质量合格的状况。因为只有结构合理，才能保证生产和销售任务正常、顺利地进行；只有质量合格，才能有效地流动，从而达到存货周转率提高的目的。存货是流动资产中最重要的组成部分，往往达到流动资产总额的一半以上。因此，存货的质量和流动性对企业的流动比率具有举足轻重的影响，并进而影响企业的短期偿债能力。存货周转率的这些重要作用，使其成为综合评价企业营运能力的一项重要的财务比率。

在工商企业，尤其是商业企业中，存货在流动资产中所占比重较大，因此必须重视对存货周转率的分析研究。运用该指标的目的在于针对存货管理中存在的问题，促进企业在保证生产经营连续性的同时，提高资金的使用效率。存货周转率在反映存货周转速度、存货占用水平的同时，也从一定程度上反映了企业销售实现的快慢。所以，在一般情况下，该指标越高，表明企业资产由于销售顺畅而且有较高的流动性，存货转换为现金和应收账款的速度越快，存货占用水平越低。存货周转率分析，不仅可用来衡量企业存货周转速度，从而评估企业营运能力，也与应收账款周转率分析一样，可作为强化存货管理的依据。存货周转率偏低，可能是存货积压或高估存货；存货周转率偏高，则可能是存货短缺或低估存货。

但是，存货周转率分析也有不足之处。①该指标独立性较差，它并不能单独用以评估企业短缺偿债能力的高低。②存货周转率受存货估价的影响较大。存货估价十分麻烦，在缺乏资料和信息时常常使工作难以进行，不确切的资料又会影响指标分析的准确性。③指标数字未必能反映企业营运的实际状况和持续营运能力。如果财务人员简单地根据指标数字妄下结论，而不注意分析其背后隐藏的具体原因，则会影响对企业的判断，得出错误的结论。例如，有的企业出于推销商品的目的而降价销售，虽然存货周转次数多了，但必然会减少企业收入。如果是价格的恶性竞争，就会导致营运能力的削弱。

(5) 影响该指标的因素。

① 公式分解。

$$存货周转率(次) = \frac{销售成本}{存货平均余额} \times 100\%$$

$$= \frac{流动资产平均余额}{存货平均余额} \times \frac{销售成本}{流动资产平均余额} \times 100\%$$

由此可见，存货的周转率与流动资产中存货所占比率成反比，与流动资产的垫支周转率成正比。即存货在流动资产中所占的比例越低，存货的周转速度越快，反之亦然；企业的流动资产的垫支周转率越高，企业的存货周转率也就越快，反之亦然。

② 按存货的项目分解。

存货周转率(存货周转天数)指标的好坏反映了企业的存货管理水平的高低，它不仅影响到企业的短期偿债能力，而且是整个企业管理的重要内容。企业的管理者和有条件的外部报表使用者除了分析批量因素、季节性生产变化等情况外，还应对存货结构以及影响存货周转速度的重要项目进行分析。

存货是企业日常生产经营过程中持有以备出售或仍处在生产过程中，或者在生产或提供劳务过程中将消耗的材料或物料等，包括各类材料、商品、在产品、半成品、产成品、低值易耗品、包装物等。因此，存货周转率的高低直接受这些因素的影响。为了加强存货管理和存货周转，在进行存货周转率分析时，必须从存货组成各项目的流动性方面进行更深入的分析，以便能查明影响存货周转率快慢的具体原因。在通常情况下，企业为反映材料、在产品、产成品各存货组成项目对存货周转率的影响，必须分析计算出反映材料存货周转速度、在产品存货周转速度、产成品存货周转速度的指标。

材料存货的周转是从材料购入验收入库开始到材料投入生产为止的过程。因此，考核企业材料存货在一定时期所完成的周转次数，必须以企业在这一时期内所耗用材料成本的

大小作为其周转的额度。所以，材料成本周转率可以表示为

$$材料存货周转率(次) = \frac{材料耗用成本}{平均材料存货} \times 100\%$$

$$材料存货平均周转天数 = 平均材料存货 \times \frac{360}{材料耗用成本}$$

在产品存货的周转是从产品投料生产开始到产品完工入库的过程。因此，考核企业在产品存货一定时间内所完成的周转次数，必须以企业在这一时期内所发生的制造成本的大小作为其周转的额度。所以，在产品存货周转率可以表示为

$$在产品存货周转率(次) = \frac{制造成本}{平均在产品存货} \times 100\%$$

$$在产品存货平均周转天数 = \frac{平均在产品存货 \times 360}{制造成本}$$

产成品存货的周转是从产品完工验收入库开始到产品销售出库为止的过程。因此，考核产成品存货在一定时期内的周转速度，必须以企业在这一时期内所发生的销售成本作为其周转额。所以，产成品存货周转率可以表示为

$$产成品存货周转率(次) = \frac{销货成本}{平均产成品存货} \times 100\%$$

$$产成品存货平均周转天数 = \frac{平均产成品存货 \times 360}{销售成本}$$

综合以上三个方面，全部存货周转率与各项目的关系可以用以下公式表示。

$$全部存货平均周转天数 = \frac{360 \times 平均存货余额}{销售成本}$$

$$= \frac{(平均材料存货 + 平均在产品存货 + 平均产成品存货) \times 360}{销售成本}$$

=材料存货周转天数×材料耗用成本/销售成本+在产品存货平均周转天数×制造成本/销售成本+产成品存货平均周转天数

以上分析说明了存货平均周转天数的变动受其各部分存货周转天数与部分成本同销售成本比例关系这两个因素变动的影响。那么要加快存货的周转，首先要加快各部分存货的周转，同时要缩小部分成本同销售成本的比例，即降低材料耗用成本和制造成本。只有把存货管理的措施落实到各个责任部分和工作环节，才能全面加强流动资产的流动性，改善企业财务状况。

三、应收账款周转率

应收账款是指企业因赊销商品或材料、提供劳务等业务而应向购买方收取的各种款项。应收账款与存货一样，在流动资产中占有举足轻重的地位。及时收回应收账款，不仅可以增强企业的短期偿债能力，也反映了企业管理应收账款的效率。

应收账款周转率是指企业在一定时期内主营业务收入净额同应收账款平均余额的比率。反映应收账款周转速度的指标是应收账款周转率，也就是年度内应收账款转为现金的

平均次数，它说明应收账款流动的速度。应收账款周转天数，表示企业自产品销售出去开始，至应收账款收回为止所须经历的天数，周转天数越少，说明应收账款变现的速度越快。企业资金被外单位占用的时间越短，管理工作的效率越高。其计算公式如下。

$$应收账款周转率(次) = \frac{销售收入净额}{应收账款平均余额} \times 100\%$$

式中，销售收入净额是指企业当期销售产品、提供劳务等主要经营活动所取得的收入减去折扣与折让后的数额。

$$应收账款余额 = 应收账款账面价值 + 坏账准备$$

$$应收账款平均余额 = \frac{期初应收账款 + 期末应收账款}{2}$$

$$应收账款周转天数 = \frac{360}{应收账款周转率} = \frac{平均应收账款余额 \times 360}{销售收入净额}$$

【例 5-3】某公司 2018 年度、2019 年度简易资产负债表、利润表资料同例 5-1。

应收账款平均余额=(34 330.76+40 060.13)/2=37 195.45(万元)

应收账款周转率=销售收入净额/应收账款平均余额

=420 144.07/37 195.45=11.30(次)

应收账款周转天数=360/11.30≈32(天)

在分析应收账款周转率时应注意以下几个方面。

(1) 公式中的应收账款平均余额是指企业因销售产品或商品、提供劳务等应向购货单位或接受劳务者收取的款项，以及收到的商业汇票。它是资产负债表中"应收账款""应收票据"和"其他应收账款"的期初、期末金额的平均数。

(2) 应收账款周转次数计算公式的分子应指赊销净额，不包括现销额，因为应收账款都是由赊销所引起的。由于财务报表中一般很少将赊销与现销区分，故财务分析者应进一步收集有关资料，以计算赊销的净额。从理论上讲，这样可以保持比率计算的分子与分母之间口径的一致性。但是，不仅财务报表的外部使用者无法取得现金销售或赊销净额的数据，而且财务报表的内部使用者也未必能轻易获取该数据，因此把现金销售视为收现期为 0 的赊销收入，也是可以的。

(3) 在一定时期内应收账款周转的次数越多，表明应收账款回收速度越快，企业管理工作的效率越高。这不仅有利于企业及时收回货款，减少或避免发生坏账损失的可能性，而且有利于提高企业资产的流动性，提高企业短期债务的偿还能力。

(4) 对于已贴现的应收票据且已不在外流通者，应从分子中剔除。报告期天数，一年均以 360 天计，一个季度均以 90 天计，一个月均以 30 天计。

(5) 影响该指标的因素如下。

① 季节性经营企业使用这个指标不能反映企业的实际情况。

② 大量使用分期收款结算的方式。

③ 大量使用现金结算销售的方式。

④ 年末销量呈大幅增加或年末销售量呈大幅下降。

应收账款在流动资产中占较大份额，及时收回应收账款，能够减少营运资金在应收账款上的呆滞占用，从而提高企业的资金利用效率。采用应收账款周转率指标的目的在于促进企业通过合理制定赊销政策、严格销货合同管理、及时结算等途径加强应收账款的前后期管理，加快应收账款回款速度，提高企业营运资金效率。由于季节性经营、大量采用分期收款或现金方式结算等都可能使本指标结果失实，所以，应结合企业前后期间、行业平均水平进行综合评价。

应收账款周转率分析，是加强应收账款管理的一项有力措施。当应收款项周转率偏低时，便可以从以下几方面寻找原因：①销货条件或收账方针不适当；②收账计划不力；③客户发生财务困难；④同业竞争、物价水平波动等。前两点是主观因素，企业财务管理者应迅速采取对策，以求改进。但应收账款周转率分析指标，只能表示全部应收账款的一个平均数值，难以具体了解应收账款中各个客户逾期的详细情况，这是该指标的主要缺陷。为了解决这一问题，可采用账龄分析法，即将某一特定日的应收款项余额进行归类分析。

经过账龄分析之后，便可具体了解有关应收款项有效性(即应收款项变现损失的大小)与周转性(即应收款项变更速度的大小)方面更详细的资料，进而可以有针对性地采取适当的改进措施。

应收账款周转率可以反映应收账款变现的速度和管理的效率。应收账款周转次数是正指标，它越大，说明企业应收账款回收快、资产流动性强，不易发生坏账损失，短期偿债能力强，企业信用状况好。但是，如果应收账款周转次数过高，会限制企业业务量的扩大，影响企业的盈利水平。应收账款周转天数是反指标，一般来说越小越好。

应收账款周转率尚无一定标准，很难确定一个理想的比较基础，一般以行业的平均周转率水平作为企业的比较标准。通常认为，应收账款周转天数多不是好现象，但应收账款周转天数太少也未必好。评价企业应收账款周转情况的好坏应当结合企业销售商品的种类、企业信用政策以及行业平均水平进行综合考虑，确定合理的评价标准，做出正确的判断。应收账款周转率高低的利弊分析要与销售方针、销售利润的多寡结合起来，才能得到一个科学的结论。

四、现金周转率

对于企业来说，合理有效地对财务进行管理，才能保证资金持续地、快速地周转，增强资金的利用率，扩大资金的增值能力，维持企业的正常运作。

在财务管理中，现金不等同于通常所说的现款，我们把企业内以货币形态存在的资金统称为现金，也就是那些随时能变现的钱，包括库存现金、银行存款、银行本票、银行汇款、有价证券等。

相对而言，现金是变现能力最强的资产，持有现金多是企业实力的象征，是企业较强偿债能力和较高信誉的表现，但并不是企业拥有的现金越多越好。企业持有过量的现金会导致资金闲置，不能使企业资金发挥最大的使用效力。并且从一定意义上讲，现金是处于两次周转之间的间歇资金，现金管理不严格，会使企业资金周转延缓，直接影响企业整个流动资金的正常周转，并进一步影响生产经营活动的正常进行。因此，加强现金管理对任何一个企业财务管理者来说都是重要的。

在企业的实际生产运营过程中，现金往往不能或很少提供收益，从这一点来看，企业应该杜绝持有现金。但是在实际中，任何一个企业都不会这样做，它们总是要保持一定量的现金,究其原因,企业持有现金是由它的交易动机、预防动机、投机动机所决定的。

要提高现金管理水平,实现现金管理手段的科学化,应对现金使用情况实行定期考核与事后分析。现金考核的指标很多,不同的企业可根据其实际需要来制定。现金考核可以用绝对数指标,也可以用相对数指标,要视具体考核内容而定,如现金收入量的考核、现金支出量及构成的考核、现金使用范围的考核、现金预算完成情况的考核、最合理的现金存量持有情况的考核。

考核现金利用情况的一个重要指标是现金周转率,其基本计算公式为如下。

$$现金周转率(次) = \frac{销售收入净额}{现金平均余额} \times 100\%$$

$$现金周转天数 = \frac{360}{现金周转率} = \frac{现金平均余额 \times 360}{销售收入净额}$$

其中,销售收入净额是指企业当期销售产品或商品、提供劳务等主要经营活动所取得的收入减去销售折扣与折让后的余额;现金的平均余额为 $\frac{期初现金额 + 期末现金额}{2}$。

【例 5-4】某公司 2018 年度、2019 年度简易资产负债表、利润表资料同例 5-1。

现金平均余额=(39 688.59+38 462.95)/2=39 075.77(万元)

现金周转率=销售收入净额/现金平均余额

=(420 144.07/39 075.77)×100% = 10.75(次)

现金周转天数=360/10.75 ≈ 33(天)

在运用现金周转率分析指标时应注意以下几点。

(1) 理论上讲,应采用现金销售收入代表企业的现金资产流动额,但是由于在实际分析中外部报表使用者很难获取现金销售收入的准确数额,所以一般采用销售收入表示企业现金资产的周转额。

(2) 一般而言,现金周转率越快越好,说明现金周转快,现金利用率高,收回的现金没有长期闲置,而又投入到企业经营之中。从企业对营运资金的管理来看,提高现金周转率有重要意义,因为它体现了现金利用效率和企业现金收入的实际水平。要提高现金周转率势必要从降低现金平均持有量和增加入库现金的销售收入两个方面入手,两者相辅相成。平均现金持有量下降,而又不影响当期现金使用量,只有依赖增加销售收入来完成,而要扩大销售收入,又必须有大量现金支出,压缩了库存现金。所以,现金周转率指标的考核分析特别重要,不但要看与计划数的差异,还要注意对不同时期销售收入总量变化和现金平均持有的变化的分析,这样才能真正了解和掌握现金周转率变化的真正原因。对于财务人员来说,合理使用现金、提高现金周转率、保持最佳现金持有量是企业资金管理的重要内容。

(3) 企业可以根据现金管理目标,事先估计出全年或一定时期内的现金注入量,除以企业确定的最合理现金持有量的平均值,便能了解本期现金利用水平,当然也可以与上期或同行业进行比较分析。

(4) 在使用该指标时应注意季节性因素。

第三节 总资产营运能力分析

一、总资产周转率

总资产周转率是指企业一定时期主营业务收入净额同平均资产总额的比值。总资产周转率是综合评价企业全部资产经营质量和利用效率的重要指标，其计算公式为

$$总资产周转率(次) = \frac{销售收入净额}{平均资产总额}$$

式中，销售收入净额是指企业当期销售产品或商品、提供劳务等主要经营活动所取得的收入减去折扣与折让后的数额，数据取值于利润表及利润分配表；平均资产总额是指企业资产总额年初数与年末数的平均值，数据取值于资产负债表。

【例5-5】某公司2018年度、2019年度简易资产负债表、利润表资料同例5-1。

平均资产总额=(431 579.97+395 732.40)/2=413 656.19(万元)

总资产周转率(次)=主营业务收入净额/平均资产总额

=420 144.07/413 656.19=1.015 6(次)

总资产周转天数=360/周转次数=360/1.015 6≈354(天)

该比率的直观经济含义是，单位总资产能够产出多少主营业务收入。如果该比率高，则说明企业运用资产产出收入的能力较强，在主营业务净收益率不变的情况下，企业创造的净收益就越高，企业的总资产净收益率、企业的所有者权益净收益率也就会较高，说明企业资产管理的效率高，经营风险相对较小；否则就说明企业资产运用效率存在问题，经营风险水平相对较高。

在总资产中，周转速度最快的应属流动资产，因此总资产周转速度受流动资产周转速度影响较大。总资产周转速度与流动资产周转速度的关系可用公式表示如下：

$$全部资产周转次数 = \frac{销售收入净额}{流动资产平均余额} \times \frac{流动资产平均余额}{平均资产总额}$$

【例5-6】某公司财务数据同前例。

$$全部资产周转次数 = \frac{销售收入净额}{流动资产平均余额} \times \frac{流动资产平均余额}{平均资产总额}$$

=(420 144.07/182 953.25)×(182 953.25/413 656.19)

=2.30×0.44=1.012(次)

可见，总资产周转率的快慢取决于以下两大因素。①流动资产周转率。因为流动资产的周转速度往往高于其他类资产的周转速度，加速流动资产周转，就会使总资产周转速度加快；反之，则会使总资产周转速度减慢。②流动资产占总资产的比重。因为流动资产周转速度快于其他类资产的周转速度，所以，企业流动资产所占比例越大，总资产周转速度越快；反之，则总资产周转速度越慢。

在进行总资产周转率分析时应注意以下几点。

(1) 总资产周转率是考察企业资产运营效率的一项重要指标，体现了企业经营期间全部资产从投入到产出周而复始的流动速度，反映了企业全部资产的管理质量和利用效率。由

于该指标是一个包容性较强的综合指标，因此，从因素分析的角度来看，它要受到流动资产周转率、应收账款周转率和存货周转率等指标的影响。

(2) 总资产周转率指标通过当年已实现的营业价值与全部资产进行比较，反映出企业一定时期的实际产出质量以及对每单位资产实现的价值补偿。

(3) 通过总资产周转率指标的对比分析，不但能够反映出企业本年度以及以前年度总资产的运营效率及其变化，而且能发现企业与同类企业在资产利用上存在的差距，促进企业挖掘潜力、积极创收、提高产品市场占有率、提高资产利用效率。

(4) 一般情况下，该指标数值越高，周转速度越快，资产利用效率就越高。

二、不良资产比率

不良资产比率是指企业年末不良资产总额和年末资产总额的比值。不良资产比率是从企业资产管理的角度对企业资产营运状况进行的修正。其计算公式为

$$不良资产比率 = \frac{年末不良资产总额}{年末资产总额} \times 100\%$$

式中，年末不良资产总额是指企业资产中存在问题、难以参加正常生产经营运转的部分，主要包括三年以上的应收账款、其他应收账款及预付账款，积压的存货、闲置的固定资产和不良投资等的账面余额，待处理流动资产及固定资产净损失，以及潜亏挂账和已经亏损挂账等；年末资产总额是指企业资产总额的年末数。

在进行不良资产比率分析时应注意以下几点。

(1) 不良资产比率着重从不能正常循环运转以谋取收益的资产角度，反映了企业资产的质量，揭示了企业在资产管理和使用上存在的问题，用以对企业资产的营运状况进行补充修正。

(2) 该指标在用于评价工作的同时，也有利于企业发现自身不足，改善管理，提高资产利用效率。

(3) 一般情况下，该指标越高，表明企业沉积下来、不能正常参加经营运转的资金越多，资金利用率越差。该指标越小越好，0是最优水平。

第四节　案例分析

一、案例介绍

本小节采用上市公司新开普的财务数据对其营运能力进行分析，本教材的第六章、第七章、第八章同样采用新开普的财务数据，进行相应的偿债能力、盈利能力和发展能力分析，与本章案例保持一致。

新开普电子股份有限公司2000年成立于郑州高新技术产业开发区，注册资本4.81亿元。公司于2011年7月29日登陆资本市场，成为中国一卡通领域首家上市公司。现有员工1000余人，拥有两家全资子公司，四家控股子公司，七家参股子公司，六家分公司，并在全国30余个大中城市设立了驻外服务机构。

作为一卡通行业首家上市公司,新开普深耕高校信息化行业18年,为全国千所高校、千万名大学生提供服务,业务领域也逐步从高校信息化"线上+线下"的整体解决方案提供商向基于移动互联"产品+服务"的服务商,以及针对人才服务"平台+内容"的高校运营商转变,打造专属于新开普特色的高校综合服务战略。

作为上市公司,新开普的所有资料可以在其每年的年度报告查到(公司官网、巨潮网),限于篇幅,这些数据此处不再列示,下面使用该公司2015—2017年三年数据直接计算相关的财务指标,并进行分析。

二、营运能力分析

(一)总资产营运能力分析

计算近三年(2015—2017年,下同)的总资产周转率(见表5-3),对比分析其发展趋势。对比2017年该公司总资产周转率与行业均值,分析其营运能力。

表5-3 总资产周转率

比 率	2015年	2016年	2017年	2017年行业平均值
总资产周转率(次)	0.51	0.43	0.40	0.50

总资产周转率三年来一直在下降,2017年时已低于行业平均值,说明新开普公司的资产运用效率越来越低,经营风险水平相对较高,与同类企业在资产利用上存在差距。而总资产周转速度受流动资产周转速度影响最大,因此下面分析新开普的流动资产的周转率和周转天数。

(二)流动资产营运能力分析

计算该公司三年的流动资产周转率、流动资产周转天数,对比分析其发展趋势,如表5-4所示。

表5-4 流动资产周转率

比 率	2015年	2016年	2017年	2017年行业平均值
流动资产周转率(次)	0.95	0.80	0.66	0.46
流动资产周转天数	378.99	448.82	543.72	782.61
存货周转率(次)	1.69	1.76	1.83	3.00
存货周转天数	216.07	208.29	200.03	120.00
应收账款周转率(次)	2.88	3.10	2.82	2.78
应收账款周转天数	126.54	118.23	129.54	129.50

2017年流动资产占总资产的比重为61.30%,对总资产的周转速度影响较大。流动资产周转率也是逐年降低,流动资产周转天数越来越长,说明该企业的流动资产周转速度越来越慢,降低了企业的盈利能力;但还高于行业平均值,说明流动资产周转速度虽有所降低,

但在同行业中仍属于佼佼者。

存货周转率逐年增高,周转天数越来越短,说明新开普公司存货的利用效率和销售能力有所增强。但仍远低于行业平均值,说明销售能力在同行业中比较差,管理水平有待提高。经计算得出,产成品在存货中所占的比重比较高且呈增长趋势,说明存货周转速度受产成品周转速度的影响较大。计算得知,库存商品的周转速度三年来一直在增高,所以存货周转速度越来越高。

应收账款周转率先增长后降低,整体上呈下降,应收账款周转天数为相反趋势。2017年的数值仍高于行业平均值,说明新开普应收账款的回收速度虽有所下降,但管理工作的效率仍处于行业上游,短期偿债能力与同行相比仍比较强。应收账款周转率在2017年最低是因为新开普在2017年增加了大量的应收账款,导致应收账款平均余额突增,进而导致应收账款周转率在2017年变为最低。

(三)固定资产营运能力分析

计算三年的固定资产周转率、固定资产周转天数,对比分析其发展趋势,如表5-5所示。

表5-5 固定资产周转率

比 率	2015年	2016年	2017年	2017年行业平均值
固定资产周转率(次)	3.27	4.52	5.20	7.23
固定资产周转天数(天)	109.97	79.65	69.23	49.79

固定资产周转率一直在上升,周转天数在变少,说明新开普公司利用固定资产的效率有所提升,但仍低于行业平均值,说明在同行业中该公司固定资产的周转速度需要提升,固定资产的利用效率与同行相比比较低。

(四)分析结论

经过分析,该公司总资产的营运能力逐年下降,且低于同行业平均水平。存货周转率和固定资产周转率虽逐年上升,但仍远低于行业平均水平,周转速度太慢,影响公司的资产经营质量和利用效率,公司需要提升存货和固定资产的周转速度。流动资产周转率和存货周转率2017年虽高于行业平均值,但三年来一直在下降,企业需要注意这个不利的趋势,分析原因,采取一定的措施防止流动资产和存货周转率继续下降。

思 考 题

1. 营运能力的内涵是什么?
2. 简述营运能力分析的意义和内容。
3. 流动资产营运能力分析都包括哪些内容?
4. 简述存货周转率的分析。
5. 简述总资产营运能力分析的内容。

第六章 企业偿债能力分析

知识要点：

企业的偿债能力是指企业对债务清偿的承受能力或保证程度，即企业偿还全部到期债务的现金保证程度。本章阐述了偿债能力及偿债能力分析的相关内容，以及短期偿债能力和长期偿债能力的影响因素，并对企业短期偿债能力及长期偿债能力进行了以各项财务指标为基础的分析。

第一节 企业偿债能力分析概述

一、偿债能力概述

(一)偿债能力的概念

偿债能力是指企业对债务清偿的承受能力或保证程度，即企业偿还全部到期债务的现金保证程度。

企业偿还各种到期债务的能力大小，是决定企业财务状况优劣的基本要素之一，反映了企业财务状况的稳定性与企业生产经营的发展趋势。对企业的偿债能力进行合理评价，既关系到企业财务风险乃至经营风险是否得到有效控制，又维系着与企业有利害关系的投资者、债权人、政府及社会公众的经济利益。

(二)偿债能力的分类

偿债能力可以从静态和动态两个方面来考察。静态偿债能力是指现有资产通过清算所获得的现金对负债的保障程度，这种分析主要关注企业资产规模、结构与负债规模和结构的关系。动态偿债能力是指企业通过开展生产经营活动带来的现金流量对负债的保障程度，这种分析实际上更关注企业盈利能力对偿付债务的影响。

(三)偿债能力的内容

由于债务按到期时间分为短期债务和长期债务，偿债能力通常以变现性作为衡量的标准，分为短期偿债能力和长期偿债能力。短期偿债能力是指企业偿还流动负债的能力，或者是指企业在短期债务到期时资产可以变现为现金用于偿还流动负债的能力。长期偿债能力是指企业偿还长期负债的能力，即长期债务到期时，企业盈利或者资产可用于偿还长期负债的能力。

由于长期负债在一定期限内将逐步转化为短期负债，因此，长期负债得以偿还的前提是企业具有较强的短期偿债能力，短期偿债能力是长期偿债能力的基础。企业短期偿债能力对于企业的经营、发展乃至生存至关重要。企业短期偿债能力弱，意味着企业对其流动负债的偿还保障能力弱，企业信用受损，并进而影响企业的短期筹资能力，增大筹资成本，对企业短期获利能力产生消极影响。

企业长期偿债能力不仅受到短期偿债能力的影响，同时，由于长期负债一般数额较大，其本金的偿还必须有一个积累的过程。因此，从长期看，企业的长期偿债能力最终取决于企业获利能力。

二、偿债能力分析的意义和作用

企业有无偿债能力或者说有无现金支付能力，是企业能否健康成长和发展的关键，因此，企业偿债能力分析是企业财务分析的重要组成部分。偿债能力分析的意义和作用集中表现在以下几方面。

(一)有利于投资者进行正确的投资决策

投资者是企业剩余收益的享有者和剩余风险的承担者。从剩余收益享有者身份看，投资者从企业中所获得利益的次序在债权人之后，而企业借款利息费用金额一般情况下是固定的，且在税前支付，因此债务的利息会给投资者带来财务杠杆的作用，当企业资本利润率高于利息成本时，投资者就能通过财务杠杆获得杠杆收益；反之就要承担更大的损失。从剩余风险承担者的身份看，企业破产清算时，投资者获得清偿的次序也在债权人之后，所以投资者不仅关注其投入资产是否增值，更关注投入的资产是否保全。

(二)有利于企业经营者进行正确的经营决策

企业经营者要保证企业经营目标的实现，就必须保证企业生产经营各环节的畅通和顺利进行，而企业各环节畅通的关键在于企业的资金循环与周转速度。企业偿债能力好坏既是对企业资金循环状况的直接反映，又是对企业生产经营各环节的资金循环和周转有着重要的影响。偿债能力的分析对于企业经营者及时发现企业在经营中存在的问题，并采取相应措施加以解决，保证企业生产经营顺利进行有着十分重要的作用。

(三)有利于债权人进行正确的借贷决策

企业偿债能力的强弱直接决定着债权人信贷及其利息是否能收回，而及时收回本金并取得较高利息是债权人借贷时要考虑的最基本因素。企业偿债能力强，则企业财务状况较好，信誉较高，债权人的本金与资金利息的保障程度较高。因此，分析企业偿债能力，准确预测未来的筹资前景，对于企业现实和潜在债权人的信贷决策至关重要。

(四)有利于正确评价企业财务状况

能否及时偿还到期债务，即偿债能力的强弱，是反映企业财务经济状况的重要指标。通过对企业偿债能力的客观分析，可以说明企业的财务状况及其变动情况，帮助企业所有者、经营者、债权人及其他利益相关者了解企业经营状况，做出正确的判断和决策。

总之，企业偿债能力涉及企业不同利益主体的切身利益，影响企业信誉，给企业的生产经营带来直接影响，甚至导致企业破产清算。因此，偿债能力分析是企业及其利益相关主体非常关注的一项重要内容。

第二节　短期偿债能力分析

为便于说明偿债能力指标的计算和分析方法，本章将以蓝光股份有限公司(以下简称蓝光公司)的财务报表数据为例。该公司的资产负债表如表6-1所示(由于偿债能力分析主要涉及资产负债表，故利润表和现金流量表不列)。为简化计算，这些数据都是假设的。

表 6-1　资产负债表

编制单位：蓝光公司　　　　　2019年12月31日　　　　　　　　　　万元

项　目	行次	期末金额	年初金额	项　目	行次	期末金额	年初金额
流动资产：	1			流动负债：	65		
货币资金	2	75	50	短期借款	66	90	75
△结算备付金	3			△向中央银行借款	67		
△拆出资金	4			△吸收存款及同业存放	68		
交易性金融资产	5	9	18	△拆入资金	69		
应收票据	6	12	16	交易性金融负债	70	42	15
应收账款	7	350	180	应付票据	71	7	6
预付账款	8	23	6	应付账款	72	100	150
△应收保费	9			预收款项	73	16	5
△应收分包账款	10			△卖出回购金融资产款	74		
△应收分包合同准备金	11			△应付手续费及佣金	75		
应收利息	12			应付职工薪酬	76	4	3
其他应收款	13	12	22	其中：应付工资	77		
△买入返售金融资产	14			应付福利费	78		
存货	15	130	326	#其中：职工奖励及福利基金	79		
其中：原材料	16			应交税费	80	12	7
库存商品(产成品)	17			其中：应交税金	81	7	5
一年内到期的非流动资产	18	77	11	应付利息	82	20	16
其他流动资产	19	12		其他应付款	83	23	19
流动资产合计	20	700	629	△应付分包账款	84		
非流动资产：	21			△保险合同准备金	85		
△发放贷款及垫款	22			△代理买卖证券款	86		
可供出售金融资产	23		30	△代理承销证券款	87		

续表

项　目	行　次	期末金额	年初金额	项　目	行　次	期末金额	年初金额
持有至到期投资	24	45		一年内到期的非流动负债	88		
长期应收款	25			其他流动负债	89	53	7
长期股权投资	26			流动负债合计	90	367	303
投资性房地产	27			非流动负债	91		
固定资产原价	28	1 850	1 400	长期借款	92	470	240
减：累计折旧	29	408	260	应付债券	93	240	254
固定资产净值	30	1 442	1 140	长期应付款	94	40	50
减：固定资产减值准备	31			专项应付款	95		
固定资产净额	32	1 442	1 140	预计负债	96	5	7
工程物资	33	27	44	递延所得税负债	97		
在建工程	34			其他非流动负债	98		14
固定资产清理	35			其中：特准储备基金	99		
生产性生物资产	36			非流动负债合计	100	755	565
油气资产	37			负债合计	101	1 122	868
无形资产	38	9	12	所有者权益(或股东权益)	102		
开发支出	39			实收资本(股本)	103		
商誉	40			国家资本	104		
长期待摊费用	41	5	15	集体资本	105		
递延所得税资产	42			法人资本	106	200	200
其他非流动资产	43			其中：国有法人资本	107	200	200
其中：特准储备物资	44			集体法人资本	108		
非流动资产合计	45	1 532	1 259	个人资本	109		
	46			外商资本	110		
	47			#减：已归还投资	111		
	48			实收资本(或股本)净额	112	200	200
	49			资本公积	113	20	20
	50			减：库存股	114		
	51			专项储备	115		
	52			盈余公积	116	140	80

续表

项目	行次	期末金额	年初金额	项目	行次	期末金额	年初金额
	53			其中：法定公积金	117		
	54			任意公积金	118		
	55			#储备基金	119		
	56			#企业发展基金	120		
	57			#利润归还投资	121		
	58			△一般风险准备	122		
	59			未分配利润	123	750	720
	60			外币报表折算差额	124		
	61			归属于母公司所有者权益合计	125	1 110	1 020
	62			*少数股东权益	126		
	63			所有者权益合计	127	1 110	1 020
资产总计	64	2 232	1 888	负债和所有者权益总计	128	2 232	1 888

注：表中带*的科目为合并会计报表专用；加△的科目为金融企业专用；带#的科目为外商投资企业专用。

一、短期偿债能力概述

(一)短期偿债能力的概念

短期偿债能力是指企业以流动资产偿还流动负债的现金保障程度，它反映企业偿付日常到期债务的能力。一个企业短期偿债能力的大小，要看流动资产和流动负债的多少和质量状况。

流动资产的质量是指其"流动性"，即转换成现金的能力，包括是否能不受损失地转换为现金以及转换需要的时间。它具体体现在以下几个方面：①资产转变成现金是经过正常交易程序变现的；②流动性的强弱主要取决于资产转换成现金的时间和资产预计出售价格与实际出售价格的差额；③流动资产的流动性期限在一年以内或超过一年的一个正常营业周期。

流动负债也有"质量"问题。一般来说，企业所有债务都是要偿还的，但是并非所有债务都需要在到期时立即偿还，债务偿还的强制程度和紧迫性被视为负债的质量。债务偿还的强制程度越高，紧迫性越强，负债的质量越高；反之，则越低。例如应付税款，政府的收款权力很大，甚至可以给拖欠税款的公司以致命的惩罚，因此这种负债属于质量高的负债。

企业流动资产的数量和质量超过流动负债的程度，就是企业的偿债能力。

(二)短期偿债能力分析的目的

短期偿债能力是企业的任何利益相关者都应该重视的问题。

1. 从企业管理者角度看

对企业管理者来说,短期偿债能力的强弱意味着企业承受财务风险的能力大小。企业短期偿债能力弱,企业获得商业信用的可能性降低,将使企业无法利用供货商给予的折扣好处,丧失有利可图的机会。特别是企业缺乏短期偿债能力时,为了偿债,可能会强行出售资产,这种行为会大大降低企业的盈利能力。当企业不能偿还到期债务时,企业将面临债务诉讼,若资不抵债,企业将破产清算。

2. 从投资者角度看

对投资者来说,短期偿债能力的强弱意味着企业盈利能力的高低和投资机会的多少。如果企业短期偿债能力发生问题,就会牵制企业经营的管理人员耗费大量精力去筹集资金,以应付还债,还会增加企业筹资的难度,或加大临时紧急筹资的成本,影响企业的盈利能力,或导致企业信誉降低,增加后续融资成本。一般情况下,企业投资机会多、盈利水平高时,现金流量也多;反之,现金流量少。企业现金流量越多,资产的流动性就越强,企业的短期偿债能力也更强。

3. 从企业债权人角度看

对企业的债权人来说,企业短期偿债能力的强弱意味着本金与利息按期收回的可能性大小,企业要具有充分的偿还能力,才能保证其债权的安全,从而按期取得利息,到期取回本金。如果企业短期偿债能力减弱,将导致债权人本金和利息延迟收回;如果企业丧失短期偿债能力,将导致债权人无法收回本金和利息。

4. 从企业供应商和消费者角度看

对企业的供应商和消费者来说,企业短期偿债能力的强弱意味着企业履行合同能力的强弱。当企业的短期偿债能力下降时,直接影响他们的资金周转甚至是贷款安全,企业将无力履行合同,供应商和消费者的利益将受到损害。

总之,短期偿债能力是十分重要的。当一个企业丧失短期偿债能力时,它的持续经营能力将受到质疑,此时,其他的报表分析指标就显得不那么重要了。

二、影响企业短期偿债能力的因素

企业短期偿债能力,实质上是流动资产与流动负债的对比关系的外在反映。流动资产超过流动负债越多,即企业净流动资产越多时,偿债能力越强。事实上,由于构成企业流动资产与流动负债的具体项目及数量各不相同,因此,其规模和结构直接影响短期偿债能力的大小。

(一)流动资产的规模与质量

流动资产是流动负债得以偿还的物质保障。流动资产的规模与质量从根本上决定了企业偿还流动负债的能力。一般来讲,流动资产越多,企业短期偿债能力越强。

(二)流动负债的规模与质量

构成企业流动负债的项目,既包括企业短期借入资金,也包括企业结算以及财税政策、会计制度等原因占用的应付资金。这些资金均为企业在短期内应当偿还的流动负债,其规模越大,则企业在短期内需要偿还的债务负担越重。

(三)企业的经营现金流量

从企业债务偿还的角度看,由于短期负债可用企业自有资产、经营收益或新的负债去偿还,因此,企业的经营现金流量也是影响企业偿债能力的重要因素。而企业现金流量取决于企业经营状况和融资能力,并最终决定企业的经营状况。企业经营状况良好,具有稳定经营收益和融资能力,其现金流入大于现金流出,则企业短期偿债能力较强;反之,则企业短期偿债能力必然下降。

三、衡量企业短期偿债能力的分析指标

(一)可偿债资产与短期债务的存量比较

可偿债资产的存量,是指资产负债表中列示的流动资产年末余额。短期债务的存量,是资产负债表中列示的流动负债年末余额。流动资产将在一年或一个营业周期内消耗或转变为现金,流动负债将在一年或一个营业周期内偿还,因此在两者的比较中可以反映企业的短期偿债能力。

流动资产和流动负债的存量关系,有两个评价指标:一个是差额比较,两者相减的差额称为净营运资本;另一个是比率比较,两者相除的比率称为短期债务的存量比率。

1. 营运资金

营运资金是企业流动资产减去流动负债后的差额,是企业在某一时点以流动资产归还和抵偿流动负债后的剩余,用公式表示为

$$营运资金=流动资产-流动负债$$

营运资金是反映企业短期偿债能力的绝对值指标。营运资金也是偿还流动负债的"缓冲垫",营运资金越多,说明企业可用于偿还流动负债的资金越充足,短期偿债能力越强。

【例6-1】根据表6-1中某公司的财务报表数据,计算如下。

本年营运资金=700-367=333(万元)

上年营运资金=629-303=326(万元)

计算营运资金使用的"流动资产"和"流动负债",通常可以直接取自资产负债表。蓝光公司本年的营运资金为333万元,它是流动资产偿债后的剩余,成为偿还流动负债的"缓冲垫"。即使有333万元的流动资产不能变现,仍然可以偿还债务。营运资金越多,流动负债越有保障。

当企业流动资产大于流动负债时,营运资金为正,说明营运资金出现溢余。此时,与营运资金对应的流动资产是以一定数额的长期债务或所有者权益作为资金来源的,营运资金数额越大,说明不能偿债的风险越小。

$$营运资金=流动资产-流动负债$$
$$=(总资产-非流动资产)-(总资产-股东权益-非流动资产)$$
$$=(股东权益+非流动负债)-非流动资产$$
$$=长期资本-长期资产$$

【例 6-2】根据蓝光公司的财务报表数据，计算如下。

本年营运资金 = (1 110+755)−1 532 = 333(万元)

上年营运资金 = (1 020+565)−1 259 = 326(万元)

当流动资产大于流动负债时，营运资金为正数，表明长期资本大于长期资产，超过部分被用于流动资产。营运资金的数额越大，表明财务状况越稳定。总而言之，当全部流动资产不由任何流动负债提供资金来源，而是全部由营运资金提供时，企业没有任何短期偿债压力。

当流动资产小于流动负债时，营运资金为负数，表明长期资本小于长期资产，有部分流动资产由流动负债提供资金来源。由于流动负债在一年内需要偿还，而长期资产在一年内不能变现，偿债所需资金不足，必须设法另外筹资，因此财务状况不稳定。

营运资金的比较分析，主要是与本企业上年数据比较，通常称为变动分析。该公司本年和上年营运资金的比较数据如表 6-2 所示。

表 6-2 营运资金本年与上年的比较分析

项目	本年		上年		增长		
	金额/万元	结构/%	金额/万元	结构/%	金额/万元	增长/%	结构/%
流动资产	700	100	629	100	71	11	100
流动负债	367	52	303	48	64	21	90
营运资金	333	48	326	52	7	2	10
长期资产	1 532		1 259				
长期资本	1 865		1 585				

由表 6-2 的数据可知：

(1) 上年流动资产为 629 万元，流动负债为 303 万元，营运资金为 326 万元。从相对数来看，营运资金的配置比率为 52%(营运资金/流动资产)，流动负债提供流动资产所需资金的 48%，即 1 元流动资产需要偿还 0.48 元的流动负债。

(2) 本年流动资产为 700 万元，流动负债为 367 万元，营运资金为 333 万元。从相对数来看，营运资金的配置比率为 48%，流动负债提供流动资产所需资金的 52%，即 1 元流动资产需要偿还 0.52 元的流动负债。偿债能力比上年降低了。

(3) 本年与上年相比，流动资产增加 71 万元(增长 11%)，流动负债增加 64 万元(增长 21%)，营运资金增加 7 万元(增长 2%)。营运资金的绝对数增加了，似乎"缓冲垫"增厚了，但由于流动负债的增长速度超过了流动资产，使得债务的"穿透力"增加了，偿债能力降低了。新增流动资产 71 万元没有保持上年配置 52%营运资金的比例，只配置了 10%，其余的 90%都靠增加流动负债解决。可见，由于营运资金政策的改变，使本年的短期偿债能力降低了。

没有一个统一的标准用来衡量营运资金保持多少是合理的。不同行业的营运资金规模有很大的差别。一般来说，零售商的营运资金较多，因为它们除了流动资产外没有什么可以偿债的资产；而信誉好的餐饮企业营运资金很少，有时甚至是一个负数，因为其稳定的收入可以偿还同样稳定的流动负债；制造业一般有正的营运资金，但其数额差别很大。由于营运资金与经营规模有联系，所以同一行业不同企业之间的营运资金也缺乏可比性。

营运资金能够直接反映流动资产保障流动负债偿还后能够剩余的金额，但它是一个绝对量指标，不便于不同规模的企业之间的比较。例如，甲公司的营运资金为100万元(流动资产为300万元，流动负债为200万元)，乙公司的营运资金为100万元(流动资产为1 200万元，流动负债为1 100万元)，虽然甲公司和乙公司的营运资金相同，但它们的偿债能力显然不同。在实务中很少直接使用营运资金作为衡量企业偿债能力的指标。因此人们引入了短期债务的存量比率，主要包括流动比率、速动比率和现金比率。

2. 短期债务的存量比率

短期债务的存量比率包括流动比率、速动比率和现金比率。

1) 流动比率

(1) 流动比率的计算。

流动比率是流动资产与流动负债的比值，用公式表示为

$$流动比率 = \frac{流动资产}{流动负债}$$

流动比率是衡量企业短期偿债能力最基本、最通用的指标。流动比率的内涵是每1元流动负债有多少元流动资产作保障，反映企业在短期债务到期时其流动资产可变现用于偿还流动负债的能力。

通常认为，流动比率越高，企业的偿债能力越强，短期债权人利益的安全程度也越高。这是因为较高的流动比率可以保障在流动负债到期日能够有较多的流动资产可供变现偿债。这个比率还表明当企业遇到突发性现金流出，如发生意外损失时的支付能力。

【例6-3】根据蓝光公司的财务报表数据，计算如下。

$$本年流动比率 = \frac{700}{367} = 1.91$$

$$上年流动比率 = \frac{629}{303} = 2.08$$

计算结果表明，蓝光公司上年每1元流动负债有2.08元的流动资产作保障，本年下降到1.91元。

流动比率和营运资金配置比率反映的偿债能力相同，它们可以相互换算。

$$流动比率 = \frac{1}{1 - \dfrac{营运资金}{流动资产}}$$

【例6-4】根据蓝光公司的财务报表数据，计算如下。

$$本年流动比率 = \frac{1}{1 - 48\%} = 1.92^{①}$$

$$本年流动比率 = \frac{1}{1 - 52\%} = 2.08$$

---

① 计算过程因四舍五入，可能会导致小数结果略有差异，不代表真正不同。下同。

(2) 流动比率的合理性。

上述计算结果表明蓝光公司的流动比率本年比上年降低了 0.17(2.08-1.91)，即为每 1 元流动负债提供的流动资产保障减少了 0.17 元。从债权人角度看，这当然不是好的趋势，因其债务的保障程度降低了。但是 1.92 的流动比率是否就说明短期债务没有保障了呢？是否就意味着不应借款给这个企业了呢？流动比率为 100 会更有保障，但坚持一个非常高的流动比率标准，债务人可能会找不到放贷的对象，也就失去了赚钱的机会。问题在于短期负债的合理保障程度是多少。

流动比率的基本功能是可以使短期债权人评估安全边际(流动资产超过流动负债的部分)的大小，进而可以测定企业的营运资金是否充足。20 世纪初，美国银行家均以流动比率作为核定贷款的根据，而且要求此项比率保持在 2.0 以上，因此一般又将流动比率称为"银行家比率"或"二对一比率"。在过去很长一段时间里，人们认为生产型企业合理的最低流动比率是 2。这是因为流动资产中变现能力最差的存货金额，通常占流动资产总额的一半左右，剩下的流动性大的流动资产至少要等于流动负债，企业的短期偿债能力才会有保证。这种认识一直未能从理论上得到证明。

实际上，不存在统一的、标准的流动比率数值。首先，不同国家的金融环境不同，使得企业采用不同的营运资金政策，导致不同的流动比率。例如美国的流动比率平均在 1.4 左右，日本平均在 1.2 左右。其次，同一国家不同行业的流动比率，通常有明显差别。营业周期越短的行业，合理的流动比率越低。例如，对于营业周期短的企业，其应收账款的周转率较高，并不需要大量储备存货，那么其流动资产数额相对于营业周期较长的企业而言较低，因此流动比率可能保持在较低的水平。所以根据流动比率评价该类企业时，其标准会有所降低。

最近几十年，企业的经营方式和金融环境发生了很大变化，流动比率有下降的趋势，许多成功企业的流动比率都低于 2。因此，流动比率的合理性，必须通过历史比较和类似企业比较来评价。

(3) 流动比率的构成分析。

利用流动比率进行评价时，要视行业性质、营业周期而定，如果流动比率相对上年发生较大变动，或与行业平均值出现重大偏差，就还要考虑流动资产和流动负债的构成情况，寻找形成差异的原因。

流动资产是指为交易目的而持有的可以在一年或超过一年的一个营业周期内变现、出售或耗用的资产。

流动负债是指为交易目的持有的在一年或超过一年的一个营业周期内偿还的债务。其主要项目有：短期借款、交易性金融负债、应付票据、应付账款、预收账款、应付职工薪酬、应交税费、应付利息、应付股利、其他应付款、一年内到期的非流动负债等。在进行分析时，不应假定报表中有关的流动负债分类总是正确的，最终支付可能性很高的短期负债，不一定都纳入了流动负债中。如与担保有关的或有负债、经营租赁合同中的未来付款承诺款等。

(4) 流动比率的运用。

【例 6-5】下面以蓝光公司连续 5 年的资料为例，对其进行分析，具体情况见表 6-3。

表 6-3　流动比率横纵向比较

年度	2015	2016	2017	2018	2019
流动资产/万元	800	740	710	629	700
流动负债/万元	280	310	340	303	367
蓝光公司流动比率/%	2.86	2.39	2.09	2.08	1.91
科达公司流动比率/%	2.01	1.79	1.96	2.15	1.96
行业平均值/%	2.11	1.94	2.01	2.16	1.94

从纵向比较看：蓝光公司连续 5 年的流动比率呈逐年降低的态势，说明该公司的短期偿债能力逐年降低；而科达公司与行业平均值则基本上比较稳定，需要从流动资产的质量和流动负债的构成角度关注蓝光公司流动比率波动产生的原因。

从横向比较看：蓝光公司前 3 年的流动比率始终高于科达公司和行业平均水平，说明该公司前 3 年有较强的短期偿债能力；后 2 年的流动比率低于科达公司和行业标准值，说明该公司的短期偿债能力明显下降。

(5) 流动比率的局限性。

流动比率是相对数，排除了企业规模的影响，更适合同业比较以及本企业不同历史时期的比较。流动比率计算简单、易于理解、数据易于获得，被广泛使用，但其评价企业资产流动性和短期偿债能力的作用是非常有限的，因为指标本身存在一定的局限性。

首先，流动比率是一个静态分析指标。

作为反映资产流动性的指标，流动比率只是说明了在资产负债表日偿还负债的保障程度，即在某一时点用以偿还流动负债的可用资源，然而，流动资产是不断周转的，它的存量是不断变化的；流动负债被不断偿还，又不断地有新的负债产生。流动比率不能描述这种"续起性"，不能反映一年中有多少流动负债需要偿还，以及获得多少可偿债现金。因此，流动比率对偿债能力的反映是不完善的，需要用现金流量指标补充。

其次，流动比率没有考虑流动资产的结构。

流动资产中包括流动性较差的应收账款、存货、预付账款等，它们能否足额、迅速地转换为现金，是有待考察的。因此，要对这些资产的流动性进行必要的评价，包括应收账款周转率、存货周转率等，以补充流动比率对短期偿债能力衡量的不足。

再次，流动比率假设全部流动资产都可以变为现金并用于偿债，全部债务都需要还清。实际上，有些流动资产的账面金额与变现金额有较大差异，如产成品等；经营性流动资产是企业持续经营所必需的，不能全部用于偿债；经营性应付项目可以滚动存续，无须动用现金全部结清。因此，流动比率是对企业短期偿债能力的粗略估计。

最后，流动比率易受人控制。

流动比率大于 1，如果某些业务导致流动资产与流动负债同时增加相等数额，则流动比率下降；如果某些业务导致流动资产与流动负债同时减少相等数额，则流动比率上升。流动比率小于 1，如果某些业务导致流动资产与流动负债同时增加相等数额，则流动比率上升；如果某些业务导致流动资产与流动负债同时减少相等数额，则流动比率下降。比如，流动

比率为 $\frac{2}{3}$，如果分子分母同时增加1，则流动比率为 $\frac{3}{4}$，该比率值上升；流动比率为 $\frac{2}{3}$，如果分子分母同时减少1，则流动比率为 $\frac{1}{2}$，该比率值下降。

2）速动比率

(1) 速动比率概述。

速动比率是指企业的速动资产与流动负债的比率，用公式表示为

$$速动比率 = \frac{速动资产}{流动负债}$$

速动比率是流动比率的一个重要辅助指标，用于评价企业流动资产变现能力的强弱。速动比率的内涵是每1元流动负债有多少元速动资产作保障，它是衡量企业流动资产中可立即用于偿还流动负债的能力。该比率越高，表明企业偿还流动负债的能力越强。

根据新会计准则的规定，货币资金、交易性金融资产和各种应收、预付款项等，可以在较短时间内变现，称为速动资产；另外的流动资产，包括存货、一年内到期的非流动资产及其他流动资产等，称为非速动资产。

【例6-6】根据蓝光公司的财务报表数据，计算如下。

本年速动比率=(75+9+12+350+23+12)÷367=1.31

上年速动比率=(50+18+16+180+6+22)÷303=0.96

计算结果表明，蓝光公司的速动比率比上年提高了0.35(1.31-0.96)，说明为每1元流动负债提供的速动资产保障增加了0.35元。

(2) 速动比率的合理性。

一般认为，每1元的流动负债要有1元的速动资产来支付，即速动比率的标准值应为1，此时表明企业既有较好的债务偿还能力，又有较合理的流动资产结构。

但速动比率与流动比率一样，没有统一的标准值，各行业的速动比率差别较大，需参照行业的资料和企业历史情况来综合判断一个企业速动比率的好坏。例如，采用大量现金销售的商店，几乎没有应收款项，大大低于1的速动比率是很正常的。相反，一些应收账款较多的企业，速动比率可能要大于1才会被认为是合理的。蓝光公司属于综合类上市公司，本年1.31的速动比率是不错的，说明该公司短期偿债能力较好。

(3) 速动比率的局限性。

与流动比率相比，速动比率扣除了变现能力差的流动资产，弥补了流动比率的不足，但该指标也存在一定的局限性。

首先，速动比率是一个静态指标。作为反映资产流动性的指标，速动比率只是说明了在某一时点每1元流动负债的保障程度，即在某一时点用以偿还流动负债的速动资产，并不能说明未来现金流入的多少，而未来现金流入是反映流动性的最好指标。

其次，速动比率可信性的重要影响因素是应收款项、预付款项的变现能力。账面上的应收款项不一定都能变现，实际发生的坏账可能要比计提的坏账准备多，并且由于季节性的变化，报表上的应收款项可能没有反映平均水平；预付款项需要经过一定时期变为存货后，才能恢复其流动性。这两项在计算企业短期偿债能力时应予以扣除，据此，提出了现金比率。

最后，速动比率和流动比率一样，容易受人控制。

3) 现金比率

现金比率是指现金类资产与流动负债的比率。所谓现金类资产，包括货币资金、交易性金融资产等，它们本身就是可以直接偿债的资产，用公式表示为

$$现金比率 = \frac{货币资金 + 交易性金融资产}{流动负债}$$

现金比率反映企业的即刻变现能力，就是随时可以还债的能力。现金比率的内涵是1元流动负债有多少元现金资产作为偿债保障。

【例6-7】根据蓝光公司的财务报表数据，计算如下。

本年现金比率=(75+9)÷367=0.23

上年现金比率=(50+18)÷303=0.22

计算结果表明，蓝光公司本年1元流动负债有0.23元的现金资产作为保障。现金比率本年比上年提高了0.01，说明企业为每1元流动负债提供的现金资产保障增加了0.01元。

一般而言，现金比率越高，企业短期偿债能力越强；现金比率越低，企业短期偿债能力越弱。但是，若现金比率过高，也说明企业现金及等价物闲置过多，企业没有充分利用现金资源，即资产营运效率较低，经营者过于保守。因此，对该指标的数值界定，应充分了解企业的情况。有时候企业可能有特别的计划需要使用现金，如筹资用于扩大生产规模，就必须增加现金持有量，在这种情况下，企业现金比率较高，不能误以为短期偿债能力强。若现金比率过低，则说明企业的支付能力存在一定问题，时间过长会影响企业的信用。总之，企业保持合理的现金比率是必要的。

(二)现金流量与短期债务的比较

现金流量比率是指经营活动现金流量与流动负债的比率。经营现金流量是可以偿债的现金流量，流动负债所需现金是偿还短期债务所需的现金，用公式表示为

$$现金流量比率 = \frac{经营活动现金流量}{流动负债}$$

现金流量比率用于衡量企业经营活动所产生的现金流量可以抵偿流动负债的程度。表明每1元流动负债的经营活动现金流量保障程度。

公式中的"经营活动现金流量"，通常使用现金流量表中的"经营活动产生的现金流量净额"。它代表企业自发创造现金的能力，已经扣除了经营活动自身所需的现金流出，是可以用来偿债的现金流量。

公式中的"流动负债"，通常使用资产负债表中"流动负债"的年初与年末的平均数，为简便起见，也可以使用期末数。

【例6-8】根据蓝光公司的财务报表数据，并假设该公司本年经营活动产生的现金流量净额为333万元。则：

现金流量比率(平均负债)=333÷[(367+303)÷2] =0.99

现金流量比率(期末负债)=333÷367=0.91

一般而言，现金流量比率越高，说明企业短期偿债能力越好。但不同的行业由于其经营性质的不同(生产型、服务型)，经营活动产生的现金净流量的差别较大，因此行业性质不

同的企业，现金流量比率的变化较大。

四、影响企业短期偿债能力的表外因素

上述短期偿债能力比率，都是根据财务报表数据计算而得。还有一些表外因素也会影响企业短期偿债能力，甚至影响相当大，财务报表使用人应尽可能了解这方面的信息，以做出正确判断。

(一)提高企业短期偿债能力的表外因素

(1) 企业可动用的银行贷款指标。银行已同意，但企业尚未办理贷款手续的银行贷款限额，可以随时增加公司的现金，提高企业的支付能力。

(2) 企业准备很快变现的长期资产。由于某种原因，公司可能将一些长期资产很快出售变成现金，以增加公司的短期偿债能力。这类资产不出现在"一年内到期的非流动资产"项目中。例如，储备的土地、未开采的采矿权等，在企业发生周转困难时，将其出售并不影响企业的持续经营。

(3) 企业偿债能力的信誉。如果企业的长期偿债能力一贯很好，即公司信用良好，当公司短期偿债方面暂时出现困难时，公司可以很快地通过发行债券和股票等方法来解决短期资金短缺，提高短期偿债能力。这种提高公司偿债能力的因素，取决于公司自身的信用状况和资本市场的筹资环境。

以上三方面的因素，都能使公司流动资产的实际偿债能力高于公司财务报表中所反映的偿债能力。

(二)降低企业短期偿债能力的表外因素

(1) 或有负债。或有负债是指有可能发生的债务。按照我国《企业会计准则》的规定，这种负债是不作为负债登记入账的，也不在财务报表中反映的。或有负债包括售出产品可能发生的质量事故赔偿、诉讼案件和经济纠纷案可能败诉并需赔偿、担保责任引起的或有负债等。这些或有负债一经确认，将会增加企业的偿债负担。

(2) 经营租赁合同中的承诺付款。该付款很可能是需要偿付的义务。

(3) 建造合同、长期资产购置合同中的分期付款。该付款也是一种承诺付款，应视同需要偿还的债务。

第三节 长期偿债能力分析

一、长期偿债能力概述

(一)长期偿债能力的概念

长期偿债能力是企业偿还长期债务的现金保障程度。企业的长期债务是指偿还期在一年或者超过一年的一个营业周期以上的负债，主要由长期借款、应付债券、长期应付款等构成，反映企业筹措长期负债资金的能力。与流动负债相比，长期负债具有数额大、偿还期限较长

的特点。企业对一笔债务总是负有两种责任：一是偿还债务本金的责任，二是支付利息的责任。分析企业的长期偿债能力，主要是为了确定该企业偿还债务本金和支付债务利息的责任。如果企业经营管理不善，市场情况逆转，则长期负债的利息费用会成为企业的沉重负担。

(二)长期偿债能力分析的目的

长期偿债能力分析是企业管理者、投资者、债权人和与企业有关联的各方面等都十分关注的重要问题。站在不同的角度，分析的目的也会有所区别。

1. 企业管理者对长期偿债能力分析的目的

企业管理者主要是指企业经理及其他高级管理人员。他们进行财务分析的目的是综合的、全面的，他们既关心企业的盈利，也关心企业的风险，并且特别关心盈利、风险产生的原因和过程。因为只有通过对原因和过程的分析，才能及时发现融资活动中存在的问题和不足，并采取有效措施解决这些问题。因此，企业经营者进行分析的目的有以下几个方面。

(1) 了解企业的财务状况，优化资本结构。
(2) 揭示企业所承担的财务风险程度。
(3) 预测企业筹资前景。
(4) 为企业进行各种理财活动提供重要参考。

2. 投资者对长期偿债能力分析的目的

企业的投资者包括企业的所有者和潜在投资者。投资者通过长期偿债能力分析，可以判断其投资的安全性及盈利性，因为投资的安全性与企业的偿债能力密切相关。通常，企业的偿债能力越强，投资者的安全性越高。在这种情况下，企业不需要通过变卖财产偿还债务。另外，投资的盈利性与企业的长期偿债能力密切相关。在投资报酬率大于借入款项资金成本率时，企业适度负债，不仅可以降低财务风险，还可以利用财务杠杆的作用来增加盈利。

3. 企业债权人对长期偿债能力分析的目的

企业的债权人包括提供贷款的银行、其他金融机构以及购买企业债券的单位和个人。债权人更会从他们的切身利益出发来研究企业的偿债能力，只有企业有较强的偿债能力，才能使他们的债权及时收回，并能按期取得利息。由于债权人的收益是固定的，他们更加关注企业债权的安全性。在实际工作中，债权人的安全程度与企业长期偿债能力密切相关，企业偿债能力越强，债权人的安全程度就越高。

4. 企业其他利益相关者对长期偿债能力分析的目的

在实际工作中，其他部门会与企业产生经济联系，对企业长期偿债能力的分析有着重要意义。对政府及相关管理部门来说，通过偿债能力分析，可以了解企业经营的安全性，从而制定相应的财政金融政策；对于业务关联企业来说，通过长期偿债能力分析，可以了解企业是否具有长期支付能力，借以判断企业信用状况和未来业务能力，据此做出是否建立长期稳定的业务合作关系的决定。

二、影响长期偿债能力的因素

分析一个企业的长期偿债能力，主要是为了确定该企业偿还债务本金和支付债务利息的能力。与流动负债相比，长期负债具有数额较大、偿还期限长的特点，因此企业长期偿债能力主要取决于企业资产与负债的比例关系，即资本结构以及企业的获利能力。

(一)企业的资本结构

资本结构是指企业各种长期资金来源的构成和比例关系。长期资金来源主要是指权益筹资与长期负债筹资。

权益资本是企业拥有的净资产，它不需要偿还，可以在企业经营中永久使用。同时权益资本也是股东承担民事责任的限度，如果借款不能按时归还，法院可以强制债务人出售财产偿债，因此权益资本就成为借款的基础。权益资本越多，债权人越有保障；权益资本越少，债权人蒙受损失的可能性越大。在资金市场上，能否借入资金以及借入多少资金，在很大程度上取决于企业的权益资本实力。因此，资本结构是影响企业长期偿债能力的重要因素。

(二)企业的获利能力

企业的获利能力是指企业在一定时期内获得利润的能力。企业能否有充足的现金流入供偿债使用，在很大程度上取决于企业的获利能力。企业到期必须偿还债务本金以及支付债务利息，短期债务可以通过流动资产变现来偿付，因为大多数流动资产的取得往往以短期负债为其资金来源。而企业的长期负债大多用于长期资产投资，在企业正常生产经营条件下，长期资产投资形成企业的固定资产能力，一般来讲企业不可能靠出售资产作为偿债的资金来源，而只能依靠企业生产经营所得。另外，企业支付给长期债权人的利息支出，也要从所融通资金创造的收益中予以偿付。

一般来说，企业的获利能力越强，留存收益越多，长期偿债能力越强。

(三)企业长期资产的规模与结构

企业长期资产的规模与结构，也将直接影响企业的长期偿债能力。特别是当企业破产清算时，长期资产的规模、结构及质量对长期偿债能力的影响更直接。此时，资产的清算变现价值将决定对债权人债权的偿还数额。

应特别注意的是，现金流量状况决定了偿债能力的保障程度，企业的现金流量对长期偿债能力也有较大影响。

三、企业长期偿债能力指标分析

衡量企业长期偿债能力的财务比率，分为总债务存量比率和总债务流量比率两类。

(一)总债务存量比率

1. 总债务存量比率的指标

从长期来看，所有债务都要偿还，因此，反映长期偿债能力的存量比率是资产、负债和所有者权益之间的比例关系。常用的指标包括：资产负债率、产权比率、权益乘数和长期资本负债率。

1) 资产负债率

(1) 资产负债率概述。

资产负债率是企业负债总额占资产总额的百分比，也称为债务比率。它表明企业以负债方式筹集的资金占企业全部资产的比重，反映了债权人发放贷款的安全程度，同时反映了企业利用债权人的资金进行财务活动的能力。资产负债率是反映企业长期偿债能力的一个重要指标，用公式表示为

$$资产负债率 = \frac{总负债}{总资产} \times 100\%$$

式中的总负债是指企业的全部负债总额，既包括长期负债，也包括流动负债。这是因为，就一笔流动负债而言，企业要在短期内偿还，但在企业长期的经营活动中，流动负债总是被长期占用的。式中的总资产是指企业的全部资产总额，包括流动资产、固定资产、无形资产和递延资产等。

【例 6-9】根据蓝光公司的财务报表数据：

本年资产负债率=(1 122÷2 232)×100% = 50.27%

上年资产负债率=(868÷1 888)×100% = 45.97%

通过计算可知，蓝光公司上年资产负债率为 45.97%，本年资产负债率为 50.27%，虽然偏高，但在合理的范围内，说明蓝光公司具有一定的偿债能力和负债经营能力。

一般来说，资产负债率越低，企业长期偿债能力越强，长期经营的风险越小；资产负债率越高，企业长期偿债能力越弱，长期经营的风险越大。

(2) 资产负债率的合理性。

资产负债率是衡量企业负债水平及风险程度的重要标志。负债对企业来说，是一把双刃剑。一方面，负债增加了企业的风险，借债越多，风险越大。所有的负债都会增加债权人的追索权，包括利息支付和约定时间的本金偿还。债务使企业负担加重，要在未来某一时刻支付大笔数额固定的现金。然而企业同期的现金流入受经营风险的影响并无保障，固定的现金流出与不确定的现金流入形成了企业的财务风险。借款金额越大，企业风险越大。另一方面，债务成本低于权益资本的成本，增加债务可以改善企业的盈利水平，提高股价，增加股东的财富。由于债务同时增加企业的利润和风险，因此企业管理者的任务就是在利润与风险之间进行平衡。

财务理论认为，存在所得税和市场不完善的情况下，企业存在一个最佳的资本结构。但是企业资产负债率多高才算合理，并没有统一的规定。国际上普遍认为，资产负债率为 60%较合适。但不同企业的资产负债率是不同的，它受到企业所处的行业、盈利率、银行利率、通货膨胀率、国民经济景气程度等因素的影响。

(3) 有形资产负债率。

并非企业所有的资产都可以作为偿债的物质保证。待摊费用、递延资产等不仅在清算状态下难以作为偿债的保证，即便在持续经营期间上述资产的摊销价值也需要依靠存货等资产的价值才能得以补偿和收回。其本身并无直接的变现能力，相反，还会削弱其他资产的变现能力，无形资产能否用于偿债，也存在极大的不确定性。据此，提出了有形资产负

债率指标。

有形资产负债率是负债总额与有形资产总额的比率。该指标是资产负债率的延伸,是一项更加客观地评价企业偿债能力的指标,用公式表示为

$$有形资产负债率 = \frac{负债总额}{有形资产总额} \times 100\%$$

一般来说,有形资产负债率越高,说明债权人发放贷款的安全程度越低,企业偿还长期债务的能力越弱;有形资产负债率越低,说明债权人发放贷款的安全程度越高,企业偿还长期债务的能力越强。

【例6-10】 根据蓝光公司的财务报表数据,计算如下:

本年有形资产负债率 = [1 122÷(2 232-9-5)]×100% = 50.59%

本年有形资产负债率 = [868÷(1 888-12-15)]×100% = 46.64%

相对于资产负债率来说,有形资产负债率指标将企业偿债安全性的分析建立在更加切实可靠的物质保障基础之上。

2) 产权比率

(1) 产权比率概述。

产权比率是负债总额与所有者权益总额的比率,又称为债务权益比率,用公式表示为

$$产权比率 = \frac{负债总额}{所有者权益总额} \times 100\%$$

公式中的"所有者权益"在股份有限公司是指"股东权益"。

产权比率是衡量企业长期偿债能力的指标之一。它表明每1元所有者权益借入的债务额,侧重于揭示财务结构的稳健程度以及自有资金对偿债风险的承受能力。该指标表明由债权人提供的和由投资者提供的资金来源的相对关系,反映了企业基本财务结构是否合理、稳定;同时也表明债权人投入资本受到股东权益的保障程度。

【例6-11】 根据蓝光公司的财务报表数据,计算如下:

本年产权比率= (1 122÷1 110)×100%=101%

上年产权比率= (868÷1 020×100%=85%

由计算结果可知,蓝光公司上年的产权比率不是很高,而本年的产权比率较上年提高了,说明本年该公司举债经营程度较高,但也在一个较合理的范围(一般来说,产权比率值为1∶2被认为是较合理的)。

一般来说,产权比率越低,表明企业长期偿债能力越强,债权人权益保障程度越高,承担的风险越小;产权比率越高,说明企业偿还长期债务的能力越弱。一般认为这一比率为1∶1,即100%以下时,应该是有偿债能力的,但还应该结合企业的具体情况加以分析。如果认为资产负债率应在40%~60%,则意味着产权比率应维持在70%~150%。

反映企业长期偿债能力的核心指标是资产负债率,产权比率是对资产负债率的必要补充。产权比率主要反映负债总额与所有者权益总额的相对关系,包括以下几个方面。

第一,产权比率指标反映由债权人提供的资本与股东提供的资本的相对关系,反映企业基本财务结构是否稳定。一般来说,股东资本大于借入资本较好,但也不能一概而论。从股东角度来看,在通货膨胀加剧时期,企业增加负债可以把损失和风险转嫁给债权人;在经济繁荣时期,多借债可以获得额外的利润;在经济萎缩时期,少借债可以减少利息负

担和财务风险。产权比率高,是高风险、高报酬的财务结构;产权比率低,是低风险、低报酬的财务结构。

第二,产权比率指标同时也表明债权人投入的资本受到股东权益保障的程度,或者说是企业清算时对债权人利益的保障程度。这是因为国家规定债权人的索偿权优先于股东,当企业进入破产清算程序,债权人的利益因所有者的资本所占比重较大而有足够的保障。

第三,产权比率指标也反映了经营者运营财务杠杆的程度。当该指标过高时,表明企业过度运用财务杠杆,增加了企业财务风险;当该指标过低时,表明企业不能充分发挥负债经营带来的财务杠杆作用。

产权比率与资产负债率对评价企业长期偿债能力的作用基本一致,但两者之间存在一些联系与区别。

第一,产权比率与资产负债率都是衡量企业长期偿债能力的,具有共同的经济意义,两个指标可以互相补充。因此,对产权比率的分析可以参见对资产负债率的分析。

第二,虽然产权比率与资产负债率都是衡量企业长期偿债能力的,但两指标之间还是有区别的,主要是反映长期偿债能力的侧重点不同。资产负债率侧重于分析债务偿付安全性的物质保障程度;产权比率则侧重于揭示财务结构的稳健程度以及自有资金对偿债风险的承受能力。

第三,所有者权益就是企业的净资产,产权比率所反映的偿债能力是以净资产为物质保障的。但净资产中的某些项目,如无形资产、递延资产、待摊费用、待处理财产损益等,价值具有极大的不确定性,且不易形成支付能力。因此,在使用产权比率时,必须结合有形净值债务率指标作进一步分析。

(2) 有形净值债务率。

有形净值债务率是企业负债总额与有形净值的百分比,用公式表示为

$$\text{有形净值债务率} = \frac{\text{负债总额}}{\text{所有者权益} - \text{无形资产净值}} \times 100\%$$

有形净值是所有者权益减去无形资产净值后的净值,即所有者具有所有权的有形资产净值。无形资产包括商誉、商标、专利权以及非专利技术等,它们不一定能用来还债,为谨慎起见,一律视为不能偿还债务的资产而将其从所有者权益中扣除,这样有利于更切实际地衡量公司的偿债能力。

有形净值债务率主要是用于衡量企业的风险程度和对债务的偿还能力。它更谨慎、保守地反映企业清算时债务人投入的资本受到所有者权益保障的程度。从长期偿债能力来讲,其比率应是越低越好。该指标越小,表明企业风险越低,长期偿债能力越强。

对有形净值债务率的分析,可以从以下几个方面进行。

第一,有形净值债务率揭示了负债总额与有形资产净值之间的关系,能够计量债权人在企业处于破产清算时能获得多少有形财产保障。从长期偿债能力来讲,该指标越低越好。

第二,有形净值债务率指标最大的特点是在可用于偿还债务的净资产中扣除了无形资产,这主要是由于无形资产的计量缺乏可靠的基础,不可能作为偿还债务的资源。

第三,有形净值债务率指标的分析与产权比率分析相同,负债总额与有形资产净值应维持1:1的比例。

第六章 企业偿债能力分析

【例6-12】根据蓝光公司的财务报表数据，计算如下：

本年有形净值债务率 = [1 122÷(1 110−9)]×100% = 102%

上年有形净值债务率 = [868÷(1 020−12)]×100% = 86%

由计算结果可知：①蓝光公司上年的有形净值债务率低于标准值的下限，保持了一个较低的有形净值债务率。这说明企业具备较强的长期偿债能力，债权人受保障程度较高。②与上年相比，本年的有形净值债务率有所提高，仍相当于标准值，虽然债权人利益受保障的程度下降，但该公司的长期偿债能力仍然较好，公司财务风险有较小幅度的提高。

3) 权益乘数

权益乘数是资产总额与所有者权益总额的比率。它说明企业资产总额与所有者权益的倍数关系，用公式表示为

$$权益乘数 = \frac{资产总额}{所有者权益总额}$$

权益乘数表明每1元所有者权益拥有的资产额。该指标用来衡量企业的财务风险。权益乘数越大，说明所有者投入的资本在全部资产中所占的比重越小，企业负债的程度越高，债权人权益受保护的程度也越低；反之则相反。

权益乘数是资产权益率的倒数。所有者权益除以资产的资产权益率，资产除以所有者权益就称为权益乘数，也可以表示为

$$权益乘数 = \frac{1}{所有者权益率}$$

【例6-13】根据蓝光公司的财务报表数据，计算如下：

本年权益乘数 = 2232÷1110 = 2.01

上年权益乘数 = 1888÷1020 = 1.85

与产权比率一样，权益乘数也是对资产负债率的必要补充。权益乘数主要反映了全部资产与所有者权益的倍数关系。运用该指标分析企业的长期偿债能力时，应注意以下几点。

第一，权益乘数与资产负债率都是衡量企业长期偿债能力的，两个指标可以互相补充。因此，对权益乘数的分析可以参见对资产负债率的分析。资产负债率分析中应注意的问题，在权益乘数分析中也应引起注意。

第二，虽然权益乘数与资产负债率都是衡量企业长期偿债能力的，但它们之间也存在区别，其区别是反映长期偿债能力的侧重点不同。资产负债率侧重总资本中有多少是靠负债取得的，说明债务偿付安全性的物质保障程度；权益乘数侧重揭示资产总额与所有者权益的倍数关系，倍数越大，说明企业资产对负债的依赖程度越高，风险越大。

4) 长期资本负债率

长期资本负债率是指非流动负债占长期资本的百分比，用公式表示为

$$长期资本负债率 = \frac{非流动负债}{非流动负债+所有者权益} \times 100\%$$

【例6-14】根据蓝光公司的财务报表数据，计算如下：

本年长期资本负债率 = [755÷(755+1110)] ×100% = 40.48%

上年长期资本负债率 = [565÷(565+1020)] ×100% = 35.65%

长期资本负债率反映企业长期资本的结构，由于流动负债的数额经常变化，资本结构

管理大多使用长期资本结构。

研究企业的长期偿债能力，除掌握上述衡量指标外，还应该了解计算这些指标项目的具体构成，因为各项目的构成不同，长期偿债能力的质量也有差异。

2. 总债务存量比率的构成分析

1) 长期债务的构成

在资产负债表中，属于长期负债的项目有长期借款、应付债券、长期应付款、预计负债等。

(1) 长期借款。长期借款是企业向银行或其他金融机构借入的期限在一年以上的各种款项。在资产负债表日，长期借款反映企业尚未归还的长期借款。

(2) 应付债券。应付债券是企业为筹集长期资金发行的偿还期在一年以上的债券。在资产负债表日，应付债券反映企业尚未偿还的长期债券摊余成本。

(3) 长期应付款。长期应付款是企业除长期借款和应付债券以外的其他应付款，包括以分期付款方式购入固定资产等发生的应付款项、应付融资租赁租金等。

(4) 预计负债。预计负债是企业确认的因对外提供担保、未决诉讼或仲裁、产品质量保证、亏损性合同等形成的预计负债。在资产负债表日，预计负债反映已确认但尚未支付的预计负债。

(5) 递延所得税负债是企业确认的应纳税暂时性差异产生的所得税负债。在资产负债表日，递延所得税负债反映企业已确认的递延所得税负债。

在分析长期债务规模与构成时，应注意以下几个问题。

(1) 对于优先股，虽然属于所有者权益，但有固定到期日或有偿债基金要求的优先股、有法定赎回要求的优先股在分析时应视为负债。

(2) 对于可转换债券，通常作为负债来报告，但是债券的可转换性意味着这部分负债可能被转换成普通股，具有部分权益属性。

(3) 递延所得税负债符合负债的报告标准，但是并不会引起未来现金流出。

2) 偿债资产的构成

负债是要用资产来偿还的，资产的偿付能力就成为分析长期偿债能力的重要内容。因为资产的收益能力和变现能力是企业偿还债务的保障；同时资产也是企业进一步融资的基础，企业融资能力强，偿债的可能性就大。因此，通过对偿债资产的分析可以对企业偿债能力和融资能力作出判断。

在资产负债表上，资产分为流动资产和长期资产。其中，长期资产包括可供出售金融资产、持有至到期投资、长期股权投资、投资性房地产、固定资产、无形资产、商誉、长期待摊费用、递延所得税资产及其他非流动资产等。利用资产负债表分析长期偿债能力，分析的侧重点是资产对长期债务的保障程度。一般情况下，长期债务是长期资产的主要资金来源，长期资产就成为偿还长期债务的资产保障。而长期资产的价值主要采用摊销的方法，周转期较长。各项长期资产的数量、结构、计价方法等都会影响企业的偿债能力。

3) 所有者权益的构成

所有者权益对偿债能力的影响主要表现在两个方面：一是所有者权益与长期负债的比例，二是所有者权益的组成。所有者权益的比例高，说明企业长期资产主要是靠所有者权益取得的，偿债能力就强。所有者权益的组成能够说明权益资本的实力，它有两个主要来源，一是投资者投入的资本，包括股本及溢价；二是留存收益。它具体包括以下几部分。

(1) 实收资本。实收资本是投资者按照公司章程，或合同、协议的约定，实际投入企业的资本。它在股份有限公司表现为股本，一般情况下，股本相对固定不变。

(2) 资本公积。资本公积是企业收到投资者投资额超过其在注册资本或股本中所占份额的部分，直接计入所有者权益的利得和损失，也在该项目中反映。资本公积包括资本溢价和其他资本公积两项。

(3) 盈余公积。盈余公积是指企业按规定从净利润中提取的各种累计留利。它包括三部分：法定盈余公积；任意盈余公积；外商投资企业按规定提取的储备基金、发展基金。

(4) 未分配利润。未分配利润在数量上等于期初未分配利润加上本期实现的净利润，再减去提取的盈余公积和分出利润后的余额。未分配利润项目中所有者权益的比率越高，说明企业盈利能力越强。

(二)总债务流量比率

1. 利息保障倍数

利息保障倍数是指企业生产经营所获得的息税前利润与利息费用的比率，又称已获利息倍数或企业利息支付能力，用公式表示为

$$利息保障倍数 = \frac{息税前利润}{利息费用}$$

$$= \frac{利润总额+利息费用}{利息费用}$$

$$= \frac{净利润+利息费用+所得税费用}{利息费用}$$

式中的分子"息税前利润"可以用"利润总额+利息费用"来测算，也可以用"净利润+利息费用+所得税费用"来测算。使用息税前利润的原因有两个。①如果使用税后利润，不包括利息费用，将会低估企业偿付利息的能力。因为利息是税前支付，故应将利息费用加回到"税后利润"项目中。②如果使用税后利润，不包括所得税，也会低估企业偿付利息的能力。因为所得税是在支付利息后才计算的，将其加回对偿付利息能力不产生影响。

式中的分母"利息费用"是指本期发生的全部应付利息，包括财务费用中的利息费用、计入固定资产成本的资本化利息。资本化利息虽然不在损益表中扣除，但仍然是要偿还的。利息保障倍数就是要衡量企业支付利息的能力，因此，"利息费用"应包括全部利息。比如为在建工程而向银行借款的当年利息也是一种应资本化利息，只要在建工程尚未完工，借款利息就应计入资产负债表的"在建工程"项目。这项利息不反映在利润表中，但与利息费用一样，是企业的应付利息，理应包括在利息费用中。

【例6-15】蓝光公司2009年税前利润总额为200万元，利息费用为57万元。则该公司的利息保障倍数为：

本年利息保障倍数 = (200+57)÷57=4.51

利息保障倍数指标不仅反映了企业获利能力的大小，而且反映了获利能力对偿还到期债务的保证程度，表明每1元债务利息有多少倍利息税前利润作保障，可以反映债务政策

的风险大小。它既是企业举债经营的前提依据,也是衡量企业长期偿债能力大小的重要标志。利息保障倍数过低,企业将面临亏损、偿债的安全性与稳定性下降的风险。如果利息保障倍数小于1,则说明企业无力赚取大于借款成本的收益,企业没有足够的付息能力;如果利息保障倍数刚好等于1,则说明企业刚好能赚取相当于借款成本的收益,但是由于息税前利润受经营风险影响,收取利息仍然缺乏足够的保障。因此要维持正常的偿债能力,利息保障倍数至少应大于1,且比值越高,企业长期偿债能力越强。企业经营风险越大,要求的利息保障倍数越大。在经营风险一定的情况下,利息保障倍数越大,则支付利息的能力越强。

本着稳健性原则,利用利息保障倍数分析企业偿付其利息费用的能力,应选择若干年(如5年)中最低的指标值作为最基本的偿付利息能力指标。因为在借入资金等额的前提下,每年的利息支出相等。以最低年度的数据为依据,可以了解企业最低偿付利息的能力。

【例6-16】表6-4是蓝光公司连续5年的利息保障倍数,请进行分析。

表6-4 利息保障倍数趋势分析表

项目	2015年	2016年	2017年	2018年	2019年
利息保障倍数	3.21	3.9	4.42	4.13	4.51

从表6-4中可以看出:①蓝光公司连续5年的利息保障倍数均大于3,最低的利息保障倍数为2015年的3.21,说明该公司具备偿付利息的能力。从理论上说,只要利息保障倍数大于1,企业就能偿付债务利息。该指标值越大,债权人利益受保障程度越高。这说明借款带给蓝光公司的风险很小。②该公司的利息保障倍数有一定幅度的变动,2015—2017年逐年上升,2018年出现下降,2019年该指标又开始上升,从总体上看,该公司偿还利息的能力增强,风险降低。

2. 现金流量利息保障倍数

现金流量利息保障倍数是指经营活动现金净流量为利息费用的倍数,用公式表示为

$$现金流量利息保障倍数 = \frac{经营活动现金流量}{利息费用}$$

式中的分子"经营活动现金流量",通常使用现金流量表中的"经营活动产生的现金流量净额"。公式中的分母"利息费用",可以用财务费用金额作为利息费用,也可以根据报表附注确定更准确的利息费用金额。

【例6-17】蓝光公司本年经营活动产生的现金流量净额为333万元,利息费用为57万元。则:

$$本年现金流量利息保障倍数 = \frac{333}{57} = 6$$

现金流量利息保障倍数是现金基础的利息保障倍数,表明每1元利息费用有多少倍的经营活动现金流量作保障。它比收益基础的利息保障倍数更可靠,因为实际用以支付利息的是现金,而非收益。

3. 现金流量债务比

现金流量债务比,是指经营活动现金流量与债务总额的比率,用公式表示为

$$现金流量债务比 = \frac{经营活动现金流量}{债务总额} \times 100\%$$

式中的分子"经营活动现金流量",通常使用现金流量表中的"经营活动产生的现金流量净额"。公式中的分母"债务总额",一般来说,采用期末数而非平均数,因为实际需要偿还的是期末金额,而非平均金额。

【例6-18】蓝光公司本年经营活动产生的现金流量净额为333万元,根据资产负债表可知期末负债总额为1 122万元。则:

本年现金流量债务比=(333÷1 122)×100% =30%

该指标表明企业在债务期内预计的经营现金流量净额对全部债务的保障程度,反映企业的长期偿债能力。该指标越大,表明企业经营活动产生的现金流量净额越多,能够保障企业按期偿还到期债务,降低企业财务风险。

四、影响企业长期偿债能力的表外因素

上述长期偿债能力比率,都是根据财务报表数据计算而得,还应注意一些影响企业长期偿债能力的表外因素,主要包括以下几项。

(一)或有事项

或有事项是指过去的交易或事项形成的一种状态,其结果须通过未来不确定事项的发生或不发生予以证实。或有事项分为或有资产和或有负债。或有资产是指过去交易或事项形成的潜在资产,其存在要通过未来不确定事项的发生或不发生予以证实。如诉讼判决时得到补偿形成的或有资产。或有负债是指过去的交易或事项形成的潜在义务,其存在须通过未来不确定事项的发生或不发生予以证实;或过去的交易或事项形成的现时义务,履行该义务不是很可能导致经济利益流出企业或该义务的金额不能可靠地计量。如已贴现商业承兑汇票形成的或有负债;未决诉讼、仲裁形成的或有负债;为其他单位提供债务担保形成的或有负债。

(二)承诺

承诺是企业对外发出的将要承担的某种经济责任和义务。企业为了经营的需要,常常要做出某些承诺,如对客户承诺提供产品质量保证或保修;对参与合资的另一方承诺为其提供银行担保等。这种承诺有时会大量增加该企业的潜在负债或承诺义务,但却没有通过资产负债表反映出来。因此,在进行企业长期偿债能力分析时,报表分析者应根据报表附注及其他有关资料等,判断承诺变成真实负债的可能性,判断承诺责任带来的潜在长期负债,并做相应的处理。

(三)金融工具

金融工具是指引起一方获得金融资产并引起另一方承担金融负债或享有所有者权益的契约。比如,债券、股票、基金及金融衍生工具等。与偿债能力有关的金融工具主要是债券和金融衍生工具。

报表使用者在分析企业的长期偿债能力时,要注意结合具有资产负债表表外风险的金融工具记录,并分析信贷风险集中的信用项目和金融工具项目,综合起来对企业偿债能力作出判断。

短期偿债能力和长期偿债能力的关系.doc

拓展阅读

"短期偿债能力和长期偿债能力的关系"的内容扫右侧二维码。

第四节 案例分析

本小节继续对新开普进行偿债能力的分析。

一、短期偿债能力分析

(一)影响该企业短期偿债能力的因素分析

影响企业短期偿债能力的因素有流动资产的规模与质量、流动负债的规模与质量、企业的经营现金流量。流动资产越多,企业短期偿债能力越强;流动负债规模越大,企业在短期内需要偿还的债务负担越重;企业现金流量取决于企业经营状况和融资能力,经营状况良好,则企业短期偿债能力越强。

影响企业短期偿债能力的除了表内项目外还有表外的内容,表外因素包括:可动用的银行贷款指标,企业准备很快变现的长期资产,企业偿债能力的信誉等几方面。

(二)计算比率

计算新开普近三年(2015—2017年,下同)流动比率、速动比率、现金比率,和最后一年的行业均值一并列示在表格中,如表6-5所示。

表6-5 短期偿债能力

比率	2015年	2016年	2017年	2017年行业平均值
流动比率	1.29	2.23	2.19	1.90
速动比率	0.93	1.86	1.84	1.56
现金比率	0.41	1.22	1.04	0.67

(三)短期偿债能力评价

这三个指标三年来都是先增长后略微降低,但总体上呈上升趋势,且高于行业平均值,说明该公司的短期偿债能力有所提高,短期债权人利益的安全程度也有所升高。但现金比率过高,是行业平均值的近两倍,说明企业可能存在现金及等价物限制过多,没有充分地利用现金资源,经营者可能过于保守。总的来说,在同行业中,新开普的短期偿债能力比较强。

二、长期偿债能力分析

(一)影响该企业长期偿债能力的因素分析

影响长期偿债能力的因素：企业的资本结构，企业的获利能力，企业长期资产的规模与结构。

(二)计算比率

近三年资产负债率、产权比率、固定长期适合率、已获利息倍数、利息现金流量保证倍数、现金债务总额比率，和最后一年的行业均值一并列示在表格中，如表6-6所示。

表6-6　长期偿债能力

比　　率	2015 年	2016 年	2017 年	2017 年行业平均值
资产负债率/%	38.73	32.91	32.27	37.99
产权比率/%	61.28	47.60	46.27	61.26
已获利息倍数	-1 459.24	12.73	25.19	11.91
现金流量利息保证倍数	-1 647.91	16.78	11.87	5.56
现金债务总额比率	0.15	0.24	0.10	0.06

(三)长期偿债能力评价

资产负债率是衡量企业负债水平及经营风险的重要标志。负债对企业来说，是一把双刃剑：一方面，负债增加了企业的风险，借债越多，风险越大；另一方面，债务成本低于权益资本成本，增加债务可以改善企业盈利水平，提高股价增加股东财富。从表6-6中可以看到，企业近三年的资产负债率有所降低，2015年略高于行业平均值，2016年、2017年均低于行业平均值，表明企业的长期偿债能力有所增强，长期经营风险有所下降。

产权比率表明每一元所有者权益借入的债务额，侧重于揭示财务结构的稳健程度以及自有资金对偿债风险的承受能力。该指标表明由债权人提供的和由投资者提供的资金来源相对关系，反映企业基本财务结构是否合理稳定，同时也表明债权人投入资本受到股东权益的保障程度。从表6-6中可以看到，近三年来企业的产权比率均在下降，并且均低于行业平均水平，一般来说，产权比率越低，企业长期偿债能力越强，债权人权益保障程度越高，承担的风险越小，表明企业的长期偿债能力比较强。

企业的已获利息倍数近三年来均处于增长状态，2016年、2017年均高于行业平均水平，表明企业长期偿债能力增强。

现金流量利息保证倍数三年来均处于增长状态，2016年、2017年均高于行业平均水平，表明企业长期偿债能力增强。

现金债务总额比率2015年到2016年来处于增长状态，2017年略有下降，三年来现金债务总额比率均高于行业平均水平，表明企业长期偿债能力增强，它比收益基础的利息保障倍数更可靠，因为实际用于支付的是现金，而非收益。

三、分析结论

　　分析发现,企业近三年来短期偿债能力和长期偿债能力均有所增强,且基本上都高于行业平均值,说明该公司在行业内具有较强的偿债能力。2017 年企业的现金债务总额比率有所下降,是由于企业经营活动产生的现金流量减少导致的,企业应该加强对销售商品、提供劳务现金流入量的投入,从而提高企业经营活动现金的流入量、提高现金债务总额比率。

　　另外企业可以适当地增加负债,改善企业盈利水平,提高股价,增加股东财富。

思 考 题

1. 简述企业偿债能力分析的意义。
2. 短期偿债能力及长期偿债能力的影响因素是什么?
3. 简述企业短期偿债能力和长期偿债能力的关系。

第七章 企业盈利能力分析

知识要点:

盈利能力是企业赚取利润的能力,最大限度地获取利润是所有企业的共同目标。一个企业只有在盈利的情况下才能持续、稳定地发展。企业的盈利能力对于所有相关利益主体来说都非常重要。但不同利益主体对盈利能力的关注角度不同,使用的分析指标也有差异。

本章分析了企业投资盈利能力、企业经营盈利能力,并且对如何分析评价企业盈利的质量进行了较为详细的阐述。

第一节 企业盈利能力分析概述

一、企业盈利能力分析的目的

盈利能力是指企业在一定时期内获取利润的能力。保持最大的盈利能力是企业财务工作的目标,同时也是企业实现持续健康发展的根本保证。由于盈利能力是企业组织生产经营活动、销售活动和财务管理水平高低的综合体现,因而企业盈利能力是企业所有利益相关者共同关注的问题。

(1) 从企业管理当局出发,其从事经营管理,本着对企业董事会乃至全体股东负责的态度,其出发点和落脚点都是围绕着利润展开的,在企业持续不断地扩大资产规模的同时,必须保持利润同步增长。最大限度地获取利润是企业持续稳定发展的保障,两者之间是互相制约、相辅相成的关系。所以对企业盈利能力进行分析对于企业管理层至关重要。首先利用企业盈利能力指标计算出的结果可以从数据上反映和衡量企业管理层的经营业绩。不仅可以从纵向(企业历年数据比较)进行分析,还可以从横向(同行业不同企业之间的数据比较)进行分析,从比较中发现问题、解决问题、找出差距,改善企业经营管理层的经营业绩。其次通过对企业盈利能力的分析可以使管理层找出经营环节中存在的问题。企业的供、产、销等经营环节的具体表现最终都会反映到利润这个指标上来,企业经营层只有找出利润"缩水"的症结所在,对症下药,才能为股东创造更大的利润。

(2) 从企业的投资者出发,其最关注、最敏感的莫过于企业的利润指标了,投资者将资本投入企业最直接的目的就是获取比银行利率要高的投资回报率,而此指标最关键的影响数值就是利润。尤其是上市公司,股东一般都看好成长性好、有极强潜力的股票,且利润增长会引起股价的上涨,从而使股东获取资本收益。

(3) 从企业的债权人出发,企业的盈利能力是其偿还债务的重要保障,盈利能力越强,其偿债能力就越强。尤其是长期债权人,盈利的大小是其债权收回的最后保证。企业在举债时,债权人势必要审查企业的偿债能力,而企业经常性的销售利润是债权人放款时对安全性考虑的保障,偿债能力的强弱最终还得取决于企业的盈利能力。

(4) 从政府税务部门角度出发,其最关心的是纳税人的应纳税款是否能够及时足额地上缴国库,而影响纳税人纳税的最关键因素莫过于企业当期是否产生了利润。所以企业盈利能力的强弱是纳税人纳税的直接来源,盈利的多少直接影响国家财政收入的实现。

二、企业盈利能力分析的内容

盈利能力的分析是企业财务分析中重要的一项内容。对企业盈利能力的分析主要通过利润率指标来进行。尽管利润额绝对数可以说明企业在一定时期其财务状况的增减变动情况及其原因,同时为企业的经营管理指明方向,但是绝对数指标受企业规模或投资总量的影响较大,一方面使不同规模的企业之间不便于比较,同时也不能通过一个相对指标来反映企业一定时期的盈利能力,所以对企业盈利能力的分析不仅包括对企业利润额绝对数的分析,而且包括对企业利润率相对数的分析。

企业盈利能力分析主要包括以下几个方面。
(1) 企业投资盈利能力分析。
(2) 企业经营盈利能力分析。
(3) 上市公司盈利能力分析。

第二节 企业投资盈利能力分析

投资盈利能力分析是指通过对实现利润和占用投入资金比率的分析,用来评价企业投入资金的增值能力。企业资金主要来自于债权人权益和所有者权益。资金一旦投入企业,就必然形成各种形态的资产。企业在一定时期占用的资产越少,获取的利润越大,资产的获利能力就越强。因此,可以进行资产盈利能力的分析,衡量资产的运用效益,从总体上反映投资效果。另一方面,由于所有者权益资本在企业发展中具有举足轻重的地位,企业必须提高投资报酬,以吸引现有投资者继续投资以及潜在投资者进行投资。因此,投资盈利能力分析又可以立足于所有者的角度,进行所有者投资盈利能力分析,即资本盈利能力的分析。

综上所述,投资盈利能力分析应包括资产盈利能力分析和资本盈利能力分析。资产盈利能力分析可侧重总资产报酬率的分析,资本盈利能力分析可侧重净资产收益率的分析。

一、资产盈利能力分析

(一)资产盈利能力概念及衡量指标

公司从事经营活动,必须具备一定的资产。公司在一定时期内占用和耗费的资产越少,获取的利润越大,资产的盈利能力越强,经济效益就越好。反映资产盈利能力的指标是总资产报酬率,即息税前利润与平均总资产之间的比率,其计算公式为

$$总资产报酬率 = \frac{利润总额 + 利息支出}{平均总资产} \times 100\%$$

式中,利润总额是指企业实现的全部利润;利息支出是指企业在生产经营过程中实际支出的借款利息、债权利息等。分子中包括利息支出,因为利息支出的本质是公司纯收入

的分配，属于公司创造利润的一部分。从融资渠道来讲，公司总资产分为产权性融资和债务性融资。产权性融资的成本是股利，以税后利润支付，其数额已经包含在利润总额之中；债务性融资的成本是利息支出，为了使分子和分母的计算口径一致，分子中也应该包括利息支出。

平均总资产是指企业资产总额年初数与年末数的平均值，其计算公式为

$$平均总资产=(期初资产总额+期末资产总额)÷2$$

总资产报酬率全面地揭示了在不考虑资产的来源，即融资种类差异的前提下，各类融资同等使用可以获得的平均收益率。一般情况下，企业可根据该指标与市场资本利率进行比较，如果该指标大于市场利率，则表明企业可以适度地利用财务杠杆进行负债经营，获取尽可能多的收益。

在使用该指标时应注意以下问题。

(1) 一般情况下，企业可以将该指标与市场利率进行比较。如果该指标大于市场利率，则表明企业可以充分利润财务杠杆，进行一定的负债经营，以更少的资本获取尽可能多的收益。

(2) 评价总资产报酬率时，仅用一期的比率是不行的，需要与前期的比率、与同行业其他企业这一比率进行比较评价。同时，为了进一步分析企业的总资产报酬率，还应对总资产报酬率进行因素分析，考察总资产周转率和销售利润率对企业总资产报酬率的影响程度。

(二)影响资产盈利能力指标的因素

为了进一步对企业总资产报酬率进行分析，可以把总资产报酬率的计算公式进行如下分解。

$$总资产报酬率 = \frac{利润总额 + 利息支出}{平均总资产} \times 100\%$$

$$= \frac{销售收入}{平均总资产} \times \frac{利润总额 + 利息支出}{销售收入} \times 100\%$$

根据总资产报酬率所反映的经济内容可知，影响该指标的因素有以下两点。

(1) 总资产周转率。其计算公式为

$$总资产周转率 = \frac{营业收入}{平均总资产} \times 100\%$$

(2) 销售息税前利润率。其计算公式为

$$销售息税前利润率 = \frac{利润总额 + 利息支出}{营业收入} \times 100\%$$

下式可反映出上述指标与总资产报酬率的关系。

$$总资产报酬率 = (总资产周转率 \times 销售息税前利润率) \times 100\%$$

可见，影响总资产报酬率的因素有两个：一是总资产周转率，这是反映企业资产营运能力的指标，说明企业资产的运用效率越高，总资产周转率越高，企业的总资产报酬率也越高；二是销售利润率，这是反映企业经营盈利能力的指标，销售利润率越高，总资产报酬率也越高。

(三)资产盈利能力因素分析

依据上述总资产报酬率计算公式,运用连环替代法或差额计算法可分析总资产周转率和销售息税前利润率对总资产报酬率的影响。

【例 7-1】XYZ 公司 2018 年和 2019 年的利润表,以及该公司 2017—2019 年净资产和总资产的数据分别见表 7-1 和表 7-2。

表 7-1　XYZ 公司 2018—2019 年利润表　　　万元

项　目	2019-12-31	2018-12-31
一、营业收入	56 014.69	55 356.49
减:营业成本	41 938.32	42 002.27
营业税金及附加	385.90	130.01
销售费用	2 975.85	3 413.23
管理费用	3 669.76	3 697.24
财务费用	422.39	103.23
资产减值损失	427.50	285.80
二、营业利润	6 194.97	5 724.71
营业外收入	280.97	28.36
减:营业外支出	13.39	108.20
其中:非流动资产处置净损失	3.67	16.31
三、利润总额	6 462.54	5 644.87
减:所得税	848.97	818.62
四、净利润	5 613.58	4 826.25
归属于母公司所有者的净利润	5 457.70	4 705.63
少数股东损益	155.87	120.63
五、每股收益		
(一)基本每股收益	0.45	0.39
(二)稀释每股收益	0.45	0.39

表 7-2　XYZ 公司 2017—2019 年资产状况　　　万元

项　目	2019-12-31	2018-12-31	2017-12-31
总资产	63 779.70	62 073.69	46 754.18
净资产	25 405.90	19 792.33	15 151.07
负债	38 373.79	42 281.37	31 603.11

根据 XYZ 公司的资料,整理分析后得出该公司资产经营盈利能力分析表,如表 7-3 所示。

根据表中的分析可确定总资产周转率和销售息税前利润率的变动对总资产报酬率的影响。

总资产报酬率的变动=10.94%-10.56%=0.38%

表 7-3　XYZ 公司资产经营盈利能力分析表　　　　　　　　　　　万元

项　目	2019-12-31	2018-12-31
营业收入	56 014.69	55 356.49
利润总额	6 462.54	5 644.87
利息支出	422.39	103.23
息税前利润	6 884.94	5 748.11
平均总资产	62 926.69	54 413.94
总资产周转率/%	89.02	101.73
销售息税前利润率/%	12.29	10.38
总资产报酬率/%	10.94	10.56

因素分析如下。

(1) 总资产周转率变动的影响=(89.02%-101.73%)×10.38%=-1.32%

(2) 销售息税前利润率变动的影响=89.02%×(12.29%-10.38%)=1.70%

分析结果表明，该企业 2019 年资产报酬率比 2018 年提高了 0.38%，是由于息税前利润率提高的影响，它使总资产报酬率提高了 1.70%；而总资产周转率却使总资产报酬率降低了 1.32%，否则总资产报酬率会有更大的提高。由此可见，要提高企业的总资产报酬率，增强企业的盈利能力，就要从总资产周转率和销售息税前利润率两方面努力。

二、资本盈利能力分析

(一)资本盈利能力的概念及衡量指标

资本盈利能力即资本经营盈利能力，是指企业的所有者通过投入资本经营取得利润的能力。它反映资本经营盈利能力的基本指标是净资产收益率、资本金利润率和资本保值增值率。

1. 净资产收益率

净资产收益率，即企业本期净利润与净资产的比率，其计算公式为

$$净资产收益率 = \frac{净利润}{平均净资产} \times 100\%$$

式中，净利润是指企业的税后利润，即利润总额扣除所得税后的净额；净资产是指企业资产减去负债后的余额，包括实收资本、资本公积、盈余公积和未分配利润等，即资产负债表中的所有者权益部分。平均净资产是指企业年初所有者权益同年末所有者权益的平均数，其计算公式为

$$平均净资产 = \frac{所有者权益年初数 + 所有者权益年末数}{2}$$

证监会发布的《公开发行证券的公司信息披露内容与格式准则第二号：年度报告的内容和格式》中规定的净资产收益率的计算公式为

$$\text{净资产收益率} = \frac{\text{净利润}}{\text{年度末股东权益}} \times 100\%$$

这是基于股份制企业的特殊性：在增加股份时新股东要超面值缴入资本并获得同股同权的地位，期末的股东对本年利润拥有同等权利。此外，这样计算也可以和每股收益、每股净资产等按"年末股份数"的计算保持一致。

净资产收益率是反映企业自有资本及其积累获取报酬水平的最具有综合性与代表性的指标。该指标不受行业不同的限制，通用性强，适用范围广。一般来说，净资产收益率越高，资本运营效益越好，投资者和债权人受保障的程度也越高。在我国国有资本效绩评价指标体系中，净资产收益率指标所占权重大大高于其他指标，高达 30%。由此可见，净资产收益率在企业效绩评价中处于重要地位。

2. 资本金利润率

资本金利润率是指净利润与企业所有者投入资本的对比关系，用以表明企业所有者投入资本赚取利润的能力。其计算公式为

$$\text{资本金利润率} = \frac{\text{净利润}}{\text{资本金总额}} \times 100\%$$

式中，资本金是指企业的注册资金总额，资本金总额的数据取自资产负债表中的实收资本项目，可以直接用期末数计算，在本期实收资本发生较大变化的情况下，应该取期初实收资本与期末实收资本的平均值。以实收资本做分母计算的利润率，反映投资者原始投资的获利能力。可以将资本金利润率进行如下分解。

$$\text{资本金利润率} = \left(\frac{\text{净利润}}{\text{平均净资产}} \times \frac{\text{平均净资产}}{\text{资本金总额}} \right) \times 100\%$$

$$= \text{净资产收益率} \times \text{净资产与资本总额的比率}$$

由此可见，资本金利润率主要受净资产收益率和净资产与资本金总额的比率两个因素的影响。

在使用资本金利润率时应注意以下问题。

(1) 资本金是企业在工商行政管理部门登记时的注册资金，即注册资本。在实收资本制下，投资者需一次性缴付其出资额，实收资本与注册资本保持一致；但在授权资本制下，投资者只需缴纳第一期出资便可成立公司，公司成立之后再委托董事会继续筹措资本，这样，资本金与注册资本可能并不相等。

(2) 资本金利润率反映了投入资本的获利水平，它并非企业每期实际支付给所有者的利润率。因为利润净额需按规定提取公积金等，不能全部用来作为股利进行分配。

现结合 XYZ 公司资本盈利能力分析表(见表 7-4)，对其资本金利润率的变动分析如下。

根据表 7-4 的资料计算 XYZ 公司 2018 年与 2019 年资本金利润率变动=56.14%-48.34%=7.8%，对资本金利润率的变动进行因素分析得到：

净资产收益率变动的影响=(24.84%-27.62%)×1.75=-4.87%

净资产与资本金总额的比率变动的影响=24.84%×(2.26-1.75)=12.67%

从上面的分析可以看出，净资产收益率的降低使得资本金利润率降低了，而净资产与资本金总额的比率变动却使资本金利润率提高了 12.67%，最后总的影响是 2019 年的资本金

利润率比 2018 年提高了 7.8%。可以看出,问题出在净资产收益率的比率上,应反思企业的盈利能力。

表 7-4　XYZ 公司资本盈利能力分析表　　　　　　　　　　　万元

项　目	2019-12-31	2018-12-31
资本金总额	10 000	10 000
净利润	5 613.58	4 826.25
平均净资产	22 599.12	17 471.7
净资产收益率	24.84%	27.62%
净资产与资本金总额的比率	2.26	1.75
资本金利润率	56.14%	48.34%

3. 资本保值增值率

企业通过资产的投入和周转,收回资产消耗后产生了净利润。如果企业在资产使用和周转过程中盈利,企业资产就增值;如果企业经过一个运营周期后发生亏损,企业资产就流失。反映企业保值增值的指标是资本保值增值率,其计算公式为

$$资本金利润率 = \frac{期末所有者权益总额}{期初所有者权益总额} \times 100\%$$

该指标主要反映企业资本的完整性和保全性,大于 100%表示实现了增值,等于 100%表示保值,小于 100%表示企业的资产贬值、资本流失。

所有者权益指的是企业的净资产,用净资产而不用总资产来检验企业资产的保值增值,是因为企业总资产的增减,并不能说明企业是否实现了资产的保值增值,企业总资产的增加有可能是企业借债增加的结果。

企业投资于生产经营活动的资产,其资金一部分来源于自有资金,即会计上的所有者权益,另一部分来源于债权资金,即会计上的负债。在某一时点,企业资产等于负债与所有者权益之和。企业的费用相当于企业资产的耗费和占用。企业的收入相当于企业的资金来源。因此得到如下公式。

$$资产+费用=负债+期初所有者权益+收入$$

移项变换,得

$$收入-费用=资产-负债-期初所有者权益=新增资产$$

企业实现的利润是企业在一定时期的收入和费用支出的差额。根据上式,企业实现的利润在分配利润之前正好等于企业的新增资产。这说明企业资产的保值增值情况,可以在一定程度上反映企业的盈利能力。

当企业利润为零时,所有者权益无增减变化,企业资产实现了保值;当企业利润为正时,所有者权益中未分配利润增加,企业资产实现了增值;当企业利润为负时,即企业亏损,所有者权益减少,企业资产减少。

运用该指标分析时需要注意,有时资本保值增值率有较大的增长,并不是通过企业自身生产经营提高经济效益的结果,而是由于投资者对企业注入了新的资金。因此,分析时要区别是投资者的新投资(实收资本、资本公积),还是企业经营所得(盈余公积、未分配利润)。

(二)影响资本盈利能力的因素

影响净资产收益率的因素主要有总资产报酬率、负债利息率、企业资本结构或负债与所有者权益之比和所得税率等。

(1) 总资产报酬率。净资产是企业全部资产的一部分,因此,净资产收益率必然受企业总资产报酬率的影响。在负债利息率和资本构成等条件不变的情况下,总资产报酬率越高,净资产收益率就越高。

(2) 负债利息率。负债利息率之所以影响净资产收益率,是因为在资本结构一定的情况下,当总资产报酬率高于负债利息率时,增加负债将对净资产收益率产生有利影响;反之,在总资产报酬率低于负债利息率时,增加负债将对净资产收益率产生不利影响。

(3) 企业资本结构或负债与所有者权益之比。当总资产报酬率高于负债利息率时,提高负债与所有者权益之比,将使净资产收益率提高;当总资产报酬率低于负债利息率时,提高负债与所有者权益之比,将使净资产收益率降低。

(4) 所得税率。因为净资产收益率的分子是净利润即税后利润,因此,所得税率的变动必然会引起净资产收益率的变动。通常,所得税率提高,净资产收益率下降;反之,净资产收益率上升。

下式可反映出净资产收益率与各影响因素之间的关系。

$$净资产收益率 = \left[总资产报酬率 + (总资产报酬率 - 负债利息率) \times \frac{负债}{净资产} \right] \times (1 - 所得税率)$$

第三节 企业经营盈利能力分析

所谓企业经营,是在一定时期内,投入一定的人、财、物,实现相应的收入和利润,是供应、生产、销售的不断循环。企业经营盈利能力是衡量投资报酬率、资源利用率的基础,也是同一行业中各个企业之间比较工作业绩、考察管理水平的重要依据。企业经营盈利能力分析不考虑企业的筹资或投资问题,只研究利润与收入或成本之间的比率关系。其主要指标可分为两类:一是各种利润额与收入之间的比率,统称为收入利润率;二是各种利润额与成本之间的比率,统称为成本利润率。

一、企业收入利润率分析

反映收入利润率的指标主要有营业毛利率(销售毛利率)、营业利润率、营业净利率等。不同的收入利润率,其内涵不同,揭示的收入与利润关系不同,在分析评价中的作用也不同。

(一)营业毛利率

营业毛利率(销售毛利率),是指企业在一定时期销售毛利润同净销售收入的比率。它反映了企业业务的获利能力,表明企业每单位销售收入和扣除销售成本后有多少钱可以用于弥补各项期间费用,从而形成盈利,是评价企业营销盈利能力的主要指标之一。其计算公式为

$$营业毛利率 = \frac{销售毛利润}{净销售收入} \times 100\%$$

式中,"净销售收入"是指扣除销售折让、销售折扣和销售退回之后的销售收入;"销售毛利润"是指企业营业收入扣除营业成本后的差额,它可以在一定程度上反映企业生产环节的效率高低。毛利润是企业获得利润的起点,也是企业向利益相关的各方分配现金流的起点。一般而言,管理费用和销售费用具有刚性,在一定的经营范围和规模内,这些费用不会随着企业的生产量或者销售量而改变,利息费用也比较稳定,与生产量或者销售量无关。企业的毛利润首先应该补偿近乎不变的期间费用、利息费用后,才能为所有者创造利润。较高的销售毛利率预示了企业获取较多利润的可能性比较大。

有关营业毛利率的分析如下。

(1) 营业毛利率体现了企业经营活动的盈利能力,没有足够大的营业毛利率,就无法形成企业的最终利润。在分析该指标时,应结合企业的销售收入、销售成本,深入分析企业在成本控制、费用管理、产品营销、经营策略等方面的不足与成绩。

(2) 该指标具有明显的行业特点。一般而言,营业周期短、固定费用低的行业,营业毛利率比较低;营业周期长、固定费用高的行业,需要有较高的毛利率,以弥补其巨大的固定成本。在分析企业的毛利率时,必须与企业的目标毛利率、同行业平均水平加以比较,以正确评价本企业的盈利能力,找出问题的根源,寻找提高盈利能力的途径。

(二)营业利润率

营业利润率,是指营业利润与产品净销售收入的比率。营业利润是指销售利润扣除管理费用、财务费用、销售费用和营业税金及附加后的数额。其计算公式为

$$营业利润率 = \frac{营业利润}{净销售收入} \times 100\%$$

有关该指标的分析如下。

(1) 营业利润率不仅考核主营业务的盈利能力,还考核非主营业务的盈利能力。有些公司在主营业务不景气的情况下,利用自身条件,开展其他业务,对主营业务起到了补充作用,使盈利能力保持一定的稳定性和持久性。

(2) 营业利润率不仅反映全部业务收入与其直接相关的成本、费用之间的关系,还将期间费用从收入项目中扣除。期间费用中大部分项目是属于维持公司一定时期生产经营能力所必须发生的固定性费用,必须从当期收入中抵补,公司的全部业务收入只有抵扣了营业成本和全部期间费用后,所剩余的部分才能构成公司稳定的盈利能力。

(三)营业净利率

营业净利率(销售净利率),是指企业实现净利润与净销售收入的对比关系。其计算公式为

$$营业净利率 = \frac{净利润}{净销售收入} \times 100\%$$

式中,净利润是企业利润总额按国家规定缴纳所得税后剩余的部分,而利润总额是营业利润、投资净收益、营业外收支净额、补贴收入、减值损失等之和。销售净利率在分析企业的盈利能力时,其范围比营业利润率更大。

对营业净利率的分析应注意以下问题。

(1) 因为净利润包含波动较大的营业外收支净额和投资收益,所以,该指标年度之间的变化可能会很大。企业的短期投资者和债权人更关心这一指标,因为他们的利益主要在企业当期。但是对于企业管理者及所有者来说,则应将该指标数额与净利润的内部构成结合起来进行分析,因为本期营业净利率的升降可能是营业外项目起了很大的影响作用。在这种情况下,就不能简单地认为企业的管理水平提高或下降了,而应结合营业毛利率和营业利润率进行综合分析。

(2) 对单个企业来说,营业净利率指标越大越好,但各行业内的竞争能力、经济状况、利用负债融资的程度及行业经营的特征各不相同,这使得不同行业内各企业间的销售净利率大不相同。因此,在使用该指标进行分析时,还应将企业的个别销售净利率指标与本行业内其他企业进行对比分析。

【例 7-2】下面根据利润表(见表 7-1)及现金流量表(见表 7-5)的资料,结合上述企业收入利润率的计算公式,计算 XYZ 公司 2019 年的收入利润率与 2018 年对比的变动情况,见表 7-6。

表 7-5 XYZ 公司的现金流量表   万元

项 目	2019-12-31	2018-12-31
一、经营活动产生的现金流量		
销售商品、提供劳务收到的现金	30 938.92	35 235.02
经营活动现金流入小计	31 235.26	36 772.26
购买商品、接受劳务支付的现金	18 603.96	23 670.28
经营活动现金流出小计	28 777.04	34 403.92
经营活动产生的现金流量净额	2 458.22	2 368.34
二、投资活动产生的现金流量		
投资活动现金流入小计	380.35	
投资活动现金流出小计	2 472.38	3 993.58
投资活动产生的现金流量净额	-2 092.03	-3 993.58
三、筹资活动产生的现金流量		
吸收投资收到的现金		475.00
取得借款收到的现金	10 200.00	5 000.00
收到其他与筹资活动有关的现金	51.08	45.31
筹资活动现金流入小计	10 251.08	5 520.31
偿还债务支付的现金	6 300.00	3 500.00
分配股利、利润或偿付利息支付的现金	1 055.66	1 676.09
支付其他与筹资活动有关的现金	644.51	140.39
筹资活动现金流出小计	8 000.17	5 316.48
筹资活动产生的现金流量净额	2 250.91	203.83

第七章 企业盈利能力分析

表7-6 XYZ公司收入利润率分析表   %

项目	2019年	2018年	差异
营业利润率	11.06	10.34	0.72
营业毛利率	25.13	24.12	1.01
营业净利率	18.14	13.70	4.44

从表7-6中可以看出，XYZ公司2019年各项收入利润率较上年都有所提高，说明产品经营盈利能力增强。各收入利润率从不同的角度或口径，说明了企业收入的盈利情况。其中，提高幅度最大的是营业净利率，比上年提高了4.44%，说明企业销售收入的获利能力增强。对收入利润率的分析，还可在此基础上进一步研究各收入利润率之间的关系，从而找出某利润率提高受其他利润率的影响状况。

二、企业成本利润率分析

成本利润率即不同的利润形式与不同的费用形式之间的比率。反映成本利润率的指标有许多形式，主要有：营业成本毛利润率、营业成本费用利润率、全部成本费用利润率等。

(一)营业成本毛利润率

营业成本毛利润率，指营业毛利润与营业成本之间的比率。其计算公式为

$$营业成本毛利润率 = \frac{营业毛利润}{营业成本} \times 100\%$$

式中，营业毛利润是指企业的营业收入减去营业成本后的余额，是企业生产经营第一个层次的业绩；营业成本是指企业经营主要业务而发生的实际成本，是为取得营业收入所付出的代价。企业营业成本主要反映资源的耗费情况。对营业成本毛利润率进行分析时应注意，为了正确反映每一会计期间的收入、成本和利润情况，根据收入和费用配比原则，企业应在确认收入的同时或同一会计期间结转相关的成本。如果一项交易收入尚未确认，即使商品已经发出，相关的成本也不能结转。

(二)营业成本费用利润率

营业成本费用利润率，是指营业利润与营业成本费用总额的比率。其计算公式为

$$营业成本费用利润率 = \frac{营业利润}{营业成本费用总额} \times 100\% = \frac{营业利润}{营业成本 + 期间费用} \times 100\%$$

式中，营业利润是企业的营业收入减去营业成本、营业税金及附加、期间费用等项，加上投资净收益后的余额，是企业生产经营第二层次的业绩；期间费用包括销售费用、管理费用以及财务费用等；营业成本费用总额包括营业成本、营业税金及附加和期间费用。

(三)全部成本费用利润率

该指标的计算公式为

$$全部成本费用利润率 = \frac{利润总额}{全部成本费用总额} \times 100\%$$

$$= \frac{利润总额}{营业成本费用总额 + 营业外支出} \times 100\%$$

式中，利润总额是企业营业利润加上营业外收支净额，是企业生产经营第三层次的业绩。利润总额代表了企业当期综合的盈利能力和为社会所做的贡献。营业外支出是指企业发生的与本企业生产经营无直接关系的各项支出，包括固定资产盘亏、债务重组损失、罚款支出、捐赠支出等。

以上各种利润率指标反映了企业投入产出水平，即所得与所费的比率，体现了增加利润是以降低成本及费用为基础的。这些指标的数值越高，表明生产和销售产品的每 1 元成本及费用所取得的利润越多，劳动耗费的效率越高；反之，则说明每耗费 1 元成本及费用实现的利润越少，劳动耗费的效益越低。所以，成本利润率是综合反映企业成本效益的重要指标。

对于企业的经营管理者来说，成本利润率可以告诉经营决策者企业的生产经营在哪些方面存在问题，需要加以改进。成本利润率也是正指标，即指标值越高越好。分析评价时，可将各指标实际值与标准值进行对比。标准值可根据分析的目的与管理要求确定，或为本企业预算指标，或为行业平均值。

【例 7-3】根据利润表(见表 7-1)资料并结合上述企业成本利润率计算公式，计算与分析 XYZ 公司的成本利润率，见表 7-7。

表 7-7 XYZ 公司成本利润率分析表   %

项 目	2019 年	2018 年	差 异
营业成本毛利润率	14.77	13.63	1.14
营业成本费用利润率	12.43	11.53	0.90
全部成本费用利润率	11.26	9.70	1.56

从表 7-7 中可以看出，XYZ 公司 2019 年成本利润率各指标比 2018 年都有所提高，说明企业利润增长速度快于成本费用的增长速度。对成本利润率的进一步分析，可以参考行业平均值分析，以评价企业的成本利润率在行业内所处的水平。

第四节 上市公司盈利能力分析

上市公司是经国家证券监管机构批准在证券交易所挂牌交易，通过向社会公开发行股票而募集资金的股份有限公司。由于上市公司资金来源广泛，股东及债权人分散，为了维护投资者的利益，上市公司必须遵守会计信息公开制度，即将其主要的会计报表，经注册会计师审计后，通过证监会指定网站向全社会公布。上市公司公布的信息很多，正确地解读并利用这些信息，对于投资者正确地评价股票或上市公司发行的其他证券，并作出科学的投资决策是十分重要的。

上市公司的股票公开向社会发行，并挂牌交易，这是它区别于其他组织形式的企业的根本点。上市公司的股东持有其股票，就必然非常关心其投资报酬。股东购买上市公司的股票，其投资报酬主要来自两方面：一是股价的上涨。股票是一种具有强流动性和高风险性的有价证券，股东可以通过短期或长期持有公司股票，通过股价的上升来获得投资报酬。所以公司的中报、年报是股东们极其关注的信息载体，而报告内有关公司盈利能力的披露更是股东们关注的焦点。二是年终股份公司的分红。对于股东们来说，在不转让股票的前提下，其持有公司股票而获得收益，主要来源于上市公司每年进行的股利分配。而获取投资报酬的多少，归根结底取决于公司盈利能力的强弱。

一个企业其股票如果上市交易，按照我国证券监督管理委员会的规定，它应承担向社会公开披露公司各方面信息的义务，如招股说明书、上市公告、定期报告、临时报告等。所以对广大财务分析者而言，在利用上市公司盈利能力分析指标进行公司评价时，一定要结合上市公司向社会披露的各项综合信息加以分析。下面对上市公司的主要指标进行简要分析。

一、每股盈余指标分析

(一)每股盈余

每股盈余也称每股收益，是指本年净利润与年末普通股股数的比值，表示公司每一普通股本年赚钱的多少。其计算公式为

$$每股盈余 = \frac{净利润}{年末普通股股数}$$

每股盈余用以衡量上市公司普通股股票的价值，也是反映其盈利能力最重要的指标，每股盈余越高，盈利能力就越强，普通股股价就越有上升的空间。在实际进行盈利能力分析时，还要对上市公司的每股盈余指标值进行横向(同行业不同公司间)和纵向(本公司不同年度)比较，进一步评价该公司盈利能力的趋势。

在计算每股盈余时，应注意上市公司的股票有普通股和优先股之分。财务制度规定，优先股股利在提取任意盈余公积金和支付普通股股利之前支付。因此，应该说普通股股东是公司资产权益真正的拥有者和公司风险的承担者。若公司发行了优先股，则计算每股盈余时，分子应是净利润扣除分配给优先股后的余额。若公司在会计年度内发行了新股或分派股票股利，则普通股股数，即公式中的分母的计算应是加权平均发行在外的普通股股数，即等于发行在外普通股股数与发行的月份数乘积的和，再除以12。

【例7-4】 根据前例数据，从利润表(见表7-1)中可知，2019年净利润为5 613.58万元，每股收益为0.45元，可计算出发行在外的普通股股数=5 613.58/0.45=12 475(万股)。

另外，在使用每股收益进行公司盈利性分析时，应注意：①每股收益并不反映公司蕴藏的潜在风险，如公司原先主营业务为低风险，现在转为一个高风险的行业，但其每股盈余可能不变。②每股收益高并不意味着当年公司分红就多，因为这还涉及公司股利分配政策和股利支付率的高低。

(二)每股股利

上市公司一般在支付优先股股利并提取任意盈余公积金后，再向普通股股东支付股利。

公司支付给普通股股东的股利总额与流通在外的普通股股份总额之比为每股股利。它代表公司每年从可供分配的利润中实际派发给普通股股东现金股利的多少。其计算公式为

$$每股股利 = \frac{派发给普通股股东的股利总额}{流通在外的普通股股份总额}$$

【例7-5】依上述例子表7-1、表7-5中的数据，计算2019年每股股利。

2019年每股股利=1 055.66/12 475=0.08(元/股)

(三)市盈率

市盈率是指普通股每股市价与每股盈余的比值。它是通过公司股票的市场行情，间接评价公司盈利能力的指标。其计算公式为

$$市盈率 = \frac{普通股每股市价}{普通股每股盈余}$$

市盈率是一个衡量上市公司股票的价格与价值的比例指标。可以简单地认为，市盈率高的股票，其价格与价值的背离程度就高。也就是说，市盈率越低，其股票越具有投资价值。

但是，单纯以"市盈率"来衡量不同股票的优劣和贵贱具有一些片面性。这是由于投资股票是对上市公司未来发展的一种期望，已有的市盈率只能说明上市公司过去的业绩，并不能代表公司未来的发展。

【例7-6】依上述例子的数据，若2019年年末市价为18元，计算市盈率如下。

市盈率=18/0.45=40(倍)

市盈率反映投资者每获得1元收益必须支付的价格，它是人们普遍关注的盈利指标，几乎所有的证券报刊、杂志等媒体都要登载各股票的市盈率。一般认为市盈率保持在20~30倍之间是正常的，一般来说，市盈率低说明股价低、风险小，值得购买；市盈率高则说明股价高、风险大，购买时应谨慎。

若公司在股市中保持较高的市盈率，或与其他上市公司比较偏离，说明公司的经营能力和盈利能力较强，具有很强的成长性，在股民中有很高的声誉，也会吸引股东们的注意力和购买力。因为股东们都认为，虽然从目前来说，获取1元钱收益付出的代价较昂贵，但都坚信将来随着公司的高成长性，其股票市价将会稳步上涨。当然，在利用市盈率指标时要注意：不同行业上市公司的市盈率有所不同。一般来说，"朝阳"产业市盈率偏高，"夕阳"产业市盈率偏低，但并不意味着"夕阳"产业就不吸引股东的投资，相反，在"朝阳"产业受挫或不景气的情况下，投资者会青睐于"夕阳"产业。另外，当公司本年每股盈余很小时，而其股票市价不会为零，则计算出的市盈率会很高，而这样的计算结果会完全偏离公司本身的盈利能力，因为这里面可能有投机者炒作的嫌疑。真正青睐某一股票的投资者，会长期关注其市盈率的变化趋势。

(四)股利支付率

股利支付率是指上市公司支付给普通股股东的股利总额占公司本年净利润的比重。此指标代表公司的股利分配政策。在目前我国证券市场上，上市公司派发现金股利的情况比较少，即使公司派发现金股利，其所派金额与其股价之比也是非常小的。而上市公司支付给普通股股东股利最常见的是股票股利。支付股票股利政策其实对于投资者而言，是所有

者权益内部项目的转化,而对公司的现金流量则没有任何增减。所以,对于公司的中小投资者而言,他们较青睐的是现金股利政策,获利最关键;而对于大投资者而言,他们较青睐的是股票股利政策,因为大投资者一般投资目的是为了长期持有本公司股票,从而达到拥有或控制本公司,或对该公司实施重大影响,所以他们对于公司的现金股利政策不感兴趣。股利支付率公式如下。

$$股利支付率 = \frac{支付给普通股股东股利总额}{本年净利润总额} \times 100\%$$

【例7-7】 依上述例子的数据,计算2019年的股利支付率。

2019年股利支付率=1 055.66/5 613.58×100%=18.81%

针对上市公司的经营管理层而言,他们既要留有一定的留存收益以保障本公司今后扩大再生产之需,又要保证给广大股东一个满意的股利支付额,所以对于上市公司的股利支付率的确定是广大职业经理人所面对的、财务管理领域内的一个需要权衡的问题。一般对于"夕阳"行业,既不需大量流动资金购买原材料,也不需大量固定资金购买设备、建造厂房等固定资产,如果现金流充足,它们的股利支付率就会较高;而对于"朝阳"产业或现金流紧张的公司则反之。

(五)留存收益率

公司一般须保留一定的利润留待以后作为发展基金,以备扩大再生产之用。留存收益是指公司净利润减去支付给全体股东股利后的余额。留存收益率是指留存收益与本年净利润之比,计算公式如下。

$$留存收益率 = \frac{净利润 - 全部股利}{净利润} \times 100\%$$

【例7-8】 依上述例子的数据,计算股利支付率。

留存收益率=(5 613.58-1 055.66)/5 613.58×100% = 81.19%

上市公司股利支付率和留存收益比率之间存在如下关系。

$$股利支付率+留存收益率=1$$

所以股利支付率=1-留存收益率=1-81.19%=18.81%

一般上市公司的资金筹措来自于内部筹资比例为 30%。公司认为有必要从内部筹措资金,即现金流量不足时,以便扩大公司经营规模,经董事会同意后可以提高留存收益率。如果公司不需要从企业内部筹措资金,为满足全体股东获得较高的现金股利支付要求时,公司可适当地降低留存收益率,从而使上市公司的股利支付率相应提高。

二、每股净资产指标分析

(一)每股净资产

每股净资产是上市公司年末股东权益与年末普通股股份总数的比值,它又叫每股账面价值或每股权益。其中股东权益未包括优先股股东权益。其计算公式如下。

$$每股净资产 = \frac{年末股东权益}{年末普通股股份总数}$$

【例 7-9】 依上述例子及表 7-4 中的数据,计算 2019 年每股净资产。

2019 年每股净资产=22 599.12/12 475=1.81(元)

每股净资产所代表的实质是每一普通股所含的净资产有多少。因公司的财产物资是采用按历史成本计价的方法,所以账面上的每股净资产会随着时间的推移发生增加或减少,因此该指标所代表的实质是历史的每股净资产。如 8 年前某外商用一无形资产对某公司进行投资,而随着时间的变化此项无形资产的价值如今已涨了好几倍,其实这项无形资产投资形成的实收资本如今账面上还是 8 年前的实收资本数额。这个 8 年前的数字,既不能说明如今可以值多少钱,也不能说明今后这项无形资产还有多大的上涨空间,除非公司要出售、变卖此项无形资产而聘请资产评估公司对它予以评估。从另一方面讲,每股净资产是股票在交易市场上的最低交易价格。倘若公司股票在市场上交易价格低于公司在报表中所披露的每股净资产,则对于投资者而言,公司进行破产清算可能是最好的选择,因为公司已没有存在的必要,而且投资者包括潜在的投资者都不会看好公司的未来发展前景。

(二)市净率

将每股净资产和其每股市价结合起来综合考虑,就出现了市净率指标,它是每股市价与每股净资产之比。其计算公式如下:

$$市净率 = \frac{每股市价}{每股净资产}$$

【例 7-10】 依上述例子的数据,计算市净率。

市净率= 18/1.81 = 9.94

市净率指标将公司股票的历史成本(分母)和现行市场交易价格(分子)结合起来,能够较全面地反映广大投资者对该公司所发行股票热衷的程度,同时也反映了该公司股票成长的潜力。该指标越大,说明该股票成长的可能性极大,发展潜力大,受投资者"追捧"的可能性极大;该指标越小,甚至小于 1,则说明该股票受投资者冷落,往往在股市上股票名称前冠以"ST"或"PT",俗称"垃圾股"。当然不排除公司通过资产重组,有"东山再起"的可能,所以这样的"垃圾股"在我国目前证券市场上很受某些股票投机者的青睐。市净率指标要进行横向(同行业不同企业间)和纵向(同企业不同时期)比较,以便及时发现本公司所存在的问题并及时解决,找出市净率发生异常变化的原因。

三、托宾 Q 指标分析

托宾 Q(Tobin Q)指标是指公司的市场价值与其重置成本之比。若公司的托宾 Q 值大于 1,表明市场对该公司的估价水平高于其自身的重置成本,该公司的市场价值较高。若公司的托宾 Q 值小于 1,则表明市场上对该公司的估价水平低于其自身的重置成本,该公司的市场价值较低。如果用 MV 代表市场价值,RC 代表重置成本,则 Q 可表述为:Q=MV/RC。Q 比率的重要性在于:对每一项资本资产而言,它提供了一个存量市场估价与重置成本的对比度,从而对该资本资产的后续增量投资产生了直接影响。例如,住宅建设成本的增加会提高存量房屋的价值,而存量住宅的价格上涨也会直接促进人们对新住宅的投资。这一机制同样适用于对企业的投资。所不同的是,资本市场为企业(从而也为企业的经营性资产)提供了一种连续而易变的市场估价,使这个市场变得更加难以把握,但其作用机制并无二致。

市场经济运行的逻辑是，对于任何事实上正在被生产的可再生性资产来说，Q 的正常均衡值为 1。如果 Q 值大于 1，则会刺激投资，从而使其投资超过重置和正常增长的需要；如果 Q 值小于 1，则会抑制投资。Q 值等于 1 时获得均衡，正是无套利原则的要求。Q 值大于 1 时，意味着市场对公司的估价超过其重置成本，从而使企业投资后进入资本市场变现成为一种套利机会；反之，Q 值小于 1 则意味着市场估价低于其重置成本，从而使市场并购行为较之于直接设立企业更合算。

第五节 盈利质量分析

一、盈利质量概述

(一)盈利质量的概念

关于盈利质量概念的表述，目前还没有一个统一的说法，国内相关文献中主要有以下两种观点。

1．现金保证说

现金保证说观点认为：盈利质量反映盈利的确认是否同时伴随相应的现金流入，即以应计制为基础的盈利是否与现金的流入相伴随。只有伴随现金流入的盈利才具有较高质量，具体表现为以应计制为基础计算的有关盈利指标数值与以现金制为基础计算的有关盈利指标数值的差异程度。一般而言，这一差异越小，盈利质量就越高。

2．业绩相关说

业绩相关说观点认为：盈利质量是指收益与评价公司业绩之间的相关性。如果盈利能如实反映公司的业绩，则认为其盈利质量高；如果盈利不能很好地反映公司的业绩，则认为其盈利质量低。

我们通常把上述两种观点结合起来理解盈利质量。

(二)盈利质量的外在特征

盈利质量高的公司具有以下特点：①持续的、稳健的会计政策，该政策对公司财务状况和净收益的计量是谨慎的；②公司的盈利是由经常性的与公司基本业务相关的交易所带来的，而不是一次性的，并且公司所依赖的业务具有较好的发展前景；③会计上所反映的利润能迅速转化为现金；④公司的债务水平相当；⑤盈利趋势是稳定的、可预测的；⑥资产的运转状况良好等。

盈利质量低的公司则情况相反。

(三)对盈利质量的评价

(1) 高质量盈利表明，这一收益较好地反映了公司的目前状况和未来前景，同时表明管理层对公司经济现实的评价较为客观。

(2) 低质量盈利表明，这一收益可能夸大了公司真实的经济价值，对公司状况进行粉饰或者表明管理层没有客观地反映公司的目前状况和未来前景。

(3) 盈利质量下降表明，相对于过去，公司目前状况和前景正在恶化。管理层通过降低收益质量来增加收益，企图向外界传递比公司实际状态要好的"经济状态"信息。

(4) 盈利质量上升表明，管理层持有的观点和政策越来越客观地反映了公司环境，同时也表明了公司通过经济价值创造活动，而不是依赖于降低收益质量的办法来提高收益，说明企业对自己的盈利能力有信心。

(四) 盈利能力与盈利质量的关系

盈利能力和盈利质量从不同的角度反映企业的盈利情况，二者各有侧重。盈利能力强调企业获取收益的能力，其表现为税后净收益的大小及有关比值的大小。而盈利质量则反映账面损益状况与真实损益状况的吻合度，吻合度越高则盈利质量越高；反之，则说明盈利质量较差。盈利质量差主要是企业管理当局过度地进行盈利管理和利润操纵造成的。

二、盈利质量分析的必要性

(一) 从委托代理关系进行分析

企业是一系列契约的组合，包括企业与股东、债权人、政府、职工等之间的契约。其中，企业与股东之间是一种典型的委托代理关系。对于国有企业来说，政府与企业之间也是委托代理关系。在委托代理关系中，委托人与代理人之间利益的不一致、信息的不对称性、经济主体的自利性使得企业管理当局可能为了自身的利益而采取机会主义行为，欺骗委托人，损害委托人的利益，即企业管理当局可以通过控制自己掌握的财务报告中的盈利数字，使其向有利于自己的方向发展。因此，委托者有必要分析企业的盈利质量，以便做出正确的决策。

(二) 从会计本身的特点分析

传统的财务会计是以权责发生制为核算基础的，权责发生制与收付实现制的区别在于前者不是以现金实际的收支期间作为确认期间，而是以收入和费用的归属期作为确认期间，于是产生了许多待摊和应计项目。会计利润中也包括这部分应计项目，企业管理人员可以通过人为地调整应计项目的确认期间来影响会计利润的大小。另外，在会计利润的计算过程中，许多项目都具有很大的主观因素。

(三) 从我国的会计准则分析

我国的会计准则体系还不完善，对于许多特殊项目尚缺乏具体而明确的规定，企业可以通过选择会计政策来调节利润。即使已颁布的会计准则本身也存在缺陷——会计准则具有时滞性，随着经济的快速发展，企业涉及的许多经济事项或交易，在会计准则中都没有相应的规定。因此，企业管理人员可以通过会计准则的漏洞来粉饰企业经营成果和财务状况。总之，企业管理人员为了自身利益，在法律和会计准则允许的情况下，总是趋向于选择有利于自己的盈利数字，以获得自身报酬的最大化。

三、与盈利质量分析相关的因素

(一)会计政策与盈利质量

如果企业执行适度稳健的会计政策,有利于产生高质量的利润。在可供选择的各种方法中,企业一方面应选择较小可能高估资产和收入的方法,另一方面需要及时预计和报告可能产生的费用和损失。以销售成本为例,销售成本由存货的历史成本转化而来,存货的计价方法在一定程度上决定了销售利润的质量。在选择稳健的存货计价方法时,就应该考虑物价水平因素、技术进步、存货保管不善等因素导致的存货可变现净值低于成本,应该提取存货跌价损失准备,在损失发生的当期计入当期损益,以使确认的利润比较实在,从而提高当期盈利的质量。其他费用的确认和计量上也存在类似的问题。例如,应收账款的坏账准备、固定资产折旧、开办费的摊销等。如果企业采取稳健的会计方法确认和计量这些费用,就可以提供高质量的盈利;反之,如果企业没有采用适度稳健的会计政策,对有关费用和损失的确认不够及时和全面,那么,该企业报告的会计利润就可能因存在潜在的风险损失而降低质量。

(二)利润构成与盈利质量

在分析企业的利润构成时,首先应该关注的是主营业务利润。这部分利润是企业基本经营活动的成果,也是企业一定期间获得利润的最主要、最稳定的来源。如果主营业务利润在净利润中不占主要地位,而非经常性损益所占的比例较大,则说明企业利润的构成不合理,盈利质量自然就较差。同时,也要关注企业利润中来自于关联方交易的比例,因为企业管理者可能会通过关联方交易来粉饰会计报表,从而调节利润。

(三)利润的稳定性与盈利质量

利润是否稳定是反映盈利质量高低的一个重要指标,国外考察盈利质量时很重视利润的稳定性。一般来说,凡是盈利质量高的企业,其各期利润平稳或稳步增长;凡是盈利质量差的企业,其各期利润下滑或波动较大。因此,评价企业盈利质量时,应该考虑该企业各期盈利是否稳定。

(四)现金净流量与盈利质量

流动性是评价公司偿债能力的一个关键因素,尽管流动性对当期盈利可能不产生直接影响,但如果企业不能偿还债务,它可能会采取一些不适当的行为,如进行应收票据的贴现、应收账款的抵借,从而使得企业或有损失增加,企业盈利更加不确定,其质量也会随之下降。

四、企业盈利质量分析方法

(一)从不良资产入手分析盈利质量

所谓不良资产,是指待摊费用、待处理流动资产净损失、待处理固定资产净损失、开办费、递延资产等虚拟资产和高龄应收账款、存货跌价和积压损失、投资损失、固定资产损失等可能产生潜亏的资产项目。如果不良资产总额接近或超过净资产，或者不良资产的增加额(增加幅度)超过净利润的增加额(增加幅度)，则说明企业当期利润有"水分"，盈利质量较低。

(二)从主营业务利润入手分析盈利质量

公司的盈利质量与主营业务利润持久性发展呈正相关关系。主营业务利润是利润总额构成中最稳定、最核心的部分，其比重的大小决定企业的盈利质量和核心竞争能力。这可以从两个方面来分析：①主营业务盈利能力是否相对比较稳定；②主营业务利润在利润总额中的比重。一般来说，主营业务利润在利润总额中的比重大，且相对稳定，则说明盈利质量较高；反之，盈利质量较低。

(三)从关联交易入手分析盈利质量

从关联交易入手分析盈利质量，即将来自关联企业的营业收入和利润予以剔除，分析企业的盈利能力在多大程度上依赖于关联企业。如果主要依赖于关联企业，就应当特别关注关联交易的定价政策，分析企业是否以不等价交换的方式与关联方进行交易以调节盈利。

(四)从非经常性损益入手分析盈利质量

企业的交易事项按其发生的频率可以分为两种：①经常发生的事项，如出售商品与提供劳务等；②不经常发生的事项，如资产处置与政府补助收入等。过去经常发生并且在可预见的将来还会多次重复发生的事项，称为经常项目。经常项目所产生的收益，称为经常性收益，通常表现为营业利润以及长期投资的投资收益。不经常发生并且在可预见的将来不会重复发生的事项，称为非经常项目，通常表现为短期投资收益以及营业外收入与营业外支出。非经常项目所产生的收益，称为非经常性收益。非经常项目所产生的损失，称为非经常性损失。在报告期内，二者相抵后的净额，称为非经常性损益。经常性收益是企业的核心收益，具有持续性，投资者据此可以预测企业未来的盈利能力及判断企业的可持续发展能力；而非经常性损益具有一次性、偶发性的特点，投资者无法通过非经常性损益预测企业未来的发展前景。因此，有必要在利润表中将经常性收益与非经常性损益分别列示，以便投资者预测企业未来的盈利能力及判断企业的可持续发展能力。由于非经常性损益具有一次性、偶发性的特点，所以，非经常性损益占利润的比例越低，则盈利质量越高；非经常性损益占利润的比例越高，则盈利质量越低。

从非经常性损益入手分析盈利质量时应重点关注政府补助收入，这是亏损公司通过当地政府进行利润操纵的常用手法。

(五)从现金流量入手分析盈利质量

这是将经营活动产生的现金流量、投资活动产生的现金流量、现金净流量分别与主营业务利润、投资收益和净利润进行比较分析，以判断企业的盈利质量。企业在虚增收入、粉饰报表、进行利润操纵时，可以通过各种手段提高账面利润总额，但这种利润调节很难改变现金流量，即账面利润增加，但并无现金流量，所以，可以通过现金流量与利润指标的对比分析，判断盈利质量的高低。一般而言，没有现金流量的利润，其质量是不可靠的。

(六)利用易于被操纵的账户分析盈利质量

通过分析易于被利润操纵的账户，如无形资产、递延资产、应收账款、各种准备金账户等，可以评价企业的盈利质量。首先分析无形资产和递延资产，应着重于其列支项目的合理性。有些上市公司为了操纵利润，不把当期费用计入损益而将其资本化——列入无形资产或递延资产。因此，该账户中不合理的列支会影响盈利质量。其次是分析应收账款。一些上市公司为了提高营业收入就放宽了信用政策，在我国目前信用体系较差的情况下，过宽的信用政策会加大公司未来发生坏账的风险，从而影响了公司的盈利质量。最后是分析公司计提的各种准备金。公司计提跌价准备和减值准备的幅度，取决于公司对有关资产跌价和减值程度的主观认识以及企业会计政策和会计估计的选择。在期望利润高估的会计期间，企业往往选择计提较低的准备，这就等于把应当由现在或以前负担的费用或损失人为地推移到企业的未来会计期间，从而导致企业的后劲不足，势必会损害公司的盈利质量。

需要说明的是，只有将上述几种方法综合运用，才能正确评价企业的盈利质量。

五、企业盈利质量评价指标及分析

(一)每股收益现金比率

每股收益现金比率的计算公式为

$$每股收益现金比率 = \frac{每股现金流量}{每股收益} \times 100\%$$

每股收益现金比率反映了企业本期每股现金流量与每股收益之间的比率关系。从一个会计期间看，当期实现利润中可能有一部分未收回现金，该比率可能会小于1，但从公司持续经营的角度分析，本期收入中的一部分递延到以后各期才能收回现金，同时，本期收到的现金中也会包含一部分以前年度的应收款项，公司的销售业务通常不会出现大起大落的情形，经营性现金流量中也未减去折旧等项目，如折旧、资产摊销等虽不影响现金流量，但会影响盈利数量，使当期的会计盈利与现金流量不一致。因此正常情况下的每股现金流量应高于每股收益，即收益现金比率通常应大于1。小于1说明其盈利质量较差，企业本期净利润中存在尚未实现现金的收入。在这种情况下，即使企业盈利，也有可能发生现金短缺，严重时会导致企业破产。

(二)净利润现金比率

净利润现金比率的计算公式为

$$净利润现金比率 = \frac{经营活动产生的现金流量净额}{净利润} \times 100\%$$

净利润来源于利润表，反映应计制下的经营成果，而经营活动产生的现金净流量净额来源于现金流量表，反映现金制下的经营成果，该指标可反映公司本期经营活动产生的现金净流量与净利润之间的比率关系，说明净利润能够得到经营活动现金支持的程度。一般而言，没有现金净流量的利润，其盈利质量是不可靠的。如果一家上市公司的经营现金净流量与净利润比率等于0，或为负值，说明其利润不是来自经营活动，而是来自其他渠道，其长期盈利能力没有可靠保证，盈利质量较低，若某公司盈利现金比率持续小于 1 甚至为负数，则公司盈利质量相当低，严重时会导致公司破产。一般情况下，净利润现金比率越大，公司盈利质量就越高。

(三)营业利润现金比率

营业利润现金比率的计算公式为

$$营业利润现金比率 = \frac{经营活动产生的现金流量净额}{营业利润} \times 100\%$$

营业利润是营业收入扣除营业成本、所支付税金及期间费用后的余额，营业利润现金比率反映了经营活动所创造收益的现金保障水平。企业在业务稳定发展阶段，其经营活动产生的现金流量净额应当与企业的经营活动所对应的收益有一定的对应关系，在一般情况下，营业利润现金比率越大，企业的盈利质量就越高；营业利润现金比率越小，企业的盈利质量就越低。

(四)营业利润比重

营业利润比重的计算公式为

$$营业利润比重 = \frac{营业利润}{利润总额} \times 100\%$$

利润总额主要由营业利润、投资净收益、营业外收支三部分构成。其中营业利润属于持续性收益；营业外收支则属于一次性收益，不具有稳定持续性。投资收益是否有持续性要看具体情况，一般而言，短期投资收益、长期投资转让差价收益属于一次性收益，不具有持续性，长期债券投资利息收入在债券持有期限内有持续性，长期股权投资持有收益的持续性取决于被投资单位收益的持续性。根据以上分析，营业利润占利润总额的比重越大，企业收益保持稳定持久的可能性越大，盈利质量越高；反之，盈利质量越低。

(五)经营现金流入量比率

经营现金流入量比率的计算公式为

经营现金流入量比率=经营活动产生的现金流入量/(经营活动产生的现金流入量+投资活动产生的现金流入量+筹资活动产生的现金流入量)×100%

经营现金流入量比率是从现金流量的角度考察利润的稳定性，评价公司自身经营活动创造现金的能力。在现金流入总额中，经营活动产生的现金流入量是最可靠的，其他的现金流量如投资活动、筹资活动产生的现金流入量具有偶然性。所以，该指标越高，表明公司的财务基础越好，经营及获利能力越高，盈利越具有稳定性，盈利的质量越高；反之，该指标越低，则盈利质量越低。

第六节 盈利能力与偿债能力的关系

现代企业必须高度重视两大基本的财务能力，即偿债能力与盈利能力。那么，这两大能力之间究竟存在怎样的关系呢？

第七章　企业盈利能力分析

一、偿债能力与盈利能力的统一性

(一)盈利能力的提高是企业追求的总体目标

企业生产经营管理的各个方面都必须围绕着提升企业利润水平这一中心来运转,以提高企业盈利能力为己任,并以搞好各自的本职工作来体现企业的总体意志。财务工作也不例外。财务工作的基本职责无疑是积极争取良好的财务状况,这里指狭义的财务状况,企业财务状况的好坏集中地反映在企业偿债能力的大小上。财务工作应在有效保证偿债能力的基础上,不断追求盈利能力的最大化,并使两大财务能力有机地协调统一起来。可见,有效地维持企业偿债能力的合理化程度,是财务工作中提高企业盈利的条件和手段,提高企业盈利能力才是财务工作的目标。

(二)盈利能力的提高有利于提高企业偿债能力

在一定时期内,利润额增加尽管并不完全或并不直接引起企业资金增量的相应增长,但这并不排除它对企业财务筹资、财务投资、收益分配等各项财务工作的有效开展起到了保证与促进作用。而且,从一个较长的时期观察,利润水平的提高最终会在资金流量上得到反映,甚至会促使资本结构得到更加合理的调整,从而有助于增强企业的偿债能力。从根本上说,两大财务能力是相辅相成、相互支持、密不可分的。如果把盈利能力的提高视为企业的总体目标或一级目标,提高偿债能力便是提高盈利能力的一个重要的条件和手段或基础。提高盈利能力无疑还受制于其他许多因素,如企业技术能力、产品开发能力、经营管理能力、市场开拓能力、生产能力等。因而,盈利能力的提高需要企业各职能部门、各生产单位上下各方面的共同努力。从财务角度看,偿债能力对于盈利能力的提高起着至关重要的作用。因为企业财务状况的好坏集中地体现在财务资金的流动性上,而在货币信用关系广泛渗透的环境中,企业财务资金的流动性又主要取决于企业偿债能力的强弱。正因为如此,我们把偿债能力与盈利能力视为财务领域中的两大基本能力。提高盈利能力会大大改善企业财务状况,从而有利于提高企业偿债能力。

二、偿债能力与盈利能力的矛盾性

实际生活中,一个具有很强盈利能力的企业,会时常感到资金短缺的压力(偿债能力不足),而一个亏损企业却有时会出现资金的暂时剩余闲置。更令人困惑的是,当企业致力于提高盈利能力时,却可能使偿债能力下降;而当企业竭力改善财务状况、提高偿债能力时,又可能影响盈利水平。这是一个令企业财务人员头痛的矛盾。解决矛盾必须首先深入分析矛盾。归纳起来,盈利能力与偿债能力之间的矛盾关系有以下三种情况。

(一)盈利能力是一个时期数,偿债能力是一个时点数

一个企业盈利能力体现在一定时期内总收入超过总支出的数量大小上,超出数额越大,盈利能力越强;而偿债能力则反映企业在每一时点上货币资金或其等价物清偿债务的及时性和有效性。如果企业不能及时偿还随时可能到期的债务,则反映企业偿债能力较弱。如果企业有时能清偿债务,有时又拖欠债款,表明该企业偿债能力不足或财务状况不稳定。

经济生活中经常出现的一些异常现象比较深刻地反映了这一矛盾，例如，有的企业尽管从某一时期(如一年或一月)来看，总收入大大超过了总支出，盈利水平提高，但从某一时点来看，可能资金严重短缺，不能清偿债务，连正常资金周转都难以为继。

一般而言，企业应该千方百计地追求利润的最大化；而在偿债能力方面，只需要考虑到"安全性"就行。也就是说，一个企业只需保持一定量的货币资金就能够清偿预期可能到期的债务。过多，会形成资金积压，导致机会收益的损失；过少，则会影响生产经营的顺利进行，影响企业信誉甚至迫使企业破产。当然，事情总是在发展变化的，伴随着追求利润的最大化，一般会导致生产规模扩大，应收款项增多，库存增加，相应地会引起资金需求量的扩大，进而加重企业债务负担。在企业生产经营的万端变化中，盈利能力与偿债能力总是处在相互制约的矛盾之中。

(二)不适当地追求盈利能力会使偿债能力下降

假定某企业根据历史情况及其对未来的预测，确定企业经常保存 100 000 元的货币资金是必要的。如果该企业不适当地动用这 100 000 元资金去追求更高的投资利润，则会引起偿债能力不足。再如，企业为了增加利润，盲目地对外兼并收购，盲目扩张，也会导致资产负债率提高，从而使企业偿债能力下降。

(三)不适当地追求偿债能力的提高会引起盈利能力下降

维持并提升企业的偿债能力，可以预防或降低企业财务风险，也是稳健的经营管理者的通常做法，但如果过度地、不适当地追求偿债能力的提高，也会失去一些盈利机会，导致盈利能力下降。比如，在一个企业资产报酬率远高于负债利息率的情况下，企业经营者为了保持较低的资产负债率，以确保较强的偿债能力，就可能放弃债务融资，失去扩大产能、扩大生产规模的时机，导致企业发展缓慢，最终引起盈利能力下降。再如，为追求偿债能力提高，持有过多的货币资金，导致资金使用效益不高，也会降低企业的盈利能力。

第七节 案例分析

本小节继续进行新开普的盈利能力分析。

一、行业分析

新开普属于计算机软件应用行业，当前我国正处于经济转型、产业升级及"两化融合"进程深入阶段，信息化需求将会不断加激发，并带来巨大的市场机遇。计算机软件行业作为上述阶段过程中最重要的支撑力量之一，未来仍有很大的提升空间。在国家高度重视和大力扶持下，软件行业相关产业促进政策不断细化，资金扶持力度不断加大，知识产权保护措施逐步加强，软件行业在国民经济中的战略地位不断提升，行业规模也将不断扩大。

二、资产经营盈利能力分析

(一)指标计算

总资产报酬率(分析三年及行业均值)计算表如表 7-8 所示。

第七章 企业盈利能力分析

表 7-8 总资产报酬率计算表

项目	2015-12-31	2016-12-31	2017-12-31	2017年行业均值
营业收入/元	510 443 267.47	683 488 129.76	769 619 720.03	22 531 300
利润总额/元	69 635 297.39	98 155 514.97	133 295 699.95	2 334 100
利息支出/元	-47 687.64	8 367 967.67	5 509 721.97	196 000
息税前利润/元	69 587 609.75	106 523 482.64	138 805 421.92	2 530 100
平均总资产/元	996 013 164.7	1 589 826 014	1 926 203 168	44 602 350
总资产周转率/%	51.25	42.99	39.9	50
销售息税前利润率/%	13.62	15.59	18.03	11.22
总资产报酬率/%	6.98	6.7	7.19	5.61

(二)因素分析

总资产报酬率=总资产周转率×销售息税前利润率

总资产周转率的影响

销售息税前利润率的影响

2016年相比2015年：

总资产报酬率的变动=6.7%-6.98%=-0.28%

因素分析：

总资产周转率变动的影响=(42.99%-51.25%)×13.62%=-1.13%

销售息税前利润变动率的影响=42.99%×(15.59%-13.62%)=0.85%

2017年相比2016年：

总资产报酬率的变动=7.19%-6.7%=0.49%

因素分析：

总资产周转率变动的影响=(39.9%-42.99%)×18.03%=-0.56%

销售息税前利润变动率的影响=42.99%×(18.03%-15.59%)=1.05%

分析结果表明，该企业2016年资产报酬率比2015年下降了0.38%，是由于总资产周转率下降的影响，它使总资产报酬率下降了1.13%，而息税前利润率使总资产报酬率上升了0.85%。2017年资产报酬率比2016年上升了0.49%，是由于总资产周转率下降的影响，它使总资产报酬率下降了0.56%，而息税前利润率使总资产报酬率上升了1.05%。由此可见，要提高企业的总资产报酬率，增强企业的盈利能力，就要从总资产周转率和销售息税前利润率两方面努力。

三、资本经营盈利能力分析

(一)指标计算

净资产收益率(分析三年及行业均值)(见表7-9)。

表 7-9 盈利能力计算表

项目	2015-12-31	2016-12-31	2017-12-31	2017年行业均值
资本金总额/元	222 407 450.50	313 341 101.00	324 531 401	7 983 900
净利润/元	60 707 567.53	85 634 904.68	120 228 312.32	2 034 100
平均净资产/元	687 539 734.47	1 020 750 064.02	1 298 870 593.72	28 366 100
净资产收益率/%	9	12	9	6.64
净资产与资本金总额的比率/%	3.09	3.26	4	3.55
资本金利润率/%	27.81	39.12	36	23.572

(二)因素分析

1. 总资产报酬率的影响

净资产是企业全部资产的一部分,因此,净资产收益率必然受企业总资产报酬率的影响。在负债利息率和资本构成等条件不变的情况下,总资产报酬率越高,净资产收益率就越高。

2. 利息率变动的影响

负债利息率之所以影响净资产收益率,是因为在资本结构一定的情况下,当总资产报酬率高于负债利息率时,增加负债对净资产收益率将产生有利影响,反之,在总资产报酬率低于负债利息率时,增加负债将对净资产收益率产生不利影响。

3. 资本结构变动的影响

资本结构或负债与所有者权益之比,当总资产报酬率高于负债利率时,提高负债与所有者权益之比,将使净资产收益率提高,当总资产报酬率低于资产负债率时,提高负债与所有权之比,将使资产收益率降低。

4. 税率变动的影响

净资产收益率的分子是净利润(即税后利润),因此,所得税的变动必然引起资产收益率的变动。通常,所得税率提高,净资产收益率下降;反之,净资产收益率上升。

下式反应净资产收益率与各影响因素之间的关系。

净资产收益率=[总资产报酬率+(总资产报酬率-负债利息率)×(负债/净资产)×(1-所得税率)

(三)分析结论

由表 7-9 可知,新开普净资产收益率、资本金利润率在 2015—2017 年均是先升,后略微下降,且远高于行业均值,说明新开普资本经营盈利能力逐年提升,且在行业内有明显的领先优势。

四、收入利润率分析

收入利润率分析如表 7-10 所示。

表 7-10　企业收入利润率分析表　　　　　　　　　　　　　%

项　目	2015 年	2016 年	2017 年	2017 年行业均值
营业收入利润率	12.99	10.80	16.96	10.03
营业收入毛利率	52.71	54.99	55.52	37.10
总收入利润率	13.64	14.36	17.31	10.36

分析结论：从表 7-10 中可以看出，新开普公司从 2015 年到 2017 年的整体各项收入利润率都有提高，说明收入盈利能力在逐年增强。对比行业平均值可以看出，新开普的各项收入利润率都明显高于行业均值，因此认为新开普的销售收入的获利能力逐年提高，远高于行业均值，收入盈利能力在行业内处于领先地位。

五、成本利润率分析

成本利润率分析如表 7-11 所示。

表 7-11　公司成本利润率分析表　　　　　　　　　　　　　%

项　目	2015 年	2016 年	2017 年	2017 年行业均值
营业成本利润率	115.05	122.16	124.82	58.98
营业成本费用利润率	32.90	25.88	38.45	11.09
全部成本费用净利润率	34.23	34.29	39.26	10.97

分析结论：表 7-11 中各种成本利润指标反映了企业投入产出水平，从新开普公司本身来看，从 2015 年到 2017 年各项成本利润指标呈逐年上升趋势，说明企业利润增长速度快于成本费用的增长速度，成本利润率不断提升。对比行业来说，新开普的各项成本利润指标明显大幅高于行业指标，最高达到了行业均值的 3～4 倍，说明新开普的成本效益指标在行业内处于较高的水平。

六、盈利质量分析(分析三年)

分析结论：综合表 7-12～表 7-15 四组数据可知，盈余现金保障倍数，每股收益现金比率都在 2017 年有大幅度减小，说明新开普在 2017 年的盈利质量明显下降。净资产现金回收率和全部资产现金回收率在 2017 年大幅下降，而对应的净资产收益率和总资产报酬率近三年以来都比较稳定，也同样说明其盈利质量在 2017 年明显下降。由近三年的盈余现金保障倍数看，2015 年和 2016 年都比较好，特别是 2016 年的 1.63，远大于 1，说明企业经营活动产生的现金流量对净利润有较大的保障。但 2017 年出现了大幅度下滑，表明 2017 年利润质量下降。从第四个表中的每股收益现金比率指标可知，2015 年和 2016 年的盈利质量较好,每股收益现金比率都大于1,而2017年的指标为0.54,远小于1,盈利质量较差,说明新开普2017年净利润中存在大量尚未收现的利润,盈利质量堪忧。

表7-12 净资产现金回收率与净资产收益率比较

项 目	2015年	2016年	2017年
净资产现金回收率/%	9.5	11.5	4.7
净资产收益率/%	8.98	8.45	9.35

表7-13 全部资产现金回收率与总资产报酬率比较

项 目	2015年	2016年	2017年
全部资产现金回收率/%	7.9	8.8	3.4
总资产报酬率/%	6.98	6.7	7.19

表7-14 盈余现金保障倍数分析

项 目	2015年	2016年	2017年
盈余现金保障倍数	1.29	1.63	0.54

表7-15 每股经营现金流量与每股收益分析

项 目	2015年	2016年	2017年
每股经营现金流量/元	0.2601	0.4326	0.2016
每股收益/元	0.21	0.28	0.37
每股收益现金比率	1.24	1.55	0.54

七、总体结论及改进建议

综合以上数据和分析,我们可知新开普的盈利能力超过该行业的平均值,在资产经营能力、资本经营能力、收入利润率和成本利润率这四个方面的指标都比较理想。但是,其盈利质量的稳定性仍需提高,尤其是2017年在盈利能力基本稳定的情况下,盈利质量却大幅下降,值得密切关注,并分析原因,做好相关的投资决策。

思 考 题

1. 企业盈利能力分析的指标有哪些?分别怎样评价?
2. 每股盈余对投资者有什么意义?如何计算每股盈余?
3. 市盈率如何计算?如何利用市盈率评价一个企业的业绩?
4. 如果你是一个投资者,你会利用哪些指标作为你的投资依据?
5. 如何分析评价企业的盈利质量?

第八章 企业发展能力分析

知识要点:

发展能力通常是指企业未来生产经营活动的发展趋势和发展潜能,发展能力分析是企业财务分析的一个重要方面,它与财务分析中的其他内容既相对独立又密切相关。企业发展能力分析的财务指标主要有:销售(营业)增长指标、资产增长指标、利润增长指标、资本增长指标、股利增长指标以及技术投入比率等。但是想要准确地分析评价企业的发展能力,还要结合诸如国际国内政治经济形势、行业运行趋势和企业内部环境等因素共同研究。

企业是一个以盈利为目标的组织,其出发点和归宿是赢利。企业一旦成立,就会面临竞争,市场是企业生存的土壤,企业必须生存下去才可能获利,而企业要获得生存就必须求得不断发展。发展是生存之本,也是最终获利之源。从企业财务目标来看,企业的发展能力也是直接影响企业价值最大化财务目标实现的一个重要因素。因此,企业发展能力的分析具有重要意义。本章主要阐述企业发展能力分析的基本理论与方法,详细地分析了企业发展能力的各个财务指标。

第一节 企业发展能力分析概述

一、企业增长、发展与发展能力解析

(一)宏观层面的增长、发展的关系

在通常的分析中,经济增长与经济发展似乎是相同的概念,人们往往从经济增长的意义上理解和解释经济发展。发展经济学明确提出了增长不等于发展的命题,认为经济增长和经济发展是两个既有密切联系又有明显区别的概念。经济增长是指社会财富、生产或产出的增长,具体表现为工农业生产总值,或社会总产值、国民生产总值、国内生产总值、国民收入等的增长;经济发展是指随着经济的增长而发生的社会经济多方面的变化,包括投入结构和产出的变化、生活水平和分配状况的变化、文化教育状况的变化、自然环境和生态的变化等。显然,经济发展较经济增长具有更深刻、更广泛的含义,经济发展不但包括了经济增长,还要求在结构不断优化、资源利用效率不断提高、生态环境不断改善的基础上实现经济增长。

从各国深层次的"可持续性"上来看,可持续增长是要求经济在一个较长的时期保持较高的经济增长速度,没有指出为实现持续增长所付出的代价(例如,资源开发过度、环境受到严重污染);而可持续发展不仅强调可持续增长,还强调代内公平和代际公平。我国明确提出用"转变经济发展方式"代替过去的"转变经济增长方式",这是我国发展理念的又一次升华:经济增长方式并不能够保证实现全面协调和可持续发展;而经济发展方式,不仅包括了经济增长,而且还包括经济发展的质量、结构、方向,经济结构的优化、收入分

配的合理、资源环境的改善等，不但要遵循经济发展规律，而且重视经济发展与社会发展、人与自然关系的和谐发展、人自身发展的协调统一。

(二)企业增长与企业发展的基本内涵

如前所述，宏观层面的增长不等于发展，企业发展较企业增长具有更深刻的含义。在微观层面，企业增长和企业发展同样是两个既有明显区别又有联系的概念。

从严格意义上讲，企业增长是指企业利润(或通常所说的财务业绩指标)的增长。在新古典经济学中，企业被定义为追求利润最大化目标的生产函数，这就是一个增长的概念。对于企业增长的判断，可以从两个方面进行：一是纵向地同企业过去进行比较，"如果有更大比例的潜在利润变成了企业账面上的利润，则认为企业利润是增长的"；二是横向比较，如果企业利润的变化使得企业的投资报酬率高于社会平均的资本报酬率(或资金成本)的差距是扩大了，那么企业就实现了增长。企业的发展是指企业盈利能力或资源配置能力或市场竞争能力的增强，主要表现为企业的素质、活力和效率的提高(比如，企业资产规模扩大的同时，资产结构和资产质量得到了改善，企业盈利能力相应地增强了)。

企业增长和企业发展的关系表现为：增长是一个数量概念，而发展既有数量含义，更有质量的要求；企业增长是发展的动因和手段，企业发展是企业增长的目的、前提和结果，没有增长就很难实现企业发展；同样，没有企业发展也难以实现企业增长。一般来说，短期内企业增长和企业发展可能会有冲突，但长期而言二者必然是一致的。

(三)企业发展能力

企业能力理论可以追溯到亚当·斯密(Adam Smith)的劳动分工理论。安蒂思·潘罗斯(Antilles Penrose)的企业成长理论认为，企业资源是决定企业能力的基础，每个企业自身的独特力量(即企业使用资源所产生的服务或能力)才是企业成长的原动力，决定了企业成长的速度、方式和界限。而管理能力是企业能力的关键，它是限制企业成长率的基本因素。管理能力的数量和质量程度决定了企业的所有其他资源所能提供的生产性服务的数量和质量，最终制约了企业成长的速度，而强有力的核心能力作为企业拥有的主要资源或资产，是企业发展的一种动力机制。

尽管企业能力包括诸多方面，但最终将体现在企业财务能力的改善和提高上，而居于核心地位的显然是企业盈利和发展能力。发展是一种理念，更是一种能力，因此，关注企业盈利和发展能力，必然有助于企业价值最大化财务目标和企业可持续发展的实现。

发展能力通常是指企业未来生产经营活动的发展趋势和发展潜能。从形成看，企业的增长能力主要是通过自身的生产经营活动不断扩大积累而形成的，主要依托于不断扩大的市场份额、不断增长的营业收入、不断增加的资金投入和不断创造的利润等。从结果看，一个发展能力强的企业，应该使资产规模不断增加，能够不断地为股东创造财富，能够不断地增加企业价值。

二、企业发展能力分析的意义与目的

传统财务分析较多地关注了企业静态财务状况与经营成果的分析，因而只注重企业盈利能力、营运能力和偿债能力的分析，对企业发展能力分析重视不够，也没有形成系统的分析体系与方法。这显然不适应企业日益激烈的市场竞争以及做大、做强、做长的可持续发展目标。现代企业价值在很大程度上取决于企业未来的获利能力，而不是企业过去或者目前所取得的收益情况。发展能力体现了企业目标与财务目标，是企业盈利能力、营运能力、偿债能力的综合体现。无论是增强企业的盈利能力、偿债能力，还是提高企业的资产营运效率，都是为了满足企业未来生存和发展的需要，都是为了提高企业的发展能力。

企业发展的核心是企业价值的增长，但由于企业价值评估的困难，要全面衡量一个企业的价值，就不应该仅仅从静态的角度分析其财务状况和经营能力，更应该着眼于从动态的角度出发分析企业的发展能力。因此，发展能力分析是企业财务分析的一个重要方面，它既是其中相对独立的内容，又与财务分析中其他部分密切相关，而且企业发展能力分析还应特别注意定量分析与定性分析的结合。

企业能否可持续发展，对股东、债权人、潜在投资者、经营者等各利益相关者都至关重要，因此有必要对企业的发展能力进行深入分析。基于此，企业发展能力分析的目的主要体现在以下几方面：①对于股东和潜在投资者而言，通过发展能力分析，可以全面衡量企业创造的股东财富，评价企业的成长及其可持续性，为投资者未来的战略行动、正确的投资决策提供依据；②对于经营者而言，通过发展能力分析，可以发现影响企业未来发展的关键因素，为正确制定未来经营发展策略和财务策略，实现可持续发展奠定基础；③对债权者而言，通过发展能力分析可以判断企业未来盈利能力、偿债能力，为做出正确的信贷决策提供依据。

三、企业发展能力分析的基本框架与内容

(一)企业发展能力分析的基本框架

企业发展能力分析可以从不同的角度，采用多种形式进行。其基本分析框架可从两个角度进行：一是以企业价值最主要的体现，即净收益增长分析作为企业发展能力分析的核心；二是对价值驱动的因素，即股东权益、利润、营业收入、资产等指标的增长情况进行分析。

1. 以净收益增长率为核心

企业发展的内涵是企业价值的增长，企业价值增长分析应当是企业发展能力分析的核心。企业价值最主要的表现就是给企业带来未来现金流的能力。因此，可以用净收益的增长来近似代替企业价值的增长，以净收益增长分析作为企业发展能力分析的核心。

计算净收益增长率并进行分析是企业发展能力分析的一个重要方面，但这只能揭示企业发展能力的一个侧面，还需要以净收益增长率为基点，对影响企业净收益增长率的因素进行分析，以便对企业发展能力有一个全面的把握。基于此，企业净资产收益率、企业净资产收益率增长率与留存比率是影响企业净收益增长的三个主要因素，对企业净收益增长率的分析便可以围绕这三个因素展开。

这一企业发展能力分析框架的优点在于各分析因素与净收益增长率存在直接联系，有较强的理论依据；缺点在于以净收益增长率来代替企业的发展能力存在一定的局限，企业的发展必然会体现到净收益的增长上来，但并不一定是同步关系，企业净收益的增长可能

会滞后于企业的发展，这使得分析的净收益增长率无法反映企业真正的发展能力，而只是近似代替。

2. 对企业发展能力驱动因素进行分析

鉴于企业价值增长率的计算十分困难，可以转换角度进行分析，即不计算企业价值的增长率，而是重点关注影响企业价值增长率的因素，也就是对发展能力驱动因素进行分析。具体来说，可以从以下几方面进行。

(1) 对销售增长的分析。销售是企业收入来源之本，也是企业价值体现之道，一个企业只有保证销售的稳定增长，才能不断地扩大收入，这一方面是企业发展的表现，另一方面充足的收入也为企业进一步扩大市场、开发新产品、进行技术改造提供了资金来源，促进企业的进一步发展。

(2) 对资产规模增长的分析。企业资产是取得收入的保障，在总资产收益率固定的情况下，资产规模与收入之间存在正比例关系。总资产的现有价值也反映着企业清算可获得的现金流入额。对资产规模增长分析可以按资产的类别分别进行。

(3) 对净资产规模增长的分析。在企业净资产收益率不变的情况下，企业净资产规模与收入之间存在正比例关系。同时净资产规模的增长反映着企业不断地有新的资本加入，表明了所有者对企业的充足信心，同时为企业进行负债筹资提供了保障，提高了企业的筹资能力，有利于企业获得进一步发展所需的资金。

(4) 对股利增长的分析。企业所有者从企业中获得的利益可以分为两个方面：一是资本利得(即股价的增长)，二是股利的获得。从长远来看，如果所有的投资者都不退出企业，所有者从企业获得利益的唯一来源便是股利的发放。虽然企业的股利政策要考虑到企业所面临的各方面因素，但股利的持续增长一般也就被投资者理解为企业的持续发展。

(5) 对资产使用效率的分析。一个企业资产使用效率越高，其利用有限资源获得收益的能力就越强。反之，如果资产使用效率较低的企业，即使其资产或资本规模能以较快的速度增长，也不会带来企业价值的快速增长。因此，资产使用效率作为价值驱动因素之一，对其进行分析是企业发展能力分析的一个重要方面。

这一框架能够对影响企业发展的因素进行比较全面的分析，能够得出对企业发展能力比较全面的看法，但对于各因素的增长与企业发展的关系无法从数量上确定。在财务分析实务中一般采用这一框架进行企业发展能力分析。但在分析实务中要注意一点，不同的企业所采取的发展策略是不同的。有的企业采取的是外向规模增长的政策，即进行大量的收购活动，公司资产规模迅速增长，但短期内并不一定带来销售及净收益的迅速增长，这一类型企业的发展能力的分析重点应当放在企业资产或资本的增长上；而有的企业采取的是内部优化型的增长政策，即在现有资产规模的基础上，充分挖掘内部潜力，提高产品质量，扩大产品销售并采取积极的办法降低成本，这一类型企业的发展能力反映在销售及净收益的增长上面，而资产规模及资本规模则保持稳定或缓慢增长，因此，这一类型企业发展能力分析的重点应当放在销售增长及资产使用效率的分析上面。当然对于外部分析者来说，可能在分析之前不清楚企业采取的是何种发展策略，这就需要对以上各个方面进行全面细致的分析。

(二)企业发展能力分析的基本内容

企业发展能力的大小是一个相对概念,即分析期的股东权益、利润、收入和资产是相对于上一期的股东权益、利润、收入和资产而言的。仅仅利用增长额只能说明企业某一方面的增减额度,无法反映企业在某一方面的增减幅度,既不利于不同规模企业之间的横向对比,也不能准确地反映企业的发展能力。因此,在实践中通常是使用增长率来进行企业发展能力分析的。当然,企业不同方面的增长率相互作用、相互影响,所以,只有将各方面的增长率交叉比较分析,才能全面分析企业的整体发展能力。

基于此,企业发展能力分析的主要内容,就是通过计算和分析股东权益增长率、利润增长率、收入增长率、资产增长率等指标,衡量企业在股东权益、利润、收入、资产等方面所具有的发展能力;同时通过对上述发展能力指标进行相互比较与全面分析,来综合判断企业的整体发展能力。

第二节 企业发展能力的财务指标分析

企业发展能力分析的财务指标主要有:企业销售(营业)增长指标、企业资产增长指标、企业利润增长指标、企业资本增长指标、企业股利增长指标以及技术投入比率等。

一、企业销售(营业)增长指标

从销售(营业)角度分析企业发展能力的指标主要有:销售(营业)增长率和三年销售(营业)平均增长率。

(一)销售(营业)增长率

销售(营业)是利润的源泉,企业的销售情况越好,说明其在市场所占份额越多,实现的营业收入也就越多,企业生存和发展的市场空间也就越大,因此可以用销售(营业)收入增长率来反映企业的发展能力。

销售(营业)增长率是指企业本年销售(营业)收入增长额同上年销售(营业)收入总额的比率。销售(营业)增长率表示与上年相比,企业销售(营业)收入的增减变动情况,是评价企业成长状况和发展能力的重要指标(世界500强就主要以营业收入的多少进行排序)。其计算公式为

$$销售(营业)增长率 = \left(\frac{本年销售(营业)收入增长额}{上年销售(营业)收入总额}\right) \times 100\%$$

式中:本年销售(营业)收入增长额是企业本年销售(营业)收入与上年销售(营业)收入的差额,计算公式为本年销售(营业)增长额=本年销售(营业)收入-上年销售(营业)收入。如本年销售(营业)收入低于上年,本年销售(营业)增长额用"-"表示。而上年销售(营业)收入总额是指企业上年全年销售(营业)收入总额。

由销售(营业)增长率公式可以看出,该指标反映的是相对化的销售(营业)收入增长情况,与计算绝对量的企业销售(营业)收入增长额相比,消除了企业营业规模对该项目的影响,更

能反映企业的发展情况。当然在实际分析过程中,也可以计算企业销售(营业)增长额作为分析的辅助指标。

【例 8-1】 甲、乙两家公司四年的销售收入资料如表 8-1 所示。

表 8-1　两家公司销售收入　　　　　　　　　　　　　　　　　　　　　万元

年　度	2016 年	2017 年	2018 年	2019 年
甲公司	1 500	1 500	2 000	2 500
乙公司	600	800	1 000	1 500

依据以上数据可以分别计算两家公司的销售增长率,具体如下。

甲公司 2019 年销售增长率=[(2 500-2 000)÷2 000]×100% = 25%

乙公司 2019 年销售增长率=[(1 500-1 000)÷1 000]×100% = 50%

计算结果显示,尽管两家公司 2019 年相对于 2018 年的销售收入增长额相等,同为 500 万元,但由于乙公司销售规模小于甲公司,因而其销售增长率要高于甲公司,反映乙公司的发展能力要比甲公司高。

利用销售增长率指标进行企业发展能力分析时需要注意以下几点。

(1) 销售(营业)增长率是衡量企业经营状况和市场占有能力、预测企业经营业务拓展趋势的重要指标,也是企业增量和存量资本增长的重要前提。不断增加的销售(营业)收入,是企业生存的基础和发展的条件。

(2) 该指标若大于 0,表示企业本年的销售(营业)收入有所增长,指标值越大,表明增长速度越快,企业市场前景越好;若该指标小于 0,则说明企业或产品不适销对路、质次价高,或是在售后服务等方面存在问题,产品销售不出去,市场份额萎缩。

(3) 该指标在实际操作时,应结合企业历年的销售(营业)水平、企业市场占有情况、行业未来发展及其他影响企业发展的潜在因素进行潜在性预测,或者结合企业前三年的销售(营业)收入增长率做出趋势性分析判断。同时在分析过程中要确定比较的标准,因为单独的一个发展能力指标并不能说明所有的问题,只有对企业之间或本企业各年度之间进行比较才有意义,在比较中可分别以其他相类似的企业、本企业历史水平及行业平均水平等作为比较标准。

(4) 销售增长率作为相对量指标,也存在受增长基数影响的问题,如果增长基数即上年销售(营业)收入额特别小,即使销售(营业)收入出现较小幅度的增长,也会出现较大数值,不利于企业之间进行比较。比如某企业上年度营业额为 10 万元,本年度营业额为 100 万元,该企业的销售增长率为 900%,但这并不能说该企业具有很高的发展能力。因而在分析过程中还需要使用销售(营业)收入增长额及三年销售(营业)收入平均增长率等指标进行综合判断。

(二)三年销售(营业)平均增长率

销售(营业)增长率可能受到销售(营业)收入短期波动对指标产生的影响,如果上年度因特殊原因而使销售(营业)收入特别少,而本年恢复到正常,这就会造成销售(营业)增长率因异常因素而偏高;如果上年度因特殊原因而使销售(营业)收入特别高,就会造成销售(营业)增长率因异常因素而偏低。为消除销售(营业)收入短期异常波动对该指标产生的影响,并反映企业较长时期的销售(营业)收入增长情况,可以计算多年的销售(营业)收入平均增长率,实务中一般计算三年销售(营业)平均增长率。

三年销售(营业)平均增长率表明的是企业销售(营业)收入连续三年的增长情况,体现企业的发展潜力。三年销售(营业)平均增长率指标越高,表明企业经营业务竞争能力越强。该指标的计算公式为

$$三年销售(营业)平均增长率 = \left(\sqrt[3]{\frac{当年末销售(营业)收入总额}{三年前年末销售(营业)收入总额}} - 1\right) \times 100\%$$

式中:三年前年末销售(营业)收入总额指企业三年前的销售(营业)收入数。假如本年度是2019年,则三年前年末销售(营业)收入总额是指2016年企业销售(营业)收入数。

利用三年销售(营业)收入增长率指标,能够反映企业的销售(营业)增长趋势和稳定程度,较好地体现企业的发展状况和发展能力,避免因少数年份销售(营业)收入不正常增长而对企业发展潜力的错误判断。

【例8-2】仍以上述甲、乙两家公司的销售资料为例,分别计算两家公司的三年销售(营业)收入平均增长率。

$$甲公司三年销售平均增长率 = \left(\sqrt[3]{\frac{2\,500}{1\,500}} - 1\right) \times 100\% = 18.6\%$$

$$乙公司三年销售平均增长率 = \left(\sqrt[3]{\frac{1\,500}{600}} - 1\right) \times 100\% = 35.7\%$$

从计算结果可以看出,乙公司的三年销售收入平均增长率高于甲公司,说明乙公司的销售增长情况要好于甲公司。

另外,从销售(营业)角度分析企业发展能力时,除了关注销售(营业)收入总额的增长以外,还需要关注销售(营业)利润率及其变化情况。因为销售(营业)收入只是为企业提供收入或现金的来源,并不完全带来企业财富和价值的增加,只有扣除成本与费用之后才能真正形成企业的最终利益,这就需要结合销售(营业)利润率进行进一步的分析。

二、企业资产增长指标

资产代表着企业用以取得收入的资源,同时也是企业偿还债务的保障,资产的增长是企业发展的一个重要方面,也是实现企业价值增长的重要手段。从企业经营实践来看,发展性高的企业一般能保证资产的稳定增长。因此,可以从资产的角度来分析企业的发展能力。其基本指标有:总资产增长率、三年资产平均增长率和固定资产成新率等。

(一)总资产增长率

总资产增长率是企业本年总资产增长额同年初资产总额的比率。总资产增长率衡量企业本期资产规模的增长情况,评价企业经营规模总量上的扩张程度。其计算公式为

$$总资产增长率 = \left[\frac{本年总资产增长额}{年初资产总额}\right] \times 100\%$$

式中:本年总资产增长额是指企业本年年末资产总额与年初资产总额的差额,计算公式为本年总资产增长额=资产总额年末数-资产总额年初数,如本年资产总额减少,用"-"

表示；而年初资产总额是指资产总额的年初数。

总资产增长率指标是从企业资产总量扩张即企业资产投入增长幅度方面，来衡量企业发展能力的，表明企业规模增长水平对企业发展后劲的影响。显然，总资产增长率指标越高，表明企业一个经营周期内资产经营规模扩张的速度越快。资产增长率为正数，则说明企业本期资产规模增加，资产增长率越大，说明资产规模增加幅度越大；资产增长率为负数，则说明企业本期资产规模缩减，资产出现负增长。但在实际操作时，应注意资产规模扩张的质与量的关系，以及企业的后续发展能力，避免资产盲目扩张。总资产增长率指标是考核企业发展能力的重要指标，在我国上市公司业绩综合排序中，该指标也占有重要位置。

【例8-3】仍以上述甲、乙两家公司为例，计算两家公司的总资产增长率，公司有关资产的资料如表8-2所示。

表8-2 甲、乙两家公司总资产 万元

年　度	2016年	2017年	2018年	2019年
甲公司	10 000	8 000	10 000	12 500
乙公司	6 000	9 000	10 000	11 500

依据以上数据可以分别计算两家公司的总资产增长率。

甲公司2019年总资产增长率=[(12 500-10 000)÷10 000]×100%=25%

乙公司2019年总资产增长率=[(11 500-10 000)÷10 000]×100%=15%

另外，在对资产增长率进行具体分析时，应该注意以下几点。①企业资产增长率高并不意味着企业的资产规模增长就一定适当。评价一个企业的资产规模增长是否适当，必须与销售增长、利润增长等情况结合起来分析。只有在一个企业的销售增长、利润增长超过资产规模增长的情况下，这种资产规模增长才属于效益型增长，才是适当的、正常的。②需要正确分析企业资产增长的来源。因为企业的资产来自负债和所有者权益，在其他条件不变的情形下，无论是增加负债规模还是增加所有者权益规模，都会提高资产增长率。如果一个企业资产的增长完全依赖于负债的增长，而所有者权益项目在年度里没有发生变动或者变动不大，则说明企业不具备良好的发展潜力。从企业自身的角度来看，企业资产的增加应该主要取决于企业盈利的增加。当然，盈利的增加能带来多大程度的资产增加还要视企业实行的股利政策而定。③为全面认识企业资产规模的增长趋势和增长水平，应将企业不同时期的资产增长率加以比较。因为一个健康的、处于成长期的企业，其资产规模应该是不断增长的，如果时增时减，则反映出企业的经营业务并不稳定，同时也说明企业并不具备良好的发展能力。所以只有将一个企业不同时期的资产增长率加以比较，才能正确地评价企业资产规模的发展能力。

(二)三年资产平均增长率

与销售(营业)增长率的原理相似，资产增长率也存在受资产短期波动因素影响的缺陷，为弥补这一不足，可以计算三年资产平均增长率，以反映企业在较长时期内的资产增长情况。该指标的计算公式为

$$三年资产平均增长率 = \left(\sqrt[3]{\frac{当年末资产总额}{三年前年末资产总额}} - 1\right) \times 100\%$$

【例8-4】仍以上述甲、乙两家公司资产的资料为例,分别计算这两家公司的三年资产平均增长率。

$$甲公司三年资产平均增长率 = \left(\sqrt[3]{\frac{12\,500}{10\,000}} - 1\right) \times 100\% = 7.7\%$$

$$乙公司三年资产平均增长率 = \left(\sqrt[3]{\frac{11\,500}{6\,000}} - 1\right) \times 100\% = 24.2\%$$

此外,以总资产增长率指标为基础,还可以进一步分析总资产中各个组成部分的增长情况。其具体计算公式为

$$流动资产增长率 = \left(\frac{本年流动资产增长额}{年初流动资产总额}\right) \times 100\%$$

$$固定资产增长率 = \left(\frac{本年固定资产增长额}{年初固定资产总额}\right) \times 100\%$$

$$无形资产增长率 = \left(\frac{本年无形资产增长额}{年初无形资产总额}\right) \times 100\%$$

(三)固定资产成新率

固定资产成新率是企业当期平均固定资产净值同平均固定资产原值的比率。其计算公式为

$$固定资产成新率 = \left(\frac{平均固定资产净值}{平均固定资产原值}\right) \times 100\%$$

式中:平均固定资产净值是指企业固定资产净值的年初数与年末数的平均值;平均固定资产原值是指企业固定资产原值的年初数与年末数的平均值。

固定资产成新率反映了企业所拥有的固定资产的新旧程度,体现了企业固定资产更新的快慢和持续发展的能力。

该指标高,表明企业固定资产比较新,可以继续为企业服务较长时间,对扩大再生产的准备比较充足,发展的可能性比较大。运用该指标分析固定资产新旧程度时,应注意以下问题:①应剔除企业应提未提折旧对房屋、机器设备等对固定资产真实状况的影响;②在进行固定资产成新率指标的企业间比较时,要注意不同折旧方法对固定资产成新率的影响,加速折旧法下固定资产成新率要低于直线折旧法下的固定资产成新率;③固定资产成新率受周期影响较大,一个处于发展期的企业与一个处于衰退期的企业的固定资产成新率会明显不同,虽然企业处于不同的阶段本身就反映了企业具有不同的发展能力,但在对企业做出评价时,仍需要考虑到企业所处周期阶段这一因素。

【例8-5】仍以上述甲、乙两家公司为例,计算两家公司的固定资产成新率,公司有关固定资产的资料如表8-3所示。

表 8-3　甲、乙两家公司固定资产资料　　　　　　　　　　　万元

	固定资产净值		固定资产原值	
	年初数	年末数	年初数	年末数
甲公司	7 000	6 000	8 000	8 000
乙公司	6 000	5 500	7 000	7 500

依据以上数据可以分别计算这两家公司的固定资产成新率。

$$甲公司固定资产成新率 = \left(\frac{(7\,000 + 6\,000) \div 2}{(8\,000 + 8\,000) \div 2} \right) \times 100\% = 81.3\%$$

$$乙公司固定资产成新率 = \left(\frac{(6\,000 + 5\,500) \div 2}{(7\,000 + 7\,500) \div 2} \right) \times 100\% = 79.3\%$$

计算结果表明这两家公司的固定资产成新率都保持在了很高的水平。

三、企业利润增长指标

一个企业的股东权益增长应主要依赖于企业运用股东投入资本所创造的利润,也就是说,企业的价值主要取决于盈利及其增长。因此,企业利润的增长也是反映企业发展能力的重要方面。由于利润可表现为营业利润、利润总额、净利润等多种指标,相应的利润增长率也就具有不同的表现形式。在实践中,从利润角度分析企业发展能力通常使用的指标是净利润增长率、营业利润增长率和三年利润平均增长率等。

(一)净利润增长率

由于净利润是企业经营业绩的综合结果,因此净利润的增长是企业成长和发展的基本表现。净利润增长率是本期净利润增加额与上期净利润之比,其计算公式如下。

$$净利润增长率 = \left(\frac{本期净利润增加额}{上期净利润} \right) \times 100\%$$

需要说明的是,如果上期净利润为负值,则计算公式的分母应取其绝对值。该公式反映的是企业净利润增长情况。净利润增长率为正数,说明企业本期净利润增加,净利润增长率越大,则说明企业收益增长得越多;净利润增长率为负数,则说明企业本期净利润减少,收益降低。

要全面认识企业净利润的发展能力,还需要结合企业的营业利润增长情况共同分析。如果企业的净利润主要来源于营业利润,则表明企业产品获利能力较强,具有良好的发展能力;相反,如果企业的净利润不是主要来源于正常业务,而是来源于营业外收入或者其他项目,则说明企业的持续发展能力并不强。

(二)营业利润增长率

如果一个企业营业收入增长,但利润并未增长,那么从长远来看,它并没有增加股东权益。同样,一个企业如果净利润增长,但营业收入并未增长,也就是说净利润的增长并

第八章　企业发展能力分析

不是来自于营业收入,很可能是来自于非经常性收益项目,如资产重组收益、债务重组收益、财政补贴等项目,那么这样的增长对于企业而言也是无法持续保持的,因为非经常性损益并不代表企业真实的盈利能力,具有较大的偶然性和意外性。因此,利用营业利润增长率这一比率可以更好地考察企业利润的成长性。营业利润增长率是本期营业利润增加额与上期营业利润之比,其计算公式如下。

$$营业利润增长率 = \left(\frac{本期营业利润增加额}{上期营业利润}\right) \times 100\%$$

同样,如果上期营业利润为负值,则计算公式的分母也应取其绝对值。该公式反映的是企业营业利润增长情况。营业利润增长率为正数,说明企业本期营业利润增加,营业利润增长率越大,则说明企业收益增长得越多;营业利润增长率为负数,则说明企业本期营业利润减少,收益降低。

要分析营业利润增长情况,应结合企业的营业收入增长情况一起分析。如果企业的营业利润增长率高于企业的收入增长率,则说明企业正处于成长期,业务不断拓展,企业的盈利能力在不断增强;反之,如果企业的营业利润增长率低于营业收入增长率,则反映企业营业成本、营业税费、期间费用等成本费用项目的上升超过了营业收入的增长,说明企业的商品经营盈利能力并不强,企业营业利润发展潜力值得怀疑。

为了更正确地反映企业净利润和营业利润的成长趋势,应将企业连续多期的净利润增长率和营业利润增长率指标进行对比分析,这样可以排除个别时期偶然性或特殊性因素的影响,从而更加全面、真实地揭示企业净利润和营业利润的增长情况。

【例 8-6】中原公司有关利润资料如表 8-4 所示,以此为基础计算利润增长率,并分析该公司的发展能力。

表 8-4　中原公司利润资料　　　　　　　　　　　　　　　　千元

项　目	2015 年	2016 年	2017 年	2018 年
营业利润	1 196 235	398 127	1 000 754	1 245 393
净利润	1 287 700	903 612	1 451 451	1 911 935

利用相关数据分别计算该公司 2016 年、2017 年、2018 年的营业利润增长率和净利润增长率等指标。其计算过程如表 8-5 所示。

表 8-5　中原公司利润增长率计算分析表

项　目	2016 年	2017 年	2018 年
营业利润/千元	398 127	1 000 754	1 245 393
本期营业利润增加额/千元	-798 108	602 627	244 639
营业利润增长率/%	-66.72	151.37	24.45
净利润/千元	903 612	1 451 451	1 911 935
本期净利润增加额/千元	-384 088	547 839	460 484
净利润增长率/%	-29.83	60.63	31.73

从表 8-5 中可以看出,该公司 2016—2018 年的营业利润增长率分别为-66.72%、

151.37%、24.45%。其中在2016年该比率为负，这是由该年为负值的营业利润增加额导致的，主要原因在于该年营业成本、营业费用和管理费用等大幅增加，导致该年度营业利润大幅度下降。2017年营业利润增长率很快变为正增长，且有大幅增加，但该比率在2018年又有所下降。为什么该公司营业利润增长率年度之间变化如此大？是否正常？这就需要具体分析其中的原因。2017年的营业利润增长率之所以高达151.37%，主要原因就在于该公司2016年营业利润绝对额较小，而2017年其数值较大，据此可以认为该公司营业利润增长比较正常。从营业利润增加的绝对额来看，其变化趋势与增长率基本一致。

对比三年的净利润增长率，可以发现该公司三年的净利润增长率年度之间变化较大，从2016年的-29.83%增加到2017年的60.63%，之后在2018年又下降到31.73%，主要原因同营业利润增长率变化的原因一样。需要说明的是，2016年净利润增长率为负数，这与该年净利润增加额为负值有关。结合公司的营业利润增长率来看，2016年无论是营业利润增长率，还是净利润增长率，都为负值，说明都是负增长；2017年、2018年营业利润增长率、净利润增长率虽然都为正值，但2018年净利润的增长幅度高于营业利润的增长幅度，说明该年的净利润高增长并不仅仅来源于营业利润的增长，可能还受到非经常性损益项目等其他项目的显著影响。

（三）三年利润平均增长率

与销售（营业）增长率的原理相似，利润增长率也存在受短期波动因素影响的缺陷，为弥补这一不足，可以计算三年利润平均增长率，以反映企业较长时期内的利润增长情况。该指标的计算公式为

$$三年利润平均增长率 = \left(\sqrt[3]{\frac{当年利润总额}{三年前利润总额}} - 1 \right) \times 100\%$$

【例8-7】仍以上述中原公司有关利润资料为例，可以计算公司三年利润平均增长率。

$$三年利润平均增长率 = \left(\sqrt[3]{\frac{1\,245\,393}{1\,196\,235}} - 1 \right) \times 100\% = 1.4\%$$

显然，计算三年利润平均增长率是为了均衡计算企业的三年平均利润增长水平，从而客观地评价企业的收益增长能力状况。但是从该项指标的计算公式来看，并不能达到这个目的。因为其计算结果的高低同样只与两个因素有关，即与本年度年末利润总额和三年前年度年末利润总额相关，而中间两年的年末实现利润总额则不影响该指标的高低。这样，只要两个企业的本年度年末利润总额与三年前年度年末利润总额相同，就能够得出相同的三年利润平均增长率，但是这两个企业的利润增长趋势可能并不一致。因此，依据三年利润平均增长率来评价企业利润增长能力和企业发展能力，也是有缺陷的。

四、企业资本增长指标

从资本角度分析企业发展能力的指标主要有：资本积累率和三年资本平均增长率等。

（一）资本积累率

资本积累率是指企业本年所有者权益增长额同年初所有者权益的比率。该指标反映企

业所有者权益在当年的变动水平,体现了企业资本的积累情况,是企业发展强盛的标志,也是企业扩大再生产的源泉,展示了企业的发展潜力,是评价企业发展潜力的重要指标。同时,资本积累率也反映了投资者投入企业资本的保全性和增长性。其计算公式为

$$资本积累率 = \left(\frac{本期所有者权益增长额}{期初所有者权益}\right) \times 100\%$$

式中:本期所有者权益增长额是指企业本年所有者权益与上年所有者权益的差额,计算公式为本年所有者权益增长额=所有者权益年末数-所有者权益年初数,如果本年所有者权益减少,用"-"表示;而年初所有者权益是指所有者权益的年初数。

资本积累率反映了投资者投入企业资本的保全性和增长性,该指标越高,表明企业资本积累越多,企业资本保全性越强,应付风险、持续发展的能力越大。该指标如为负值,表明企业资本受到侵蚀,所有者的权益受到损害,应予以充分重视。

【例 8-8】仍以上述甲、乙两家公司为例,公司有关所有者权益的资料如表 8-6 所示。

表 8-6　甲、乙两家公司所有者权益的资料　　　　　　　　　　万元

	2016 年	2017 年	2018 年	2019 年
甲公司	5 000	6 000	8 000	8 500
乙公司	4 000	5 000	5 000	7 500

根据以上数据可以分别计算这两家公司的资本积累率。

2019 年甲公司的资本积累率=[(8 500-8 000)÷8 000]×100%=6.25%

2019 年乙公司的资本积累率=[(7 000-5 000)÷5 000]×100%=40%

(二)三年资本平均增长率

三年资本平均增长率表示企业资本连续三年的积累情况,体现企业的发展水平和发展趋势。其计算公式为

$$三年资本平均增长率 = \left(\sqrt[3]{\frac{当年末所有者权益总额}{三年前年末所有者权益总额}} - 1\right) \times 100\%$$

式中:当年末所有者权益总额是指所有者权益年末数;三年前年末所有者权益总额是指企业三年前的所有者权益年末数,例如,分析 2019 年企业发展能力,三年前所有者权益年末数是指 2016 年所有者权益年末数。

一般增长率指标在分析时具有"滞后"性,仅反映当期情况,而利用三年资本平均增长率指标,既能够反映企业资本保值增值的历史发展状况,又能反映企业稳步发展的趋势。该指标越高,表明企业所有者权益得到的保障程度越大,企业可以长期使用的资金越充足,抗风险和保持连续发展的能力越强。

【例 8-9】仍以上述甲、乙两家公司的所有者权益资料为例,分别计算两公司的三年资本平均增长率。

$$甲公司三年资本平均增长率 = \left(\sqrt[3]{\frac{8\,500}{5\,000}} - 1\right) \times 100\% = 19.3\%$$

$$乙公司三年资本平均增长率 = \left(\sqrt[3]{\frac{7\,000}{4\,000}} - 1\right) \times 100\% = 20.5\%$$

需要注意的是：三年资本平均增长率指标设计的本意是为了均衡地计算企业的三年平均资本增长水平，从而客观地评价企业的所有者权益发展能力状况。但是从该项指标的计算公式来看，并不一定能达到这个目的。因为其计算结果的高低只与两个因素有关，即与本年度年末所有者权益总额和三年前年度年末所有者权益总额相关，而中间两年的年末所有者权益总额则不影响该指标的高低。这样，只要两个企业的本年度年末所有者权益总额和三年前年度年末所有者权益总额相同，就能够得出相同的三年资本平均增长率，但是这两个企业的所有者权益增长趋势可能并不一致。因此，依据三年资本平均增长率来评价企业所有者权益发展能力也存在一定的局限性。

另外，在对资本增长情况进行分析时，还要注意所有者权益各类别的增长情况。一般来说，若实收资本的快速扩张来源于外部资金的加入，只能表明企业获得了新的资本并具备了进一步发展的基础，但并不表明企业过去具有很强的发展能力；而如果资本的扩张主要来源于留存收益的增长，则说明企业通过自身经营活动不断地在积累发展后备资金，这既表明了企业在过去经营过程中的发展能力，也反映了企业进一步发展的后劲。

五、企业股利增长指标

从股利分配角度来分析企业发展能力的指标主要有：股利增长率和三年股利平均增长率等。

(一)股利增长率

股利增长率是本年发放股利增长额与上年发放股利的比率。该指标反映了企业发放股利的增长情况，是衡量企业发展性的一个重要指标。股利增长率与企业价值有非常密切的关系，股利增长率越高，企业股票价值就越高；反之，股票价值越低。股利增长率的计算公式为

$$股利增长率 = \left(\frac{本年每股股利增长额}{上年每股股利}\right) \times 100\%$$

式中：本年每股股利增长额为本年发放每股股利与上年发放每股股利的差额，计算公式为本年每股股利增长额=本年发放每股股利-上年发放每股股利，若本年发放每股股利小于上年发放每股股利，则用"-"表示；而上年每股股利为上年度企业每股发放的股利数。

【例8-10】仍以上述甲、乙两家公司为例，公司有关股利发放的资料如表8-7所示。

表8-7　甲、乙两家公司每股股利资料　　　　　　　　　　　　　单位：元

	2016年	2017年	2018年	2019年
甲公司	0.10	0.12	0.12	0.15
乙公司	0.20	0.15	0.18	0.22

根据以上数据分别计算两家公司的股利增长率。

2019年甲公司的股利增长率=[(0.15−0.12)÷0.12]×100% = 25%
2019年乙公司的股利增长率=[(0.22−0.18)÷0.18]×100% = 22.2%

(二)三年股利平均增长率

三年股利平均增长率表示企业股利连续三年的分配情况,在一定程度上体现企业的发展水平和发展趋势,其计算公式为

$$三年股利平均增长率 = \left(\sqrt[3]{\frac{本年每股股利}{三年前每股股利}} - 1\right) \times 100\%$$

【例 8-11】仍以上述甲、乙两家公司的每股股利资料为例,分别计算两公司的三年股利平均增长率。

$$甲公司三年股利平均增长率 = \left(\sqrt[3]{\frac{0.15}{0.10}} - 1\right) \times 100\% = 14.5\%$$

$$乙公司三年股利平均增长率 = \left(\sqrt[3]{\frac{0.22}{0.20}} - 1\right) \times 100\% = 3.2\%$$

六、技术投入比率

技术投入比率是指企业技术研究开发或投资的支出占当年主营业务收入净额的比率,反映了企业对新技术的研究开发重视程度和研发能力。其计算公式为

$$技术投入比率 = \left(\frac{当年技术转让费支出与研发投入}{主营业务收入净额}\right) \times 100\%$$

科学技术是社会生产力的重要组成部分,现代企业的发展与技术进步密不可分,企业必须占领相关技术领域的制高点,才能在商战中稳操胜券。要提升企业的技术含量,就必须注意技术研发的投入,包括直接进行研究开发和接受技术转让。技术投入比率就是将研究开发和接受技术转让方面的投入与企业主营业务收入净额相比较,说明企业主营业务收入中有多大的部分用于技术方面的投资,既说明企业对技术研发的重视程度,也说明企业研究开发的能力,并进一步说明企业的发展动力储备情况。

对上市公司来说,计算技术投入比率的有关资料可以从财务报告的附注和公告资料中取得。上市公司应当在财务报告的附注中说明研究开发方面的支出情况,接受技术转让一般都要在公告中说明接受转让技术的内容、价格等问题。对这些资料使用时应当保持谨慎,应当注意资料的客观公允性,把技术投入比率同企业的实际竞争能力及其改善情况、审计结论及其可靠性、技术转让价格的合理性、技术转让交易的性质是否属于关联交易等问题结合起来进行评价。

七、企业发展能力的因素分析

发展能力是企业不断改善财务状况和经营业绩的能力,历史数据往往只能说明企业财务状况和经营业绩的变动趋势,要准确地评价企业的发展能力,一些不能用数据反映的情

况也具有很重要的参考价值。这些因素主要包括：国际国内政治经济形势、行业运行趋势和企业内部因素等。

(一)国际国内政治经济形势分析

国际政治经济形势、国家政治经济形势及运行趋势、国家宏观经济政策、国家的政治经济体制等方面的情况及其变动，都会对企业生产经营、财务状况、经济效益产生影响。

(二)行业运行趋势分析

行业运行状况包括行业寿命周期、行业发展前景、行业竞争状况、行业的技术发展状况、政府政策对行业的影响等方面，这些因素对企业发展能力也会有不同程度的影响。

(三)企业内部因素分析

企业发展能力受外部因素的影响，但更主要的是受内部因素的影响。这些内部因素主要包括以下几个方面。

1. 经营者的基本素质

我国企业发展情况证明，企业良好的发展能力关键取决于企业经营者或领导班子的素质，主要指智力素质、品德素质和能力素质等。其具体包括：知识结构、道德品质、敬业精神、廉洁自律、经营管理能力、开拓创新能力、团结协作能力、组织能力以及科学决策水平等因素。

2. 基础管理水平

基础管理水平是指企业按照国际规范做法、国家政策法规规定和本企业实际情况，在生产经营过程中形成和运用的维系企业正常运转及生存与发展的企业组织结构、内部经营管理模式、各项基础管理制度、激励与约束机制、信息支持系统、安全生产管理等的建设以及贯彻执行状况。

3. 公司治理结构

公司治理结构是对企业领导权力的制度安排，主要体现在公司股东大会制度完善情况、董事会、监事会、总经理的人事安排及制衡机制，公司与大股东、母公司的组织关系、人事关系、业务与财务关系，公司股权结构等。如果董事会、监事会、经营者之间缺乏制衡机制，公司在组织人事安排、业务和财务上与大股东或母公司纠缠不清，在股权结构上存在一股独大、大股东对公司发展缺乏责任心等，都会对公司的发展能力产生极其不利的影响。

4. 在岗员工素质状况

在岗员工的素质是指企业普通员工的文化水平、道德水准、专业技能、组织纪律性、参与企业管理的积极性及爱岗敬业精神等方面的综合情况。

5. 企业经营发展战略与策略

企业经营发展战略与策略通常是指企业所采用的包括科技投入、产品开发、市场营销、

第八章 企业发展能力分析

更新设备、项目规划、资产重组、资本运作及人力资源等各方面的谋划和策略。上市公司的年度报告和中期报告中的董事会报告都会阐述公司的经营策略，主要包括投资策略、筹资策略、销售策略、成本控制策略、产品和技术创新策略等。对公司经营策略的分析主要是评价其是否科学、先进、可行、有效。具体应注意以下几个问题：①企业的经营策略是否适应宏观经济环境、行业发展趋势、产品寿命周期和市场竞争强度；②企业的经营策略是否适应企业的主营业务和资源条件；③企业的经营策略包括哪些风险，企业是否可以承受这些风险等。

6. 产品市场竞争能力(服务满意度)

企业在市场竞争中的地位，对企业的发展能力具有重要的影响。竞争能力主要表现在企业主导产品的技术含量、性能质量、竞争优势等，或者客户对商品及服务的满意程度。其具体包括：产品质量、价格、市场占有率或产销率、产品品牌的市场知名度、售后服务、产品更新换代速度、行业或区域影响力等；服务行业企业的消费者或顾客对商品或服务的质量、种类、速度、方便程度等的心理满足程度。

7. 技术装备更新水平(服务硬环境)

企业的技术装备情况，是其发展能力的物质基础，是指企业主要生产设备的先进程度和生产适用性、技术水平、开工及闲置状况、更新改造情况、技术投入水平以及采用环保技术措施等情况。服务硬环境是商贸、交通等服务行业企业使用的评价指标，是指商场、车站、饭店等商贸、服务场所的装饰装潢、环境卫生、设备性能等硬件设施情况。

8. 发展创新能力

发展创新能力主要是指企业在市场竞争中为保持竞争优势，不断地根据外部环境进行的自我调整和革新的能力。它主要包括管理创新、产品创新、技术创新、服务创新、观念创新等方面的意识和能力。

9. 综合社会贡献

综合社会贡献主要是指企业对经济增长、社会发展、环境保护等方面的综合影响。它主要包括对国民经济及区域经济增长的贡献、提供就业和再就业机会、履行社会责任与义务以及信用操守情况、对财政税收的贡献和对环境的保护影响等。

第三节 案 例 分 析

本小节继续分析新开普的发展能力。

一、比率计算

(一)股东权益增长率

计算近三年(2015—2017年，下同)公司的股东权益增长率(见表8-8)。

表 8-8 股东权益增长率

比 率	2017 年	2016 年	2015 年
股东权益增长率/%	0.12	0.38	0.5

从上表分析得出，股东权益增长率三年来逐年下降，说明净资产虽然绝对金额在增加，但增速越来越低了。

(二)资产增长率

1. 计算近三年公司的资产增长率(见表 8-9)

表 8-9 资产增长率

项 目	2015 年	2016 年	2017 年	2017 年行业均值
资产增长率/%	0.93	0.38	0.11	0.24

2. 分析近三年资产增长率变化趋势及原因

资产规模增速趋缓可能是企业战略调整所致，也可能是经营不当所致，应该引起注意。此外，企业在资产扩张的同时，应注意资产规模扩张的质与量的关系，以及企业的后续发展能力，避免资产盲目扩张。

新开普的资产增长率 2015 年最高，其余两年增速减慢。主要分析一下 2015 年变化的情况。2015 年比 2014 年资产账面价值增加了 5 亿多元，其中商誉就占了 4 亿多元。资产的主要变化情况：①股权资产，2014 年权益分配，以资本公积每 10 股转增资本(或股本)10 股；本报告期新发行股份 16 654 901 股。②无形资产的增加是合并确认的迪科远望和上海树维无形资产金额。③可供出售的金融资产，主要是报告期内投资华夏海纳引起。④长期股权投资，主要是报告期内投资北京乐智、成都兰途及丹诚开普有限合伙企业所致。⑤商誉增加，主要是报告期内，公司溢价收购迪科远望及上海树维形成的。

对资产增长率的分析还要结合负债和所有者权益的增长率，分析资产增长的原因，是负债增加所致，还是权益增加所致。

(三)销售增长率

1. 计算近三年公司的销售增长率(见表 8-10)

表 8-10 销售增长率

项 目	2015 年	2016 年	2017 年	2017 年行业均值
销售增长率/%	0.62	0.34	0.13	0.26

2. 分析近三年销售增长率变化趋势及原因

近三年公司的销售增长率逐年降低。虽然销售增长率在下降，但是销售额每年却是增加的，只是增加的幅度越来越低。其原因是该公司主营业务的市场已经饱和，同时，也有其他新的竞争者的加入，所以增长速度明显降低。

(四)收益增长率

(1) 计算近三年公司的收益增长率(净利润增长率、营业利润增长率)。
(2) 分析近三年收益增长率变化趋势及原因。

净利润增长率代表企业当期净利润比上期净利润的增长幅度,指标值越大,代表企业盈利能力越强。净利润增长率 2015 年最高,2016 年和 2017 年都有所降低,但仍远高于行业均值,说明该公司净利润在行业内增幅具有较大优势。

营业利润增长率三年来总体上保持了大幅增长,2017 年的增长率是行业均值的四倍,说明三年来其营业活动的盈利大幅增长,盈利能力极强,但三年来营业利润增长率波动较大,说明增长不很稳定,应进一步分析其中的原因。

计算结果列表如下(见表 8-11)。

表 8-11 收益增长率　　　　　　　　　　　　　　　　%

项　目	2015 年	2016 年	2017 年	2017 年行业均值
净利润增长率	0.59	0.41	0.40	0.025
营业利润增长率	1.09	0.11	0.77	0.192

二、企业整体发展能力分析

1. 分析股东权益增长率、资产增长率、销售增长率、收益增长率的关系,判断它们之间增长的效益性及协调性

从发展能力分析,股东权益增长率、资产增长率、销售增长率、收益增长率之间的关系在变化上大致呈现一致性的变化。说明四大类指标的变化具有一致性和逻辑上的协调性。另一方面,就 2017 年五项增长率具体数据来分析,资产规模扩张了 11.45%,带来了销售更大的增长,达到 12.6%,销售增长,直接导致了营业利润大增,增幅达到了 77.04%,最后带来了净利润 40.40%的大幅增长。从 2017 年行业对比来看,虽然资产增长率和销售增长率大幅低于行业均值,但收益增长率(营业利润增长率、净利润增长率)均大幅高于行业均值,说明资产的增长和销售的增长具有良好的效益性,如表 8-12 所示。

表 8-12 各项增长率汇总表　　　　　　　　　　　　　　%

项　目	2015 年	2016 年	2017 年	2017 年行业均值
股东权益增长率	0.50	0.38	0.12	0.17
净利润增长率	0.59	0.41	0.40	0.025
营业利润增长率	1.09	0.11	0.77	0.192
销售增长率	0.62	0.34	0.13	0.26
资产增长率	0.93	0.38	0.11	0.24

2. 评价该企业整体发展能力

整体来说,企业的各项增长率在逐年下降,虽然企业 2017 年收益增长率、盈利能力大

幅高于行业平均水平，但是销售量增长率已经低于平均水平，增速只相当于行业均值的一半，要结合其他资料分析销售增长缓慢的内在原因和外在原因。同时，资产规模的增长速度也不足行业资产增长的一半，也要分析原因及合理性。综上，三年来新开普的增长能力总体良好，尤其是其营业利润和净利润，三年来保持了高速增长，且远高于行业均值。但销售收入的增长率逐年下降，且在2017年不及行业增速的50%，是值得高度重视的，如果销售收入增速持续下降，收益增长也难于继续保持高增长。

三、结论与建议

从上述计算分析可以发现企业的销售收入增长率在逐年下降，销售规模近两年也没有发展起来。盈利的增长率也在趋缓。

针对新开普的发展能力分析以及市场情况，提出如下建议：①分析资产规模增速下滑的原因及其合理性；②进一步分析销售收入增速下降的原因，以及销售增速大幅低于行业均值的原因；③强化创新意识，增强企业创新能力；④增加研发投入，提高产品质量，加强营销管理，不断地提高公司以及产品服务的竞争力。

思 考 题

1. 简述企业发展能力分析的意义和目的。
2. 企业发展能力的财务指标有哪些？
3. 在利用销售增长率指标进行企业发展能力分析时需要注意哪些内容？
4. 从利润角度分析企业发展能力通常有哪些指标？各自的特点是什么？
5. 简述影响企业发展能力评价的因素。

第九章　企业财务综合分析与评价

知识要点：

前述各章分别分析了企业的资产负债表、利润表、现金流量表以及各种财务能力。企业的各个报表之间是一个整体，而各种财务能力又是相互影响、相互作用的。本章立足于企业整体，综合企业的各个方面进行分析，包括战略分析、财务分析和前景预测分析。

第一节　财务综合分析和评价概述

一、财务综合分析和评价的含义

单个报表的分析和单项财务指标分析不足以全面评价企业财务状况和经营成果，只有系统、综合地分析企业的各个方面，才能对企业的财务状况做出全面、合理、正确的评价。而综合分析的目的就是要全方位表达和披露企业的经营情况和财务状况，进而对企业经济效益作出正确合理的判断，为企业资金的筹集、投入、运用、分配等一系列财务活动的决策提供有力的指导。因此，必须同时进行战略分析和财务分析，以及多种指标或比率之间的相关分析或者采用适当的方法对企业状况进行综合评价，才能得出整体意义上的对企业财务状况和经营成果的客观评定。

所谓财务综合分析评价，就是先分析企业的战略环境和战略能力，在此基础上将企业的偿债能力、营运能力、成长能力和获利能力等方面的分析纳入一个有机整体中，通过分析其相互关系和内在联系，系统、全面、综合地对企业的财务状况和经营成果进行剖析、解释和评价，说明企业整体财务状况和经营成果的优劣。

二、财务综合分析和评价的目的

财务综合分析与评价是在单项财务分析的基础上进行的提高和升华，综合分析与评价比单项财务分析的范围要大，综合分析评价的目的主要包括但不限于以下几个方面。

(1) 通过综合分析评价明确企业财务活动与战略定位及经营活动的相互关系，找出制约企业发展的"瓶颈"所在。

(2) 通过综合分析全面评价企业财务状况及经营业绩，明确企业的经营水平、市场地位及发展方向。

(3) 通过综合分析评价为企业利益相关者进行投资决策提供参考。

(4) 通过综合分析评价为完善企业财务管理和经营管理提供依据。

三、综合分析和评价的内容

根据财务综合分析和评价的含义和目的，综合分析和评价至少包括以下几方面内容。

(一)战略分析

企业的综合分析必须具有战略高度，企业战略是企业采取各种措施的依据，因此也是对企业进行分析的前提。战略分析可以从基本面和技术面两个方面展开，基本面的战略分析包括企业面临的宏观环境、行业分析以及竞争力分析；技术面的战略分析主要包括从报表来观察企业自身的战略选择。

(二)财务综合分析与评价

企业单项能力的财务分析只能观察企业某一方面的情况，如盈利情况、营运情况等。对企业进行综合的比率分析则可以发现企业整体的财务状况。常见的财务比率综合分析方法主要包括沃尔评分法、杜邦分析和帕利普分析体系。

(三)前景分析

在综合考虑宏观经济、行业发展和以上分析的基础上，对企业的发展前景和未来趋势做出预测。

四、财务综合分析和评价的特点

相对于单项财务分析，综合分析评价的特点主要包括以下几个方面。

(一)分析方法不同

单项分析通常把企业财务活动的总体分解为各个具体部分，认识每一个具体的财务现象，就可以对财务状况和经营成果的某一个方面作出判断和评价；而综合财务分析则是通过把个别财务现象从财务活动的总体上做出归纳和综合，着重从整体上概括财务活动的本质特征。

(二)分析重点和基准不同

单项分析的重点和比较基准是财务计划、财务理论标准；而综合分析的重点和基准是企业整体发展趋势、企业战略和发展前景。

(三)分析目的不同

单项分析的目的侧重于找出企业财务状况和经营成果在某一方面存在的问题；而综合分析的目的是要全面评价企业的财务状况和经营成果。

五、财务综合分析和评价的要求

财务综合分析的特点，体现在其战略体系和财务指标体系的要求上。战略体系包括企业外部战略环境和自身的战略定位，企业外部战略环境又分为宏观战略环境和行业战略环境两个方面。

而一个健全有效的综合财务指标体系必须具备三个基本素质：一是指标要素齐全适当；二是主辅指标功能协调匹配；三是提供信息的多维性。

指标要素的齐全性,意味着所设置的评价指标必须能够涵盖企业获利能力、偿债能力及营运能力诸方面总体考核的要求。

所谓主辅指标功能的协调匹配,实质上在于强调两个方面:第一,在确立获利能力、偿债能力、营运能力诸方面评价指标的主辅地位;第二,不同范畴的主要考核指标应反映企业经营状况、财务状况的不同侧面与不同层次的信息,应当能够全面、翔实地揭示出企业经营理财的业绩。

提供信息的多维性,要求评价指标体系必须能够提供多层次、多角度的信息资料,既能满足企业内部管理当局实施决策的需要,又能满足外部投资者和政府经济管理机构等相关利害团体据以决策和实施宏观调控的要求。

要想对企业的财务状况和经营成果有一个总的评价,就必须采用适当的标准进行综合性评价。

六、财务综合分析与评价的方法

财务综合分析与评价的方法有很多,包括杜邦分析法、沃尔比重法、雷达图法等,其中应用比较广泛的有沃尔评分法、杜邦分析法和帕利普分析体系。

(一)沃尔评分法

沃尔评分法又称评分综合法,是将几种财务比率分别给定其在总评价中所占的分值,总和为 100 分,然后确定标准比率,并与实际进行比较,评出每项指标的实际得分,最后求出总评分,用总评分来评价企业的财务状况。

(二)杜邦分析法

杜邦分析法又称杜邦财务分析体系,是利用各主要财务比率的内在联系,对企业财务状况和经营状况进行综合分析和评价的方法。杜邦财务分析体系,是以股东(所有者)权益报酬率为龙头,以总资产利润率为核心,重点揭示企业获利能力及其原因。因其最初由美国杜邦公司成功运用而得名。

(三)帕利普分析体系

帕利普财务分析体系是美国哈佛大学教授帕利普对杜邦财务分析体系进行了变形、补充而发展起来的。帕利普财务分析的原理是将某一个要分析的指标层层展开,这样便可以探究财务指标发生变化的根本原因。

第二节 战 略 分 析

战略是企业管理和决策的起点和重点,战略管理一般而言包括三个步骤,分别是战略定位、战略选择和战略实施。对企业的综合分析也应该以战略分析为起点,主要的分析内容有两个方面:一是根据宏观环境和行业情况分析企业的战略定位,二是从报表中分析出企业的战略选择。

一、战略分析框架：SWOT 分析法

对企业进行战略分析采用最广泛的工具是 SWOT 分析法。SWOT 分析法是 20 世纪 80 年代由管理学教授韦里克(Weihrich)提出的，SWOT 分析法既分析了企业内部的竞争优势(Strength)和劣势(Weakness)，又分析了企业所面临的外部机会(Opportunity)和威胁(Threat)，成为一个简单而全面的战略分析方法。

如图 9-1 所示，SWOT 分析法由一个矩阵构成，矩阵的上半部分是企业内部分析，分析企业自身的优势和劣势，矩阵的下半部分是企业外部分析，分析企业面临的来自外部的机会和威胁。但是应用 SWOT 分析法更重要的是通过分析找到企业将劣势转化为优势的方法和途径，以及将外部威胁进行消除或者转化为机会的方法和途径。

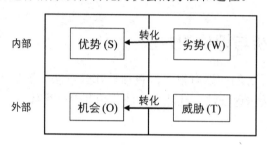

图 9-1 SWOT 分析图

由于 SWOT 分析法较简单，在进行企业的内部分析和外部分析时还要采用其他分析工具才能够更加深入。在分析企业外部环境时可以应用 PESTEL 模型进行宏观分析，应用五力模型分析企业的微观环境。而企业内部分析主要是基于波特教授的一般战略模型。

二、宏观分析：PESTEL 模型

PESTEL 模型是分析企业面临的六种外部因素，分别是政治(Political)、经济(Economic)、社会(Social)、技术(Technological)、环境(Environmental)和法律(Legal)。PESTEL 模型不仅用来分析外部环境，而且能够识别所有对企业有冲击作用的外部因素与作用方式。

政治因素是指对组织经营活动具有实际与潜在影响的政治政策等因素。政府能够给企业的各项活动提供基础设施与政治保障，例如政府的公共政策和市场安排都会影响企业的相关经济战略。具体来说，政治因素需要考虑政府的行业管制或者管制的放松，政府预算规模大小和政府采购的规模与方向，政府的财政政策和货币政策的变动。

经济因素是指企业外部的经济结构、产业布局、资源状况、地区经济发展水平以及未来的经济走势等方面，以及企业面临的经济环境如利率波动、通货膨胀水平和汇率水平等。居民可支配收入水平和居民的消费模式以及消费模式的变化也是影响企业的重要经济因素。此外，在我国，经济转型也影响着企业的外部战略。

社会因素是指企业所在社会中成员的组成情况、发展历史、文化传统、价值观念、教育水平以及风俗习惯等方面。例如，一个社会老龄化情况、生育率的高低和生活方式都影响着一个国家的内部消费和进出口情况，自然也就会影响当地企业以及进口方企业。此外，收入的差距、公民社会责任和社会道德观念也会影响社会整体的消费结构。对于企业来说，

识别这些社会因素已经成为企业成功的重要条件。

技术因素不仅仅包括那些引起革命性变化的发明,还包括与各行各业有关的新技术、新工艺、新材料的出现、发展趋势和应用前景。技术因素不但影响企业提供的产品和服务,还会影响企业的生产经营等各方面。技术对企业战略的支撑作用最直接,企业的外购材料和零部件包含哪些技术手段,企业生产中采用了哪些技术,这些技术是否有新发展,趋势如何,企业是否能够获得这些技术,这些方面都是企业在制定和实施战略时需要考虑的。

环境因素包括企业的活动、产品或服务能够与自然环境发生相互作用的各种要素。环境因素主要是指两个方面,一个是资源的消耗,一个是废弃物的排放,包括固体、液体和气体。当今社会,废弃物排放已经成为全球关注的问题,因此,在企业战略分析和战略管理时必须考虑环境因素。

法律因素是指企业外部的法律法规、司法系统和公众法律意识所组成的综合系统。一个健全的成熟的法律制度和法律体系对企业发展具有重要影响和作用。

三、行业分析:五力模型

五力模型是著名战略管理学家波特教授于1980年提出的,主要用于分析企业所面临的行业环境。企业的战略环境可以分为宏观战略环境与微观战略环境,宏观战略环境分析可以利用PESTEL模型,而微观战略环境分析的工具是五力模型。

行业分析的目的在于分析企业的盈利能力和盈利潜力,企业的盈利能力不仅仅与自身的资金、技术、管理水平有关,而且与企业所在行业的情况、行业内企业的地位以及行业的上下游有关。波特教授所提出的五力模型是用来分析企业所在行业、替代品行业和上下游关系的有力工具。

波特教授在五力模型中提出,一个企业所在行业的竞争程度和盈利能力主要受到五个方面因素的影响,分别为行业内现有竞争对手之间的竞争威胁、潜在进入者的竞争威胁、替代品的竞争威胁、行业上游供应商的议价能力、行业下游客户的议价能力,如图9-2所示。关于行业的五个方面的竞争程度和竞争能力影响企业的获利能力,如果企业在行业内部和替代品行业都具有较强的竞争力,企业的获利能力就高于行业平均水平。企业如果相对于供应商具备较强的议价能力,就可能利用商业信用无偿使用供应商的资金,同样的道理,企业与客户也具有这样的关系。甚至于实力强大的企业可以将自己的上下游结合起来,建立供应链金融平台,不但增强自己的竞争力,也可以为上下游企业赋能。

(一)行业内竞争对手与企业间竞争分析

同一个行业内的企业间的竞争是最直接、最关注的竞争,企业间的竞争程度影响着行业整体的盈利能力。当今社会,全球大多数国家都不允许出现行业垄断出现,各国都有反垄断法和反垄断的机构进行管制。此外,大多数农产品的生产销售接近于完全竞争市场,除此之外的大多数产品市场都属于一般竞争市场和垄断竞争市场。行业的竞争程度越高,每个企业的边际利润就越低,企业在行业中的地位越趋于平均,其利润水平就越低。企业在行业内的竞争战略目标就是尽可能获得行业领先地位,获得相当于行业内其他企业的竞争优势。竞争战略可以选择成本领先、差异化和专一化策略,这三种战略选择就是由波特教授提出的一般竞争战略。成本领先是指企业尽可能降低自己的成本支出以获得行业竞争优势，差异化是指企业努力提高自己的产品和服务的质量，使得自己与竞争对手进行区分以获得竞争优势，而专一化是指企业将自己的产品或服务进行细分，集中服务某一类客户，从而获得竞争优势。

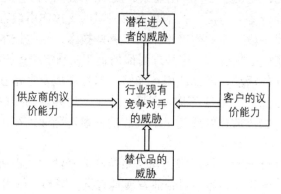

图 9-2　五力模型

(二)潜在进入者与企业的竞争分析

一般而言，有两种情况会引起潜在进入者的关注。第一种情况是当行业的平均利润率超过社会其他行业的平均利润率时，第二种情况是行业的发展前景超出社会预期时。第一种情况多发生在较传统的行业，例如奶茶行业属于饮料的细分市场，在香飘飘做大之前少有企业关注，但是在香飘飘成功之后，就引来了包括雀巢、维维豆奶等潜在的进入者。第二种情况多发生在新兴行业，特别是在互联网、人工智能或区块链等新技术领域。

影响潜在进入者的因素很多，主要包括规模经济、原料控制、销售渠道和管制因素等方面。行业现有企业的规模经济越大，其竞争优势越显著，则潜在进入者越不容易建立起竞争优势。而潜在的进入者如果没有良好的原来获取优势，或者没有强大的销售网络，也成为其进入行业的阻碍。此外，如果现有行业存在法律法规的限制，比如许可证、特许权等要求，也会增加行业进入的难度，一般金融、石油、电信等行业都是受到管制的领域，不容易受到潜在进入者的威胁。

(三)替代品或服务的竞争分析

传统意义上的替代品是指功能相近的产品或服务，例如外卖行业对方便面的替代就属于功能相近。但是现在由于技术发展的迅速和功能的扩散性，使得替代的范围不断增加，出现跨界替代，例如手机的照相功能越来越强大，对数码相机造成了严重的替代。因此，在进行替代品分析的时候，不仅要观察现在行业的特性，还要注意技术进步和社会趋势的变化发展。

(四)企业与供应商的合作能力分析

传统的五力模型中企业与供应商的关系是讨价还价能力分析，但是现在越来越多的企业认识到企业间的竞争不仅是行业内竞争，而是扩大到了产业链竞争。因此，企业与供应商不再是竞争关系，而应该是合作共赢关系。

按照传统五力模型的分析，满足以下条件的供应商具有较大的讨价还价能力，从而增加了企业所在行业的竞争程度，降低了企业的战略选择空间。

(1) 供应商行业被一些具有比较优势地位的企业所占据,而供应商的客户较多,任何一个客户都无法成为供应商的重要客户。

(2) 供应商提供的产品或服务具有独特性或差异化,难以被替代。

(3) 供应商已经实现后向一体化,或者具备后向一体化的能力,而企业难以向前一体化。

反之,如果企业能够具备以上条件,则对供应商有较强的讨价还价能力。但是,正如前面所述,即使企业具备这样的能力,也应该采用与供应商合作共赢的战略,而不是用较强的议价能力挤压供应商。

(五)企业与客户的合作能力分析

同样,在传统的五力模型分析中,企业与客户之间的分析也是基于讨价还价能力的分析,其相互关系是与上面的供应商关系对应的。

无论是供应商与企业,还是企业与客户,关于产品或服务的讨价还价就是一个博弈过程。传统的讨价还价博弈是一个零和博弈,获胜一方在讨价还价过程中获得的收益是建立在另一方的损失之上的。基于企业的长远发展来说,受损的一方或者会报复对方以收回损失,或者是退出市场,无论哪一种情况,都不利于企业的长远发展。因此,正确的战略选择是与企业的上下游一起打造产业链的整体价值,增强相对于行业内竞争对手、潜在进入者和替代品供应商的竞争优势,才能够为企业所有的利益相关者创造价值。

第三节　财务综合分析与评价

亚历山大·沃尔(Alexander Woll)是财务状况综合评价的先驱者之一,他在 20 世纪初出版的《信用晴雨表研究》和《财务报表比率分析》中提出了信用能力指数的概念,把若干个财务比率用线性关系结合起来,以此评价企业的信用水平。他选择了七种财务比率,即流动比率、产权比率、固定资产比率、存货周转率、应收账款周转率、固定资产周转率和自有资金周转率,分别给定了各个比率在总评价中所占的比重,总和为 100 分。然后确定标准比率,并与实际比率相比较,评出每项指标的得分,最后求出总评分。

现代社会与沃尔所处的时代相比,已经发生了很大的变化。现在通常认为,在选择指标时,偿债能力、运营能力、获利能力和发展能力指标均应当选到,除此之外还应当适当地选取一些非财务指标作为参考。

财务综合分析与评价方法和模型主要有沃尔评分法、杜邦分析法、帕利普财务分析体系等。

一、沃尔评分法的步骤

运用沃尔评分法进行企业财务状况综合分析评价一般需要遵循如下步骤。

(一)选定评价企业财务状况的比率指标

通常要选择能够说明问题的重要指标。在选择指标时,虽然没有要求选择哪些指标,但也有一定的原则。这些原则包括:一是要具有全面性,要求反映企业的偿债能力、盈利能力、营运能力和发展能力的四大类财务比率都包括在内。二是要具有代表性,即要选择能够说明问题的重要的财务比率。三是要具有变化方向的一致性,即当财务比率增大时,表示财务状况的改善;反之,当财务比率减小时,表示财务状况的恶化。一般认为企业财务评价的内容最主要的是盈利能力,其次是偿债能力,此外还有营运能力和发展能力。盈利能力的指标可以考虑采用资产净利率、销售净利率和净值报酬率。偿债能力主要使用的指标包括流动比率、速动比率和资产负债率。营运能力常用的指标是应收账款周转率和存货周转率。发展能力有三个常用指标,分别是销售增长率、净利增长率和资产增长率。

(二)根据各项财务指标的重要程度,确定其标准评分值(重要性系数)

各项财务比率的标准评分值之和应等于100。各项财务比率评分值的确定是沃尔评分法的一个重要问题,它直接影响对企业财务状况的最后评分。由于社会经济情况的变化,现在所采用的比率及各个比率的受重视程度也有很大不同,不同的分析就会有截然不同的态度,但一般认为构成财务评价主要内容的盈利能力、偿债能力、营运能力和发展能力之间大致可按3:2:2:2来分配比重。应该指出的是,在确定比重的时候,还应该根据企业经营活动的性质、企业生产经营的规模、市场份额、公众形象和分析目的等因素来确定具体的评分值。

(三)确定各项财务比率评分值的上限和下限,即最高评分值和最低评分值

设置上限和下限,给财务比率的评分值设置一个评分区间,这主要是为了避免个别财务比率的异常值给总评分造成不合理的影响。

(四)确定各项财务比率的标准值

财务比率指标的标准值是指在本企业现时条件下财务比率的最理想数值,即最优值。财务指标的标准值一般可用行业平均数、企业历史先进数、国家有关标准或者国际公认数为基准来加以确定。

(五)计算企业在一定时期各项财务比率的实际值

根据实例中企业一定时期的具体数据,计算出各项财务比率的实际值。

(六)求出各指标实际值与标准值的比率

求出各指标实际值与标准值的比率,称为关系比率或相对比率,其计算要分为以下两种情况,从而采用不同的方法。

(1) 当实际值大于标准值为理想的,其计算公式为

$$关系比率=实际值/标准值$$

(2) 当实际值大于标准值为不理想的(即实际值小于标准值为理想),其计算公式为

$$关系比率=1-(实际值-标准值)/标准值$$

(七)计算各项财务比率的实际得分

各项财务比率的实际得分是关系比率和标准评分值的乘积,每项财务比率的得分都不

得超过上限和下限,所有各项财务比率实际得分的合计数就是企业财务状况的综合得分。企业财务状况的综合得分就反映了企业综合财务状况是否良好。如果综合得分等于或接近于 100 分,说明企业的财务状况是良好的,达到了预先确定的标准;如果综合得分低于 100 分很多,说明企业的财务状况较差,应当采取适当的措施加以改善;如果综合得分超过 100 分很多,说明企业财务状况很理想。

二、沃尔评分法举例

下面以两个不同企业的数字实例说明沃尔评分法的使用。

【例 9-1】A 企业的各类单项财务比率情况如下:代表盈利能力的三个财务比率分别为总资产净利率是 11%、销售净利率是 15%、净资产报酬率是 8%,这三个指标该企业所在行业的标准值分别为 12%、17%、6%;代表偿债能力的指标,自有资本比例为 20%,流动比率为 150%,行业标准值分别为 40% 和 180%;代表营运能力的应收账款周转率和存货周转率分别为 500% 和 500%,而行业标准值为 400% 和 600%;代表发展能力的指标,销售增长率、净利增长率和资产增长率分别为 24%、16% 和 20%,其行业标准值分别为 20%,15% 和 20%。根据上述资料,利用沃尔评分法编制企业的综合评分表,如表 9-1 所示。

表 9-1 A 企业沃尔评分表

指　标	标准评分值 (1)	上/下限 /% (2)	标准值 /% (3)	实际值 /% (4)	关系比率 (5) =(4)/(3)	实际得分 (6) =(1)×(5)
总资产净利率	20	15/5	12	11	0.92	18.40
销售净利率	15	20/5	17	15	0.88	13.20
净资产报酬率	10	10/1	6	8	1.33	13.30
自有资本比例	10	60/5	40	20	0.50	5.00
流动比率	8	200/100	180	150	0.83	6.64
应收账款周转率	8	800/100	400	500	1.25	10.00
存货周转率	8	800/100	600	500	0.83	6.64
销售增长率	7	30/7	20	24	1.20	8.40
净利增长率	7	20/5	15	16	1.07	7.47
资产增长率	7	20/5	20	20	1.00	7.00
合计	100					96.07

【例 9-2】B 企业的沃尔综合评分表如表 9-2 所示。

根据表 9-2,企业综合得分为 83.4 分,与 100 分有较大的差距,反映出该企业的财务状况存在一定的问题。进一步观察可发现,该企业除流动比率、速动比率及资产/负债的关系比率大于 1 外,其余关系比率均小于 1,尤其是总资产周转率、存货周转率、总资产报酬率远远小于 1,说明企业在资产营运方面尤其是存货管理方面存在较为严重的问题。

表 9-2　B 企业沃尔评分表

指　标	标准评分值 (1)	上/下限 (2)	标准值 (3)	实际值 (4)	关系比率 (5)=(4)/(3)	实际得分 (6)=(1)×(5)
流动比率	10	15/5	2	6	3.00	30
速动比率	10	20/5	1.2	1.29	1.08	10.8
资产/负债	12	20/5	2.1	2.17	1.03	12.36
存货周转率	10	20/5	8	2	0.25	2.5
应收账款周转率	8	20/4	13	12.72	0.98	7.84
总资产周转率	10	20/5	2.5	1	0.4	4
总资产报酬率	15	30/7	30%	21%	0.7	10.5
股东权益收益率	15	30/7	25%	20%	0.8	12
销售利润率	10	20/5	15%	14.79%	0.99	9.9
合计	100					99.9

三、沃尔评分法的缺陷和改进

沃尔评分法存在两个缺陷：一是理论上的缺陷，即所选定的七项指标缺乏证明力；二是技术上的缺陷，即当某项指标严重异常时，会对总评分产生不合逻辑的重大影响。尽管沃尔评分法在理论上还有待证明，在技术上也不完善，但它还是在实践中被广泛应用。

第一个问题至今仍然没有从理论上得以解决，而第二个问题是由相对比率与比重相乘引起的。财务比率提高一倍，其评分增加 100%，而财务比率降低一半，其评分值只减少 50%。鉴于此，可以对沃尔评分法进行如下改进。

将财务比率的标准值由企业最优值调整为行业的平均值，在给每个指标评分时，应规定其上限和下限，以减少个别指标异常对总分造成不合理的影响。上限可定为正常评分值的 1.5 倍，下限定为正常评分值的 1/2。此外，在给分时不再采用"乘"的关系，而采用"加"或"减"的关系来处理，以克服沃尔评分法的缺点。例如，如果销售净利率的标准值为 17%，评分值为 15 分，行业最高比率为 20%，最高评分为 22.5 分，则每分的财务比率差为 0.4%=(20%−17%)/(22.5−15)。销售净利率每提高 0.4%，则多给 1 分，但该项得分不超过 22.5 分。

【例 9-3】仍以例 9-1 的资料为例，如何评分的标准如表 9-3 所示。

表 9-3　A 企业沃尔评分表

指　标	标准评分值	标准值/%	行业最高比率/%	最高评分	最低评分	每分比率的差/%
总资产净利率	20	12	17	30	10	0.5
销售净利率	15	17	20	22.5	7.5	0.4
净资产报酬率	10	6	17	15	5	2.2
自有资本比例	10	40	100	15	5	12
流动比率	8	180	200	12	4	5

续表

指　　标	标准评分值	标准值/%	行业最高比率/%	最高评分	最低评分	每分比率的差/%
应收账款周转率	8	400	600	12	4	50
存货周转率	8	600	800	12	4	50
销售增长率	7	20	30	10.5	3.5	2.86
净利增长率	7	15	20	10.5	3.5	1.43
资产增长率	7	20	25	10.5	3.5	1.43
合计	100			150	50	

按此标准，重新对该企业进行综合评分，如表 9-4 所示。

表 9-4　A 企业沃尔评分表

指　　标	实际比率(1)	标准比率(2)	差异(3)=(1)−(2)	每分比率的差/%(4)	调整的分(5)=(3)/(4)	标准评分值(6)	实际得分(7)=(5)+(6)
总资产净利率	11	12	−1	0.5	−2	20	18
销售净利率	15	17	−2	0.4	−5	15	10
净资产报酬率	8	6	2	2.2	0.91	10	10.91
自有资本比例	20	40	−20	12	−1.67	10	8.33
流动比率	150	180	−30	5	−6	8	2
应收账款周转率	500	400	100	50	2	8	10
存货周转率	500	600	−100	50	−2	8	6
销售增长率	24	20	4	2.86	1.4	7	8.4
净利增长率	16	15	1	1.43	0.7	7	7.7
资产增长率	20	20	0	1.43	0	7	7
合计	100					100	88.34

沃尔评分法是一种比较可行的评价企业财务状况的方法，但该方法的正确性取决于指标的设定、标准值的合理性、标准评分值的确定等因素。例如例 9-1 和例 9-3，同一企业因标准值确定的不同，产生了两种不同的评分结果。只有经过长期的实际操作、不断修正，才能取得较好的效果。尽管沃尔评分法在理论上有缺陷，还有待证明，在技术上还有待完善，但它在实践中的有效性还是公认的。

第四节　杜邦分析法及发展

杜邦分析法是根据各项财务比率中核心指标进行综合评价，利用各项主要财务比率与核心指标之间的内在联系，分析财务状况变化原因的一种综合分析评价的方法。杜邦分析法是由美国杜邦公司首先创造的，故称杜邦分析法。

杜邦分析法起源于20世纪20年代的美国杜邦公司。当时它是杜邦公司的一批非财务专业的经理人为了避免专业报表的烦琐，而自行设计的财务报告分析框架。整套分析层层递进、环环相扣，既联系资产负债表与利润表，又将经营分析指标串联了起来，既表现了个体，又体现了关联性，从而满足了通过财务报告分析进行绩效评价的需要，在经营目标发生异动时，经营者也能层层分解到末梢，及时查明原因并加以修正。

企业每月的股东回报率实际上是与每月每个部门的经营绩效指标挂钩在一起，这样就变成了财务指标和绩效考核指标的衔接。也就是说，将经理人每个月的工作绩效与财务指标的结果牢牢地联系在一起。比方说，存货周转率这个指标，实际上就会牵扯到在制品的增长率、原材料的增长率、产成品的增长率，同时这个指标再延伸下去就是产品的损耗率、工时的消耗率、订单完成率，还有质量。这样就可以不断地往下延伸，管理和财务整个就被打通了。

杜邦分析法的框架如图9-3所示。

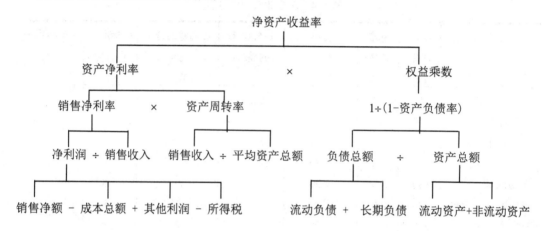

图9-3 杜邦分析法的框架图

一、杜邦分析法的概念和含义

(一)杜邦分析法的概念

杜邦分析法利用几种主要的财务比率之间的关系来综合地分析企业的财务状况，这种分析方法最早由美国杜邦公司使用，故名杜邦分析法。杜邦分析法是用来评价公司盈利能力和股东权益回报水平，从财务角度评价企业绩效的一种经典方法。其基本思想是将企业净资产收益率逐级分解为多项财务比率乘积，这样有助于深入分析比较企业的经营业绩。

(二)杜邦分析法的含义

杜邦分析法是将净资产收益率分解为三部分进行分析的方式：利润率、总资产周转率和财务杠杆。这种方式也被称作"杜邦分析法"。杜邦分析法说明净资产收益率受三类因素影响：营运效率，用利润率衡量；资产使用效率，用总资产周转率衡量；财务杠杆，用权益乘数衡量。其分解的方式为

净资产收益率=利润率(利润/销售收入)×资产周转率(销售收入/资产)×权益乘数(资产/权益)

第九章 企业财务综合分析与评价

如果 ROE(权益净利率)表现不佳,杜邦分析法可以找出具体是哪部分表现欠佳。净资产收益率=净收益/总权益乘以总资产/总资产(total asset/total asset)得到:

净资产收益率= (净收益/总权益) × (总资产/总资产)

　　　　　= (净收益/总资产) × (总资产/总权益)

　　　　　= 资产收益率×权益乘数

乘以销售收入/销售收入(sales/ sales)得到:

净资产收益率= (净收益/销售收入) × (销售收入/总资产) × (总资产/总权益)

　　　　　= 利润率×资产周转率×权益乘数

二、杜邦分析法的特点和基本思路

(一)杜邦分析法的特点

杜邦模型最显著的特点是将若干个用以评价企业经营效率和财务状况的比率按其内在联系有机地结合起来,形成一个完整的指标体系,并最终通过权益收益率来综合反映。采用这一方法,可使财务比率分析的层次更清晰、条理更突出,为报表分析者全面仔细地了解企业的经营和盈利状况提供了方便。

杜邦分析法有助于企业管理层更加清晰地看到权益资本收益率的决定因素,以及销售净利润率与总资产周转率、债务比率之间的相互关联关系,给管理层提供了一张明晰的考察公司资产管理效率和是否最大化股东投资回报的路线图。

(二)杜邦分析法的基本思路

(1) 净资产收益率是一个综合性最强的财务分析指标,是杜邦分析系统的核心。

(2) 资产净利率是影响权益净利率的最重要的指标,具有很强的综合性,它取决于销售净利率和总资产周转率的高低。总资产周转率是反映总资产的周转速度。对资产周转率的分析,需要对影响资产周转率的各因素进行分析,以判明影响公司资产周转率的主要问题在哪里。销售净利率反映销售收入的收益水平。扩大销售收入,降低成本费用是提高企业销售利润率的根本途径,而扩大销售,同时也是提高资产周转率的必要条件和途径。

(3) 权益乘数表示企业的负债程度,反映了公司利用财务杠杆进行经营活动的程度。资产负债率高,权益乘数就大,这说明公司负债程度高,公司会有较多的杠杆利益,但风险也高;反之,资产负债率低,权益乘数就小,这说明公司负债程度低,公司会有较少的杠杆利益,但相应地所承担的风险也低。

杜邦分析法中的几种主要的财务指标关系为

　　　　　净资产收益率=资产净利率×权益乘数

而:　　　资产净利率=销售净利率×资产周转率

即:　　　净资产收益率=销售净利率×资产周转率×权益乘数

(三)杜邦分析法的步骤

(1) 从权益报酬率开始,根据会计资料(主要是资产负债表和利润表)逐步分解计算各指标。

(2) 将计算出的指标填入杜邦分析图中。

(3) 逐步进行前后期对比分析，也可以进一步进行企业间的横向对比分析。

三、杜邦分析法的程序

运用杜邦分析法的基本程序如下。

(一) 比较股东 (所有者) 权益报酬率，综合评价企业的财务状况

通过分析比较股东权益报酬率，评价企业的整体财务状况，为后面的分析做准备。

(二) 因素分析

根据杜邦分析的指标体系可知，影响权益报酬率的基本因素包括销售净利率、总资产周转率和权益乘数。

1. 销售净利率的分析

销售净利率与股东权益报酬率成正比例关系，而销售净利率的高低又受销售毛利率、主营业务净利率、营业利润率、成本费用利润率的影响。通过这些指标的对比可以了解销售净利率变动的基本原因，进一步应当根据损益表及其他资料了解销售净利率变动的详细原因。

2. 总资产周转率的分析

权益报酬率一方面取决于经营业务的获利能力，另一方面受到营业周期的影响，一定时期营业周期越短，交易次数越多，资产利用效率越高，股东权益报酬率就越高。因此，总资产周转率是影响权益报酬率的重要因素。总资产周转率取决于固定资产周转率和流动资产周转率，流动资产周转率又受存货周转率、应收账款周转率的影响。通过对这些指标进行分析，可以了解总资产周转率变化的基本原因。总资产周转率变化的详细原因首先是生产能力是否适应市场变化，如果生产能力过剩必然导致资金周转缓慢；在生产能力适应市场需求的情况下，资金周转的快慢还取决于资产的结构和质量，在生产能力一定的情况下，过多或过少的流动资产的配置都不利于加速资产的周转，同样，如果资产质量存在问题，不能进行正常周转，也不利于加速资产的周转。因此，在对各项周转率指标分析的基础上，应进一步分析市场需求的变化，了解企业的生产能力是否适当，分析各项资产占用是否过多或不足，各项资产的变化是否合理，一般判断标准是资产的增长是否大于生产和销售规模的增长速度。

3. 权益乘数的分析

从上述股东权益报酬率的分解过程可以看出，股东权益报酬率与权益乘数成正比例关系。应当说，这种正比例关系只是一般关系，即一般来说由于总资产报酬率大于利息率，这种情况下权益乘数越大、负债越多，负债带来的杠杆利益越多，权益报酬率越高。但是，如果权益乘数过大，意味着企业的负债越多，企业的风险越大，债权人要求的利息率越高。当利息率大于总资产报酬率时，权益乘数的增大就不再使权益报酬率提高，相反，将使权益报酬率降低。所以，不能认为权益乘数的提高总是有利于股东权益报酬率的提高。

权益乘数的提高是否有利于股东权益报酬率的提高，应根据资产负债率是否适度、是

否有足够大的已获利息倍数以及负债结构是否适当作出判断。例如,提高权益乘数后,资产负债率仍然是适当的,那么这种情况下权益乘数的提高是有利于提高股东权益报酬率的。

(三)措施分析

在了解了影响企业财务状况的因素后,应当提出进一步改善企业财务状况的措施,虽然有人认为财务分析不能找出解决问题的方案,但通过财务分析在了解成绩或问题形成原因的基础上,可以找到改善企业财务状况、提高企业盈利能力的方向。

【例9-4】ABC公司2018年销售额为62 500万元,比上年增加了28%,公司处于免税期,其他有关财务比率如表9-5所示。

表9-5 ABC公司杜邦分析表

	企业实际	行业平均
应收账款回收期/天	35	36
存货周转率/次	2.5	2.59
销售毛利率/%	38	40
营业利润率(息税前)/%	10	9.6
销售净利率/%	6.27	7.2
财务费用率/%	3.73	2.4
总资产周转率/次	1.14	1.11
固定资产周转率/次	1.4	2.02
权益乘数/倍	2.38	2
资产负债率/%	58	50
已获利息倍数/倍	2.68	4
净资产收益率/%	17.01	15.96

根据表9-5的资料,ABC公司2018年企业净资产收益率为15.96%,低于行业平均水平,说明企业经营业绩较差,财务状况不好。财务状况落后于行业平均水平,其基本原因是资产周转率、权益乘数较低所致。销售净利率高于行业平均水平,对缩小与行业平均水平的差距起了积极的作用。

总资产周转率比行业平均水平减少0.03次,从固定资产周转率来看,固定资产周转次数高于行业平均水平,说明总资产利用效率不高的原因不在于固定资产的利用情况,而属于流动资产周转缓慢引起的,从流动资产的周转速度来看,应收账款周转率低于行业平均水平,而存货周转率高于行业平均水平,说明流动资产周转缓慢的主要原因是应收账款控制不力引起的。

权益乘数略低于行业平均水平,对提高净资产收益率起了不利影响。从资产负债的水平上看,行业资产负债率为58%,ABC公司的资产负债率为50%,低于行业平均水平。在行业平均水平适当的情况下,ABC公司资产负债率低于行业平均水平,已获利息倍数远远大于行业平均数,说明ABC公司未能充分利用负债的财务杠杆作用,因而,对股东权益报酬率的提高起了不利影响。

销售净利率高于同行业平均水平0.93%,具体原因是毛利率较高,该企业1996年销售毛利率高于行业平均水平两个百分点，说明企业定价合理，成本控制有效，产品市场竞争能力较强。在毛利率高于行业平均水平的情况下，营业利润率反而低于行业平均水平，营业利润率较低的原因不在于产品价格，也不是由于成本的原因，也可以排除财务费用的因素，因为该例中营业利润率为息税前营业利润率，因而营业利润率较低的原因可能是营业费用或管理费用控制不力。在营业利润率较低的情况下，销售净利率反而高于行业平均水平，其原因除了财务费用率较低外，企业处于免税期也是重要的原因，主要是由于企业负债率低于行业平均水平。另外在较高的销售净利率的背后，也存在一些问题：企业对营业费用、管理费用的控制不力，同时收益质量也应予以警惕。

企业要改善财务状况，提高盈利能力，应采取的措施有：①加强应收账款的管理，制定合理的信用政策，加强对客户的信用分析，以加速应收账款的周转；②适当地调整资本结构，进一步发挥财务杠杆的积极作用；③加强经营费用、管理费用的控制，进一步提高企业的获利能力。

四、杜邦分析法的核心指标

杜邦分析法在进行综合评价时所采用的核心指标是股东权益报酬率。之所以以股东权益报酬率作为核心指标，其原因如下。

(一)股东权益报酬率最具有综合性

根据股东权益报酬率的计算公式，可将股东权益报酬率分解如下。

股东权益报酬率=净利润/净资产
　　　　　　　=(净利润/净资产)×(总资产/总资产)
　　　　　　　=总资产净利率×权益乘数
　　　　　　　=(净利润/总资产) ×权益乘数× (销售收入/销售收入)
　　　　　　　=销售净利率×总资产周转率×权益乘数

根据上述对股东权益报酬率的分解，股东权益报酬率与各项指标的关系如图9-4所示。

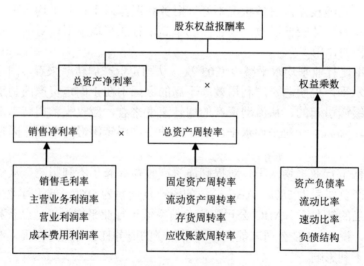

图9-4　杜邦分析法

上述分解和图示说明，股东权益报酬率等于销售净利率、总资产周转率、权益乘数的连乘积，也就是说，股东权益报酬率受销售净利率、总资产周转率、权益乘数的影响，而销售净利率反映了企业经营业务的获利能力，总资产周转率反映全部资产的利用效率，权益乘数反映企业的偿债能力，因此，股东权益报酬率综合反映了企业的经营业务获利能力、资产的利用效率和企业的偿债能力。因此，股东权益报酬率在各项财务指标中最具有综合性。

(二)股东权益报酬率是企业最重要的财务指标

之所以说股东权益报酬率是企业最重要的财务指标，是因为股东权益报酬率反映了企业最重要的利益相关者——股东的全部投资的报酬率，因此，股东或所有者最关心这一指标。由于股东最关心这一指标，企业的经营者也必须最关心这一指标，因为经营者是由董事会任命的，董事会是股东大会的常设机构，经营者要获得连任，就必须达到股东期望的目标，必须关心股东关心的指标。企业的债权人最关心企业的偿债能力，但企业的偿债能力尤其是长期偿债能力最主要的是取决于企业的盈利能力，股东权益报酬率能够反映企业的盈利能力，因此，债权人也十分关心这一指标。

由于上述原因，股东权益报酬率在各项财务指标中处于最核心的地位。

五、对杜邦图的分析

(一)图中各财务指标之间的关系

可以看出杜邦分析法实际上从两个角度来分析财务：一是进行了内部管理因素分析，二是进行了资本结构和风险分析。

$$权益净利率=资产净利率×权益乘数$$

$$权益乘数=1÷(1-资产负债率)$$

$$资产净利率=销售净利率×总资产周转率$$

$$销售净利率=净利润÷销售收入$$

$$总资产周转率=销售收入÷总资产$$

$$资产负债率=负债总额÷总资产$$

(二)杜邦分析图提供了下列主要的财务指标关系的信息

从杜邦分析图中可以看出，权益净利率是杜邦分析图中的核心内容，权益净化率是一个综合性最强、最具有代表性的财务比率，是杜邦分析系统的核心。企业财务管理的重要目标之一就是实现股东财富的最大化，权益净利率正是反映了股东投入资金的获利能力，这一比率反映了企业投资、筹资和生产运营等各个方面经营活动的效率，提高权益净利率是所有者财富最大化的基本保证。权益净利率反映了所有者投入资本的获利能力，同时反映了企业筹资、投资、资产运营等活动的效率，它的高低取决于总资产利润率和权益总资产率的水平。资产报酬率主要反映企业运用资产进行生产经营活动的效率如何，权益乘数则反映了企业的筹资情况，即企业资金来源结构如何。决定权益净利率高低的因素有三个：权益乘数、销售净利率和总资产周转率。权益乘数、销售净利率和总资产周转率三个比率分别反映了企业的负债比率、盈利能力比率和资产管理比率。

资产报酬率是反映企业获利能力的一个重要财务比率，它揭示了企业生产经营活动的效率，综合性强。企业的销售收入、成本费用、资产结构、资产周转速度以及资金占用量等各因素，都直接影响资产报酬率的高低。资产报酬率是销售净利率和总资产周转率的乘积。因此，可以从企业的销售活动与资产管理两个方面进行分析。

总资产周转率是衡量资产经营效率的一个重要财务比率，它是企业的销售利润率与资产利润率的综合表现。销售利润率反映了销售收入与利润的关系，要提高销售利润率，不仅要增加销售收入，而且要努力降低各项成本费用。提高总资产周转率，一方面需要增加销售收入，另一方面应降低资金的占用。由此可见，总资产报酬率是销售成果与资产管理的综合体现。

从企业的销售方面来看，销售净利率反映了企业利润总额与销售收入的关系，从这个意义上来说，提高销售净利率是提高企业盈利能力的关键所在。要想提高销售净利率，一是要扩大销售收入，二是降低成本费用。而降低各项成本费用开支是企业财务管理的一项重要内容。通过各项成本费用开支的列示，有利于企业进行成本费用的结构分析，加强成本控制，以便为寻求降低成本费用的途径提供依据。由此可见，提高销售净利率必须在以下几方面下工夫。

(1) 努力开拓市场，增加销售收入。在市场经济中，企业必须深入调查研究市场情况，了解市场的供需状况。在战略上，从长远利益出发，努力开发新产品；在策略上，保证产品质量，履行社会责任，加强营销手段，努力提高市场占有率。这些都是企业面向市场的外在工夫。

(2) 加强成本费用控制，降低耗费，增加利润。从杜邦体系中可以分析企业的成本费用结构是否合理，以便于发现企业在成本费用管理方面存在的问题，为加强成本费用管理提供依据。企业要想在激烈的市场竞争中立于不败之地，不仅要在营销手段和产品质量上下工夫，还要尽可能地降低产品成本，这样才能增强产品在市场上的竞争力。同时，要严格控制企业的管理费用、销售费用和财务费用等各种期间费用，降低消耗，增加利润。这里尤其需要研究分析企业的资金结构是否合理，负债比例的高低是否合适，不合理的资金结构和负债比例都会影响企业所有者的收益。

企业资产的营运能力，既关系到企业的获利能力，又关系到企业的偿债能力。一般而言，流动资产直接体现企业的偿债能力和变现能力；非流动资产体现企业的经营规模和发展潜力。两者之间应有一个合理的结构比率，如果企业持有的现金超过业务需要，就有可能影响企业的获利能力；如果企业占用过多的存货和应收账款，则既影响获利能力，又影响偿债能力。为此，就要进一步分析各项资产的占用数额和周转速度。对流动资产应重点分析存货是否有积压现象、货币资金是否闲置，应收账款中分析客户的付款能力和有无坏账的可能；对非流动资产应重点分析企业固定资产是否得到充分的利用。因此，在企业资产方面，主要应该分析以下两个方面。

(1) 分析企业的资产结构是否合理，即流动资产与非流动资产的比例是否合理。资产结构实际上反映了企业资产的流动性，它不仅关系到企业的偿债能力，也会影响企业的获利能力。一般来说，如果企业流动资产中货币资金占的比重过大，就应当分析企业现金持有量是否合理，有无现金闲置现象，因为过量的现金会影响企业的获利能力；如果流动资产中的存货与应收账款过多,就会占用大量的资金,影响企业资金的正常周转。

(2) 结合企业的销售收入,分析企业资金周转情况。资产周转速度直接影响企业的获利能力,如果企业资金周转较慢,就会占用大量资金,增加资金的成本,减少企业的利润。对于资产周转情况,不仅要分析企业总资金周转率,更要分析企业存货周转率和应收账款周转率,并将其周转情况与资金占用情况结合起来分析。

通过以上两个方面的分析,可以发现企业在资产管理方面存在的问题,以便加强控制和管理,提高资产的利用效率和效果。

权益乘数反映了所有者权益同企业总资产的关系。它主要受资产负债率即负债与资产的比例关系的影响。在资产总额既定的前提下,负债比率越大,权益乘数越高,说明企业有较高的负债程度,给企业带来较多的杠杆利益,同时也给企业带来了较多的风险。

总之,从杜邦分析系统可以看出,企业的获利能力涉及生产经营活动的方方面面,权益报酬率与企业的筹资结构、销售规模、成本水平、资产管理等因素密切相关,这些因素构成了一个完整的系统,系统内部各个因素之间相互作用。只有协调好系统内部各个因素之间的关系,才能使权益报酬率得到提高,从而实现企业价值最大化的财务目标。

六、杜邦分析法案例

下面以苏宁电器为例对杜邦分析法的实际应用进行案例分析。

(一)苏宁电器的企业背景及现状

苏宁电器成立于1990年,是以经营各类家用电器为主的全国性家电零售连锁企业。公司的经营范围包括家用电器、电子产品、办公设备、通信产品及配件的连锁销售和服务,以及计算机软件开发、销售、系统集成、互联网信息服务、实业投资、场地租赁等。

苏宁电器目前位列中国企业500强第59位、中国民营500强第三、中国上市公司竞争力10强、民营企业上市公司100强第二、中国企业信息化50强(零售业第一位)、中国商业科技100强(零售业第一位),是国家商务部重点培育的"全国15家大型商业企业集团"之一。2004年7月21日,苏宁电器(002024)在深圳证券交易所上市。2005年8月4日,苏宁电器股权分置改革方案获公司股东大会通过,苏宁电器实现全流通。

苏宁电器2006—2009年的年度报表如表9-6和表9-7所示,表9-6是苏宁电器的比较资产负债表,表9-7是苏宁电器的比较利润表,表中所列示的项目并不是完整的资产负债表和利润表,略去了个别项目,由于主要目的是为了计算杜邦体系,与计算无关的项目没有列出。

表9-6 比较资产负债表 千元

项 目	2009年	2008年	2007年	2006年
流动资产				
货币资金	21 961 000	10 574 200	7 465 290	3 339 780
交易性金融资产	7 378			
应收账款	347 024	110 127	107 844	90 521
存货	6 327 000	4 908 210	4 552 540	3 407 270

续表

项目	2009年	2008年	2007年	2006年
其他流动资产	1 553 898	1 553 898	1 553 898	1 553 898
流动资产合计	30 196 300	17 146 435	13 679 572	8 391 469
非流动资产				
长期股权投资	597 374	1004	1004	1004
固定资产净额	2 895 970	3 316 430	1 869 260	383 681
在建工程	408 528	64 009	82 599	72 491
无形资产	764 874	566 354	374 313	83 156
其他非流动资产	976 824	482 503	304 284	212 623
非流动资产合计	5 643 570	4 430 300	2 631 460	752 955
资产总计	35 839 870	21 576 735	16 311 032	9 144 424
流动负债合计	20 718 800	12 478 600	11 390 600	5 531 770
非流动负债合计	196 010	27 642	11 126	3 513
负债合计	20 914 800	12 506 242	11 401 726	5 535 283
所有者权益(或股东权益)合计	14 925 000	9 112 320	4 827 880	3 293 760
负债和所有者权益(或股东权益)总计	35 839 800	21 618 562	16 229 606	8 829 043

表 9-7 比较利润表　　　　　　千元

项目	2009年	2008年	2007年	2006年
一、营业总收入	58 300 100	49 896 700	40 152 400	26 161 300
二、营业总成本	54 421 200	46 932 300	37 902 300	25 014 100
营业成本	48 185 800	41 334 800	34 346 700	22 268 800
营业税金及附加	271 516	203 491	154 455	118 795
销售费用	5 192 360	4 780 470	2 985 540	2 207 860
管理费用	912 093	784 521	493 581	392 975
财务费用	-172 924	-223 290	-88 162	23 581
资产减值损失	32 335	52 389	10 159	2069
三、营业利润	3 875 030	2 964 370	2 250 060	1 147 160
营业外收入	111 578	45 746	35 495	13 410
营业外支出	60 243	59 247	44 197	13 094
处置损失	881	1160	275	74
利润总额	3 926 370	2 950 870	2 241 360	1 147 480
所得税费用	937 872	690 945	718 190	349 942
四、净利润	2 988 500	2 259 930	1 523 170	797 536

近年来，无论是从销售总额的增长速度、客户服务水平还是从综合经营绩效来看，国内家电企业都显示了强大的生命力，一些家电企业通过自身扩张、并购、兼并等具有了一

定规模,具备了单个销售个体所不具有的竞争优势,在激烈的行业竞争中占据主导地位。

在家电零售行业,规模是赢得整体利润的至关重要的一环。截至 2008 年 12 月底,苏宁在全国市场的门店数量总计在 900 家左右。继 2006 年国美成功控股永乐后,连锁卖场只剩下国美和苏宁的较量,呈现双寡头竞争的态势。

(二)苏宁电器的财务情况及杜邦指标体系

根据上述财务数据,可以计算出苏宁电器 2006—2009 年的杜邦财务体系,首先计算其净资产收益率,列示于表 9-8。

表 9-8 净资产收益率

项 目	2009 年	2008 年	2007 年	2006 年
净资产收益率/%	0.20	0.25	0.32	0.24

从苏宁电器的净资产收益率来看,呈现先上升后下降的趋势。接下来进行原因分析,必须将净资产收益率分解,第一步,将其分解为总资产收益率和权益乘数的乘积。即

净资产收益率=总资产收益率×权益乘数

总资产收益率与权益乘数的值如表 9-9 所示。

表 9-9 总资产收益率与权益乘数

项 目	2009 年	2008 年	2007 年	2006 年
总资产收益率/%	0.08	0.10	0.09	0.09
权益乘数	2.40	2.37	3.36	2.68

如表 9-9 所示,苏宁电器的总资产收益率自 2006—2009 年先上升后下降,而权益乘数则是呈总体下降的态势,这两个原因都引起了净资产收益率先上升后下降的趋势。第二步,将总资产收益率分解为主营业务利润率和总资产周转率的乘积,即:

总资产收益率=主营业务利润率×总资产周转率

分解之后,杜邦体系相关指标如表 9-10 所示。

表 9-10 杜邦体系相关指标

项 目	2009 年	2008 年	2007 年	2006 年
权益乘数	2.40	2.37	3.36	2.68
主营业务利润率/%	0.05	0.05	0.04	0.03
总资产周转率/%	1.63	2.31	2.47	2.96
资产负债率/%	0.583	0.578	0.70	0.63

从总资产收益率的分解来看,其中主营业务利润率呈现上升的趋势,说明苏宁电器的销售情况及销售所获收益率是上升的,但同时苏宁电器的总资产周转率有所下降,特别是 2008—2009 年,总资产周转率的下降更快。

通过以上的分解和分析,可以看出净资产收益率先上升后下降的原因。第一是由于权益乘数的变化,而权益乘数的变化主要体现了企业负债水平的变动,权益乘数与资产负债

率是同方向变化，因此说明资产负债率2006—2009年的变化同样是下降趋势，只是最后一年略有上升。利用权益乘数与资产负债率之间的关系可以计算出2006—2009年苏宁电器的资产负债率(权益乘数=1/(1-资产负债率))，分别如表9-10最后一行所示，苏宁电器的负债率基本呈下降趋势，通过查看苏宁电器的增发配股情况，该公司在2006年6月、2008年5月和2009年曾增发了股票，因此公司对负债的依赖大大降低。第二是由于总资产周转率的变化，总资产周转率2006—2009年总体上有所下降，下降的原因在下面的分解中再进行分析。第三主营业务利润率有所上升。因此，净资产收益率下降的主要原因是权益乘数的下降和总资产周转率的下降，而主营业务利润率上升应该是可以增大净资产收益率的。

对总资产周转率的分解如表9-11所示。从表9-11中可以看出，销售收入是持续上升的，但是由于资产总额也上升，导致总资产周转率下降。而总资产中，上升幅度最大的是货币资金和固定资产，其他项目也有所上升，上升的幅度与公司规模和销售收入的上升较为匹配。货币资金的上升可能是由于2008年金融危机过后，公司有了较强的危机意识，因此手中现金储备较多。而固定资产的上升可能是由于苏宁电器由于规模扩张，增加了固定资产的购置和建造。

表9-11 总资产周转率   千元

项　目	2009年	2008年	2007年	2006年
主营业务收入	58 300 100	49 896 700	40 152 400	26 161 300
资产总额	35 839 800	21 618 500	16 229 700	8 829 050
货币资金	21 961 000	10 574 200	7 465 290	3 339 780
短期投资	7 378			
应收账款	347 024	110 127	107 844	90 521
存货	6 327 000	4 908 210	4 552 540	3 407 270
其他流动资产	1 553 898	1 553 898	1 553 898	1 553 898
长期投资	597 374	1 004	1 004	1 004
固定资产	3 304 498	3 380 439	1 951 859	456 172
无形资产	764 874	566 354	374 313	83 156
其他资产	976 824	482 503	304 284	212 623

表9-12列示了主营业务利润率的组成要素，可以看出，2006—2009年主营业务利润率上升的主要原因是，销售收入和净利润的上升。

表9-12 主营业务利润率

项　目	2009年	2008年	2007年	2006年
主营业务利润率/%	0.05	0.05	0.04	0.03
净利润/千元	2 988 500	2 259 930	1 523 170	797 536
主营业务收入/千元	58 300 100	49 896 700	40 152 400	26 161 300

第九章　企业财务综合分析与评价

(三)企业杜邦分析的改进建议

针对苏宁电器净资产收益率下降的整体趋势及上文对下降原因的分析，可以看出苏宁电器净资产收益率下降的原因，下面对提高苏宁电器净资产收益率提出相应的建议。

由于苏宁电器的主营业务利润率本身是上升趋势，因此提高净资产收益率的主要问题是提高权益乘数和总资产周转率。提高权益乘数需要通过增加负债，但苏宁电器的负债比例不低，因此不宜过多地依赖增加负债。提高总资产周转率需要增加销售收入的同时降低总资产，如上所述，苏宁电器总资产中上升最快的是货币资金和固定资产，2008年金融危机后许多企业为了防范危机，增加了货币资金的持有，防范危机是对的，但是不能只采取增持货币资金的方法。货币资金是不能增加企业收益的资产，因此不能持有太多，需要多大的持有量还需要具体分析，包括对行业特性、企业战略和经营、交易、投机等需求进行分析来确定现金的持有量。而固定资产的需要量要通过投资决策进行分析，使用包括NPV、实物期权等工具进行项目投资的预测，来确定固定资产是需要通过购买还是通过租赁来获得。

七、杜邦分析法的局限性

(一)从企业绩效评价的角度来看

杜邦分析法只包括财务方面的信息，不能全面反映企业的实力，有很大的局限性，在实际运用中需要加以注意，必须结合企业的其他信息加以分析。其主要表现在以下几方面。

(1) 对短期财务结果过分重视，有可能助长公司管理层的短期行为，忽略企业长期的价值创造。

(2) 财务指标反映的是企业过去的经营业绩，衡量工业时代的企业能够满足要求。但在目前的信息时代，顾客、供应商、雇员、技术创新等因素对企业经营业绩的影响越来越大，而杜邦分析法在这些方面是无能为力的。

(3) 在目前的市场环境中，企业的无形知识资产对提高企业长期竞争力至关重要，而杜邦分析法却不能解决无形资产的估值问题。

(二)传统财务报告分析体系的局限性

另外，传统财务报告的局限性也会影响杜邦分析法的有效性，传统财务报表分析体系在实际生活中得到广泛应用，但并不说明它是完美的，分析者们应尽可能考虑下面的局限性，并应用到分析过程中，提高信息分析的科学性。

1. 计算总资产净利率的"总资产"与"净利润"不匹配

从内容构成上看，净利润是经营损益和金融损益的共同结果；从资产求偿权角度看，净利润是专属于股东的收益；而分母总资产是无息债权人、有息债权人、股东共同投入的资本形成的，无息债权人的求偿权体现为收回债权本金，有息债权人的求偿权体现为收回本金和利息、股东的求偿权体现为对净利润享有分配的权利。由于总资产净利率分子分母的投入产出口径不匹配，该指标仅仅表达了一个不合乎逻辑的粗糙回报率。

因此，计量股东和有息负债债权人投入的资本，并且计量这些资本产生的收益，两者相除才是合乎逻辑的资产报酬率，才能准确地反映企业的基本盈利能力。

区分经营资产和金融资产的主要标志是有无利息，如果某项资产能够取得利息则列为金融资产，例如，货币资金、交易性金融资产、可供出售金融资产都属于金融资产，短期应收票据如果以市场利率计息也属于金融资产。

传统财务杠杆比率的计算忽视了一个事实，那就是金融资产实质上是一种特殊的"负债务"，意思是说金融资产是利息率小于零的债务，并且可以立即用来偿债，使资产负债表中相应的金融债务减少。

净经营流动资本(net operating working capital) =无息流动资产-无息流动负债
=(流动资产-流动金融资产)-(流动负债-短期金融负债和一年内到期的长期金融负债)
净经营长期资产(net operating long-term assets) =无息长期资产-无息长期负债
=(长期资产-可供出售金融资产)-无息长期负债
净经营资产(net assets) = 净经营流动资本+净经营长期资产=无息资产-无息负债
=经营资产-经营负债

其中，无息长期负债包括不付利息的长期应付款、专项应付款、递延所得税负债、其他无息非流动负债等项目。

2. 没有区分经营活动损益和金融活动损益

对于多数企业来说，金融活动是指从金融市场上进行净筹资，而不是投资，即"净筹资=筹集进来的资本及衍生的利息收益-还本付息和手续费等"。筹资活动没有产生净利润，而是支出净费用，我们称之为金融损益。从财务管理的角度看，企业的金融资产是投资活动的剩余，是尚未投入实际经营活动的资产，应将其从经营资产中剔除。与此相对应，金融损益也应从经营损益中剔除，才能使经营资产和经营损益，以及金融资产和金融损益匹配。

金融损益是净利息费用，即利息收支的所得税税后净额。利息支出包括所有有息负债的利息，由于操作难度大，利息支出不包括会计上已经资本化的利息。利息收入包括银行存款利息收入和债权投资利息收入。如果没有债权投资利息收入，则可以用"财务费用"作为税前"利息费用"的估计值。

$$利息费用=利息收入-利息支出$$

税后净金融损益：

$$税后净利息费用(\text{net interest expense after tax})$$
$$=(利息收入-利息支出)\times(1-企业所得税率)$$

税后净经营损益：

税后净经营利润(net operating profit after taxes, NOPAT) =净利润+税后净利息费用
(净利润=税后净经营损益-税后净金融损益=税后净经营利润-税后净利息费用)

我们通常将税后净利息费用和税后净经营利润简称为净利息费用和经营利润。

3. 没有区分有息负债与无息负债

传统财务报表没有区分有息负债与无息负债。由于无息负债没有固定成本，本来就没有杠杆作用，将其计入财务杠杆，会歪曲杠杆的实际作用。实质上，只有区分有息负债与无息负债，利息与有息负债相除，才是实际的平均利息率；有息负债与股东权益相除，可

以得到更符合实际的财务杠杆。

我们称有利息的负债为金融负债(debt, financial liability, interest bearing liability), 无利息的负债为经营负债(operating liability, non-interest bearing liability)。我们将应付项目归入经营负债。

$$总负债(total\ liabilities) = 金融负债 + 经营负债$$
$$净负债(net\ debt) = 金融负债 - 金融资产$$
$$净经营资产 = 净资本(net\ capital) = 净负债 + 股东权益$$

拓展阅读

"帕利普分析体系"的内容扫右侧二维码。

帕利普分析体系.doc

思 考 题

1. 简述财务综合的特点。
2. 简述沃尔评分法的步骤。
3. 简述杜邦分析法的框架。
4. 简述杜邦分析法的局限性。
5. 简述帕利普财务分析体系的理论分析。

第十章 企业成本分析与评价

知识要点：

成本对一个企业的生存和发展至关重要。成本的高低不仅决定着企业当前的获利能力，更决定着企业未来的发展状况，企业一方面要尽可能地降低成本，另一方面要对发生的成本进行合理的归集和分配。本章介绍了成本的概念，讲述了衡量成本的相关指标，要求会用质量成本法和作业成本法对成本进行分析。

企业成本控制与管理循环包括成本事前的预测、决策、计划，事中的核算与控制，事后的成本分析与评价。成本分析与评价在企业的日常管理中起着十分重要的作用，通过成本分析与评价，不仅可以检查成本计划的完成情况，还可以为下期编制成本计划提供信息。

一、成本分析的内容

成本分析是将企业的实际成本与计划成本(或标准成本)相比较，揭示实际成本与计划成本(或标准成本)之间的差异，并对差异进行分析，查明原因，提出改进措施，达到降低成本目的的一种成本管理工作。

成本分析的内容主要包括商品产品总成本分析和产品单位成本分析两大部分。

从商品产品总成本分析来看，主要包括商品产品总成本计划完成情况分析、影响商品产品总成本升降的客观因素分析、可比产品成本分析。

从产品单位成本分析来看，主要包括产品单位成本计划完成情况分析、产品单位成本项目分析等内容。

成本分析是一项深入细致的管理工作，为了保证这一工作的顺利进行，使分析结果能够恰如其分地反映成本管理的实际情况，使所提出的建议、措施对改进企业工作富有成效，开展成本分析时应注意以下要求。

(1) 把事前预测分析、事中控制分析和事后核查分析结合起来，实行全时序成本分析；把产品投产前的设计、工艺的确定以及生产过程中各环节的成本分析结合起来，实行全过程成本分析；把专职分析和群众分析结合起来，实行全员成本分析。

(2) 把定量分析和定性分析结合起来，既不能以纯粹的数学计算代替经济分析，又不能毫无根据地凭主观想象做出结论。只有在定量分析的基础上进行科学的定性分析，才能得出正确结论。

(3) 遵循例外管理和目标管理的原则。成本分析一定要有目标，它是分析的标准和评价的依据。重点抓住成本影响较大的项目进行分析，贯彻例外管理的原则，才能收到事半功倍的效果。

二、成本分析的程序

进行成本分析,一般应遵循下列程序。

(1) 掌握情况,拟定分析提纲。首先必须全面了解情况,分析所依据的资料,如计划和核算资料、实际情况的调查研究资料、企业历史资料以及同类企业的先进水平资料等。同时,应明确分析的要求、范围,结合所掌握的情况,拟定分析的内容和步骤,并逐步实施。

(2) 研究比较,揭示差距。根据分析的目的,将有关指标的实际数与计划数或同类型企业的数据相比较。其中,实际数与计划数的比较是最重要的,可据以初步评价企业工作,指出进一步分析的重点和方向。

(3) 分析原因,挖掘潜力,提出措施,改进工作。查明影响计划完成的原因,才能提出改进措施。影响计划完成的原因是多方面的、相互联系的,要采用一定的方法,了解有关因素的各自影响,并找出主要因素。在分析了影响计划完成的因素之后,应初步明确哪些环节还有潜力可挖。要根据实际情况,提出挖掘潜力的措施并落实到有关岗位,使企业的生产经营工作不断地得到改进。

上述程序即所谓的"明情况,找差距,查原因,提措施"。其中,以第二步和第三步最重要,必须使用专门的方法计算并取得正确数据。

三、成本分析的方法

分析方法是计算各项数据的重要手段,分析方法必须切合所分析的内容、特点和要求。企业进行成本分析时采用的方法主要有以下几种。

(一)比较法

比较法是分析的基本方法。有比较才有鉴别,才有发展。通常利用当期同一指标的计划数与实际数相比较,检查计划完成的情况;本期实际数与上期或企业历史上最好时期的数据相比较,了解企业工作的改进情况;本企业与先进企业的同一指标相比较,明确本企业的水平,找出客观存在的差距,指明挖掘潜力的方向。

需要注意的是,比较法必须重视指标的可比性,只有口径相同,进行比较才有意义。

(二)连锁替代法

连锁替代法是用以测定一个经济指标的各个因素影响计划完成情况的一种方法,也称简易的因素分析法或因素替换法。其计算程序为:以计划指标各个因素的计算式为基础,依次将各因素替代为实际数(每次只能替代一个因素),替代后计算式的乘积与替代前计算式乘积的差额,就是所替代因素对计划指标完成情况的影响数额,各因素影响数额的综合结果,就是该项指标计划数与实际数的差额。

下面以材料费用为例,说明连锁替代法的运用。某企业材料费用的有关资料如表 10-1 所示。

表 10-1 材料费用的计划数和实际数资料

项　目	计划数	实际数
产品产量/件	2 000	2 500
单位产品的材料用量/kg	20	18
材料单价/元	8	10
材料费用总额/元	320 000	450 000

从上述资料可以看出，影响材料费用总额变动的因素有三个：产品产量、单位产品的材料用量和材料单价。它们之间的关系可以用下列公式表示。

$$材料费用总额=产品产量×单位产品的材料用量×材料单价$$

利用这个公式逐项替代和测定各因素的影响，就可以较为清楚地看到材料费用总额以及实际数多出计划数的 130 000 元是怎样形成的。其计算过程如下。

(1) 计划数：2 000×20×8=+320 000(元)

(2) 替代产量：2 500×20×8=+400 000(元)

(2)-(1) 400 000-320 000=+80 000(元)　(产量影响)

(3) 替代单耗：2 500×18×8=+360 000(元)

(3)-(2) 360 000-400 000=-40 000(元)　(单耗影响)

(4) 替代单价：2 500×18×10=+450 000(元)

(4)-(3) 450 000-360 000=+90 000(元) (单价影响)

综合结果：(4)-(1)= +130 000(元)

即：80 000+(-40 000)+ 90 000=+130 000(元)

通过上述计算可以明确：材料费用总额超支的主要原因是材料单价升高；单位耗用量减少是生产工作的成绩；产量增加从而增加材料耗用量属于正常现象，不能视为费用超支。

采用连锁替代法在计算上并不困难，比较困难的是因素排列顺序即替代顺序的确定。两项因素就有两种排列顺序，因素越多，排列顺序就越多，每一种排列顺序的综合结果与该项指标的计划数和实际数总的差额一致。但是，排列顺序不同，替代的顺序不同，所得出的各个因素的影响数额就不同。因此，确定因素的排列顺序，是连锁替代法所要解决的重要问题。

一般来说，因素的排列顺序为：先数量因素后质量因素，先实物指标后价值指标，先基本因素后从属因素。

(三)差量分析法

差量分析法是利用某因素实际数与标准数之间的差量直接计算各因素变动对经济指标差异的影响程度和方向的方法。它的计算程序是：首先确定各因素实际数与标准数之间的差量，然后在该差量的前面乘以有关因素的实际数，在该差量的后面乘以有关因素的标准数，就可以得到各因素的影响数额。

仍沿用前例的资料，可以得到：

产量影响=(2 500-2 000)×20×8 = +80 000(元)

单耗影响=2 500×(18-20)×8 = -40 000(元)

单价影响=2 500×18×(10-8)= +90 000(元)

综合结果为：+130 000(元)

从上述计算可知，差量分析法实质上是连锁替代法的简化形式。其计算原理可以表述为：计算某一因素时，将该因素放在括号里面，用"实际数减标准数"表示，括号中前面的因素用实际数，后面的因素用标准数。

(四)比率分析法

比率分析法是利用两个经济指标的相关性，通过计算比率来考察和评价企业经营活动效益的一种技术方法。所谓比率，就是一个指标与另一个指标之比。比率的计算非常简便，并且由于它把两项指标的绝对数变成了相对数，从而使一些条件不同、不可比的指标变得可比，拓宽了比较的基础和比较分析法的应用范围。比率分析法是经济分析中广泛采用的一种方法。

由于分析的内容和要求不同，比率分析法也有不同的表现形式，具体如下。

(1) 相关比率分析。它是将某经济指标与其他相关但不相同的经济指标加以比较，计算出比率，以便从指标之间的相互联系出发深入考察该指标的有关情况。例如，将总产值、销售收入、利润等指标与成本联系起来，计算出产值成本率、销售成本率、成本利润率，就可以从不同的角度贯彻企业成本指标的效益情况。

(2) 结构比率分析。它是通过计算某一经济指标各个组成部分占总体的比重来观察该经济指标构成内容及其变化的合理性。例如，通过计算各项生产费用要素在生产费用总额中所占比重，可以考察生产费用构成的合理性及生产费用的结构效益。

(3) 趋势比率分析。它是将几个时期同类指标的数值进行对比，求出比率，分析该项指标的增减速度和发展趋势。趋势比率的计算可以采取直比和环比两种方式。所谓直比，是将几个时期同一指标的数值分别与某一固定时期同类直比的数值进行比较；所谓环比，是在几个时期内将相邻两个时期同一指标的数值进行比较。

成本分析除了以上方法外，还有许多具有专门用途的方法，如直接法、余额法、成本性态分析法等，所有这些方法共同构成了成本分析的方法体系。

四、主要产品单位成本分析与评价

进行成本分析时，不仅要分析总成本，而且要分析主要产品单位成本。系统地分析单位成本的变动情况，需要研究以下几个问题：单位产品成本计划是否完成；单位成本变动的原因；单位成本中项目成本的变动情况；同行业单位成本的对比。下面以一种产品为例，说明单位成本分析的程序和方法。

(一)单位产品成本计划完成情况检查

假如某企业生产的甲种产品在不增加人员的情况下，产量由73件增加到100件，单位成本由计划的500元下降到480元。则该企业完成了单位产品成本计划。

节约额= 480−500 = −20(元)

降低率=$\dfrac{-20}{500}×100\% = -4\%$

(二) 单位成本变动原因分析

产品单位成本以产品总成本除以产品产量来表示。在产品总成本不变的情况下，产量越大，则单位成本越低；在产量不变的情况下，总成本越高，则单位成本越高。各因素之间的相互关系可以用公式表示如下。

$$某种产品单位成本 = \frac{总成本}{产品产量}$$

产量和总成本变动对单位成本的影响可以利用下式计算。

$$总成本变动对单位成本的影响 = \frac{实际总成本}{计划产量} - \frac{计划总成本}{计划产量}$$

$$产量变动对单位成本的影响 = \frac{实际总成本}{实际产量} - \frac{实际总成本}{计划产量}$$

上例中甲产品的计划单位成本为 500 元/件，实际单位成本为 480 元/件，计划总成本为 36 500 元(即 500 元/件×73 件)，实际总成本为 48 000 元(即 480 元/件×100 件)。单位成本变动的原因如下。

$$总成本增加对单位成本的影响 = \frac{48\,000}{73} - \frac{36\,500}{73} \approx 158(元)$$

$$产量增加对单位成本的影响 = \frac{48\,000}{100} - \frac{48\,000}{73} \approx -178(元)$$

单位成本差异：480-500 = -20(元)

上述计算结果表明，总成本增加虽然使单位成本增加了，但产量增加最终使单位成本降低了，这说明单位成本的降低主要是由于增产(因为增产相应地使单位产品固定成本有所降低)。至于单位成本中是否还有超支情况，需要进一步对成本项目进行分析。

(三) 单位成本中的成本项目分析

对单位成本中的成本项目进行分析，要利用"主要产品单位成本表"中的资料。为了使所分析的问题更集中，我们把"主要产品单位成本表"的各项目分为料、工、费三类，以甲产品为例，编制单位成本项目分析表如表 10-2 所示。

表 10-2 甲产品单位成本项目分析表

甲产品单位成本项目	计划数/元	实际数/元	超支或节约	
			金额/元	百分比/%
直接材料	300	336	36	12
直接人工	150	94	-56	-37
制造费用	50	50		
合计	500	480	-20	-4

根据表 10-2 中的资料可以知道：

(1) 甲产品单位成本比计划降低 4%的主要原因是劳动生产率的提高。这是由于企业增加产量，相应地降低了单位成本中的工资。这说明甲产品单位成本的降低，主要是企业生产水平有所提高的结果。

(2) 由于产量比计划有所增长,单位产品中其他费用(除材料、工资外)也应有一定程度的节约,但单位成本中的"费用"项目并没有表现出节约,这说明"费用"项目中的某些费用存在超支情况,以致冲抵了增产所带来的节约额。这就必须进一步对"费用"项目的具体内容进行分析,挖掘降低单位成本的潜力。

通过单位成本项目的分析,知道甲产品单位成本比计划降低4%的主要原因是增产,这是企业的成绩。不过,产量虽然有了增加,但企业在节约方面做得比较差,"材料"超支,"费用"未减少,这种情况表明企业可能存在"重增产、轻节约"的倾向。如何正确地对待增产和节约的关系,怎样实现"增产节约双丰收",是关系到企业能否以更小的耗费取得更大的经济效益的重要问题,也是关系到企业能否更好地完成单位产品成本计划的重要问题,应进行具体分析。

(四)同行业间产品单位成本的对比分析

在同行业间开展单位成本的对比分析,对于交流经验、相互学习、找差距、挖潜力、不断地降低单位成本有着重要作用。

进行对比分析时,不仅要与先进单位的成本进行比较,还可以与企业有关计划指标和企业历史最好水平指标进行比较。以上述甲产品为例,引用相关资料(见表10-3),分析如下。

表10-3 甲企业成本资料分析表 元

指标	本企业资料		同行业先进指标	差异		
	历史最好水平	本年		与计划比	与历史最高水平比	与先进单位比
		计划	实际				
甲产品单位成本/元	481	500	480	445	-20	-1	35

对比分析表明,企业甲产品单位成本与本年度计划相比降低了20元,与企业历史最好水平相比降低了1元,但与同行业先进指标相比却超支了35元,说明甲产品还有进一步降低成本的潜力。这一点在项目成本的分析中可以看到,如果甲产品的单位成本在现有基础上克服"材料"上的超支和减少"费用",将比同行业先进水平低。

五、降低企业成本的方法

(一)消除不必要的价值流

企业内部的价值流包括市场信息收集、产品设计策划、科研、生产、采购、市场营销、产品维护、顾客服务等。然而并非所有的价值流都能增加产品的价值,例如库存并不能增加最终产品的价值,所以应该尽量消除不能增加价值的价值流。

(二)降低各个价值流的资源消耗

要想降低企业的总成本,必须全面降低各个价值流的资源消耗。邯郸钢铁集团(简称"邯钢")通过调查研究发现，企业经济效益差的最根本原因在于产品成本过高；而产品成本过高的原因又在于企业内部的二级核算计划价格低于市场价格，市场信号不能传送到企业内部，从而使企业内部的二级单位只是埋头生产，不关心成本效益。要想使企业内部供、产、销各个部门都围绕提高企业效益的总目标，为企业的总目标服务，就必须使内部各个部门感受市场的压力，将市场的风险分解到每个职工身上。为此，邯郸钢铁集团以本单位历史水平和同行业先进水平为依据，以市场价格为基础，对厂内的所有生产经营单位(包括辅助单位和部门)的组成成本的各项指标进行核定，在企业内部一个工序一个工序地从后向前核定全厂主要产品品种、规格的内部价格和内部利润；然后再把这些指标层层分解落实到每一个车间、职能科室、班组乃至每个职工；最后按照这些指标与每个责任中心签订协议书，使责、权、利相结合，指标完成情况与奖罚挂钩。邯钢通过推行"模拟市场核算，实现成本否决"的经营机制，实现了企业效益的大幅提高。

降低资源消耗尤其要注意降低时间资源的消耗。计算机领域的新秀戴尔公司就是通过降低库存，提高各个价值流的速度以及价值流连接的速度，实现了从生产到获得现金流的时间的最小化，从而大大地降低了成本。戴尔公司的顾客 90%是公司、学校和政府，它只有在收到订单后再装配机器，戴尔公司在美国没有代销商，也基本上没有库存，由于计算机的零部件的价格下降得很快，因而大大地降低了库存成本。戴尔公司的成功与软件和功能强大的芯片并无关系，公司也并没有重大的技术创新，仅仅通过降低成本并将由此获得的价值让渡给顾客的经营策略获得了成功。

(三)对企业系统的价值流进行再造

对企业系统的价值流再造是通过开放企业系统，将企业系统内部的价值流在一个更大的系统中进行整合。对企业系统价值流的再造通过将自身的价值流与企业外部系统的价值流进行交换、整合等方式，优选价值流，淘汰成本高的价值流。当企业的单个价值流不能拥有成本优势时，企业可以通过资源外包(Outsourcing)、战略联盟等形式，将其他企业的价值流引入到企业内部，与企业内部的价值流进行整合，降低了企业内部价值流的成本；或者干脆将企业内部的价值流转移到企业外部，引入外部的价值流。

当企业的生产价值流的成本水平很高时，企业可以采取如下措施：通过并购使企业生产达到规模经济的要求；将企业的生产价值流转移到企业外部，与企业外部的生产价值流进行整合，达到规模经济；引入外部企业的价值流等。

(四)再造企业系统的结构

企业为全面降低成本，必须进行企业结构的再造。企业结构的再造包括多方面内容：再造企业的业务流程、再造企业的组织结构以及再造企业间的价值链等。

风靡世界的精益生产方式就是通过对企业价值流结构的再造降低了企业成本，提高了企业的经营效率。第一汽车集团全面推行精益生产方式，将成本称为精益之本。精益生产以消除不必要的工序为基础，把参与各种类型产品的开发、生产、销售和售后服务的所有步骤的员工融合在一些合作的团队中，使多项职能交叉，合作的团队直接对企业和消费者负责，将原来的开发、生产和销售结合在一起，使原来松散的各个部门结合起来，有效地缩短了生产和市场之间的距离。这实际上就是价值流采取了并联连接的结构形式，从而可

第十章　企业成本分析与评价

以大大降低信息反馈的时间。精益生产通过简化企业组织结构、简化产品开发过程、简化制造过程、简化产品结构、简化与供应商的关系等，使企业价值流程的运行时间大幅度降低，从而降低了企业的成本。

被称为企业管理一场革命的企业再造，实际上也是通过对企业结构的再造来达到降低成本、提高企业经营效率的目的。企业再造的核心是对企业的业务流程进行再设计。企业再造将原来按职能划分的管理方式，转变为以业务流程和具体任务为中心来重新整合。企业再造打破了部门之间的界限，使业务流程的各个步骤按其自然顺序来进行，将分工过细的职务、工作，根据业务流程的性质重新组合，从而避免了各部门之间在衔接上的困难，减少了重复劳动和大量的等待时间。

企业再造还对企业组织重新整合，它舍弃了根据专业化分工的需要，以职能为中心、以控制为导向的、机械式的科层制组织，代之以过程为中心、以顾客为导向的全新的组织；将在职能分工下的连续作业方式转变为在同一工作团队内进行平行作业，从而将企业要素(作业)结构转变为并联连接，而且由于员工在同一工作团队里工作，所以降低了反馈的时间迟滞；在组织结构上，企业再造将原来金字塔形的管理层次改变为扁平式的管理，将传统决策与执行的分离转变为团队在过程中的统一，这种扁平式的组织结构实际上就是并联连接的结构形式，同时，扁平式的组织结构降低了组织内部信息反馈的时间迟滞。

(五)再造企业间的价值流

长期以来，企业一直将降低成本的注意力放在企业内部，但是，随着企业挖掘降低内部成本的努力，向组织内部寻求成本改善的成效已经微乎其微。目前，美国工业企业平均外购费用为 55%，这种现象在工业化和后工业化国家均存在。所以，更多的企业将降低成本的注意力集中到企业与外部的关系上，试图通过企业间价值流的再造来降低成本。

通过企业间价值流的再造，企业可以重塑企业间的关系，将以往企业间的采购关系转变为合作伙伴关系。通过建立企业间的合作伙伴关系，可以减少重复与浪费，可以借助彼此的核心能力，同时可以合力创造出新的机会。将产品从一方送到另一方手中的采购、实体运输、仓储以及存货管理等后勤作业，往往是两个企业间最常产生浪费的区域之一，传统的买卖关系就是在这个过程中产生了巨额的浪费和重复，而通过建立合作伙伴关系，企业可以减少这种重复和浪费。正如瑞克曼(1995)所指出的："组织间伙伴关系的贡献较可能呈现出双赢的局面。就增加销售、保持持续长久的关系，以及防止竞争者的中途破坏等方面来看，供应商是赢家；若就反应性、品质改善、专业性提高以及更低的价格等方面而言，客户也没有输，双方都认为自己是赢家，这也就是伙伴关系欣欣向荣的原因，这种双赢的局面来自伙伴关系的基本特质'伙伴关系把整个利益之饼变大了'。"企业间价值流的再造突破了组织的界限，可以使企业与其他企业价值流的结构在一个更大系统内进行整合。

(六)提高资金流系统、信息流系统、物流系统、人流系统、知识流系统的运行效率

要提高整个系统的运行效率，降低企业的成本，就必须让价值流真正流动起来。为此，必须提高资金流系统、信息流系统、物流系统、人流系统、知识流系统的运行效率，因为任何一个流系统的迟滞都将带来整个企业系统效率的低下。对这些流系统进行再造，将企

业的组织结构划分为以资金流系统、信息流系统、物流系统等为组成部分的结构，对原来流动效率相对低下的物流系统进行改造，可以极大地提高整个系统的效率，极大地降低企业成本。

以价值流为要素的系统要想真正流动起来，必须按照顾客的需求定义价值，按价值流重新设计全部的生产经营活动并让价值流动起来。如果没有让用户的需求来拉动价值流，那么这种价值流也是不可实现的价值流。

拓展阅读

"质量成本分析"的内容扫右侧二维码。

质量成本分析.doc

思 考 题

1. 成本分析的方法有哪些？怎样降低企业的成本？
2. 成本分析的主要指标有哪些？这些指标如何计算？
3. 什么是质量成本分析法？质量成本分析法有什么重要意义？
4. 什么是作业成本法？作业成本法的主要内容是什么？作业成本法与传统成本法有什么区别？

第十一章　企业财务预算分析

知识要点：

"凡事预则立，不预则废"，预算对一个企业来说具有十分重要的意义。本章讲述预算的含义、内容、作用及编制，要求掌握预算分析指标的内容，即成本中心财务预算指标分析内容、利润中心财务预算指标分析内容和投资中心财务预算指标分析内容。

一、预算的含义

(一)预算的定义

预算(budget)是指用货币形式表示出来的财务计划。它以货币形式表示未来期间企业生产经营活动(如有关现金收支、资金需求、营业收入、成本及财务状况和经营成果等方面)的详细计划和目标，并以计量的方式表示未来的计划，即用财务数字或非财务数字来计量预期的结果。

根据会计辞典，预算的定义为：①是将来经营的准绳，并用以控制将来营运活动的一种财务计划；②任何未来的估计；③任何有关人力、物力及其他资源运用的有系统的计划。

我国财政部印发的《关于企业实行财务预算管理的指导意见》中对财务预算也给出了明确的定义：企业财务预算是在预测和决策的基础上，围绕企业战略目标，对一定时期内企业资金的取得和投放、各项收入和支出、企业经营成果及其分配等资金运动所做的安排。

由此可见，预算有以下几个特征。

(1) 预算用一系列数据表达对未来的预测。预算是以货币形式表示出来的财务计划，必然是一系列数据的集合。预算通过一系列的数字使企业的生存、发展、盈利的目标更具体化、更具有可操作性。

(2) 预算包括一切财务收入及支出。作为企业未来生产经营的详细计划，预算立足于财务指标，将企业一切财务收入和支出纳入预算，以便将企业的财务活动进行整体规划，使企业的一切活动朝着企业预定的目标进行。

(3) 预算是企业战略与日常经营的链接。战略往往是长期性的、较抽象的。通过预算可以实现企业与环境的沟通、日常经营与战略的沟通。首先，企业制定预算目标就以战略为出发点。预算通过规划未来的发展来指导现在的实践，因而具有战略性，对企业战略起着全方位的支持作用。科学的预算方案蕴含着企业管理的战略目标和经营思想，是企业最高权力机关对未来一定期间的经营思想、经营目标、经营决策的实务数量说明和经济责任约束依据，是公司的整体"作战"方案。

(4) 预算是提升公司治理能力、强化契约的公司管理。企业通过预算规划各个主体对企业具体的约定投入、约定效果及相应的约定利益，并通过对预算过程的监控真实地计量各个利益主体的实际投入及对企业的影响，然后根据结果考评契约的履行情况并进行相应的激励和惩罚，增强产权契约所决定的公司治理的有效性。

(5) 预算是企业组织所必需的约束与激励机制。预算能够起到价格和市场的分权和激励作用。预算是企业经营活动的重要组成部分。预算的编制是以特定的权责中心为基础的，确定目标的过程就是将其权利和责任具体化、数量化的过程，是对分权体系的完善；另外，预算目标的设立也确定了业绩评价的主要标准，预算执行过程中的记录系统为事后的评价提供了依据。预算体系的另一个重要环节就是进行预算考评，将实际业绩与预算目标进行对比分析，并根据分析评价的结果进行相应的奖惩。应该说，一个完整的预算体系能够包括组织所必需的分权、评价和奖惩制度。

(6) 预算必须得到相关的机构审议通过，并以书面文件形式出现。预算当中的内容是企业各部门今后活动的依据，所以必须保证其权威性。预算的审批者一般是企业的最高权力机构——股东大会，这就保证了它的权威性。之所以以书面形式出现，是因为在执行过程中，其更具有明确的依据，这使各部门人员在执行过程中有据可依，也提高了执行效率，不需预算制定者事事介入，人们可以依预算所形成的一系列文件行事。

(7) 预算的表达相当有系统性，还有利于进行分析比较。预算不只对企业未来的经营活动进行规划，当未来活动与企业预算存在差异时，通过比较还可以分析企业在经营过程中存在的问题，使企业经营更加有效。对预算进行系统化地表达，便于企业在分析比较时找出经营过程中的问题所在，看见问题的根本。

(8) 预算是执行的准则。预算是为了实现战略目标而制订的实施计划，为了实现战略目标，企业在执行过程中必须紧紧围绕预算来操作。

(二)预算的功能

1. 规划功能

(1) 制定目标及政策。预算经过规划、分析，并加以数量化，同时进行系统编制，使企业的目标及政策能具体体现。例如，企业目标是追求利润最大化，是降低成本，还是提高品质，抑或其他。目标一经拟定，便可制定策略及政策，并定期检查执行结果。

(2) 有助于预测未来的机会与威胁。企业问题错综复杂，若不预先规划，查出问题产生的原因，恐怕会难以补救。预算促使组织成员对各项环境变化事先加以预测，并采取相应的措施。规划虽然不能完全消除风险，但有助于组织成员了解组织本身的优缺点，洞悉未来潜在的机会与威胁，将风险降至最低。

(3) 能促使企业有效地利用资源。企业的目标无限，但资源有限。因此，规划是一种选择过程。在各种替代方案中，选择最易于付诸实施的方案，以达到最大满足程度。

2. 控制功能

规划与控制相辅相成，如果仅有规划而没有控制，则规划容易流于形式；如果仅有控制而没有规划，则控制就没有依据。因此，规划与控制密不可分，必须前后对应。预算在控制方面的功能如下。

(1) 依既定的目标执行。控制的标准在于目标的制定。因此，在预算执行过程中，管理人员应随时注意一切经营活动是否背离目标、背离的行动是否允许、如何采取必要的措施加以纠正,使行动继续朝原定的目标进行等。

(2) 通过信息反馈,了解在执行中遇到的困难。通过绩效评估及信息的有效反馈,了解差异发生的原因,并根据问题所在对症下药,采取纠正措施,以利于目标的达成。

(3) 可避免浪费与无效率的生产。由于绩效考核的实施,每一个部门与员工对所分配的资源必能善加使用。因此,可使资源浪费或经营不善降到最低程度。

(4) 作为今后规划的依据。今日的偏差是明日改正的依据,管理层应定期检讨过去,以利于未来的决策。

3. 沟通功能

(1) 减少预算执行的障碍。员工参与预算的编制,可使管理层与执行层相互沟通达成共识,减少预算执行的障碍。

(2) 便于目标的达成。编制预算,可使管理层了解员工的需求与意见,员工也可体会管理层对其的期望与态度。因此,经过沟通,相互了解,可促使员工努力以达成目标。

4. 协调功能

(1) 协调企业的资源利用。企业要达到既定目标,各部门必须同心协力、团结合作,摒除门户之见及本位主义,以企业总体利益为核心。如果各部门各自为政、各持己见,难免出现计划与目标的脱节或各部门步调的不一致。只有通过预算,才能加强各部门之间的联系,并系统地运用企业的有限资源,发挥最大的经济效益。

(2) 调整经营活动,使其与预期环境相配合。在竞争激烈的环境中,企业为求生存并谋求最大利益,必须不断地观察并适应外界变动的环境。预算可促使各阶层主管不断地对外界环境加以审视及分析,从而拟订最佳决策,以适应瞬息万变的环境。

5. 激励功能

(1) 参与预算,激励员工。预算是全体员工精心规划的产物,而非主管领导的单一命令。因此,企业编制预算,应该扩大参与层面,积极鼓励员工提供意见,促使员工目标与公司目标相结合,并顺利达成组织目标。

(2) 目标明确,奖惩分明。预算目标应合理且具有可实现性,才能有效地激发员工的潜力,并且预算执行应配合奖惩制度的实施,如加薪、升级、满足员工的自我实现等,促使员工全力以赴,达成企业目标。

(三)预算达到的目标

从上述预算的功能可见,企业如果能审慎地实施预算制度,并付诸实施,可以达到以下目标。

(1) 企业的一切活动,均基于彻底的事前分析及研究,并在相应的基本政策或解决方案下进行。

(2) 促进员工形成成本意识并充分有效地运用资源,以避免浪费或无效率发生。

(3) 各部门之间能相互协调或支持,以使决策符合公司整体计划与目标。

(4) 进行整体规划,促使人力、财力、物力等资源得到有效运用。

(5) 洞察市场变化趋势,并引导企业活动与市场信息相配合,在竞争中处于有利地位。

(6) 通过协调与联系，及早了解组织弊端，并采取补救措施。
(7) 提出客观、系统的评估意见，并定期审核与检查其基本政策和指导原则。
(8) 提供绩效衡量标准，评估各管理阶层的工作能力。
(9) 灌输目标意识，使员工有公平竞争的机会。
(10) 使企业经营活动更具体化、科学化。

二、全面预算的概述

(一)全面预算的定义及其理解

全面预算是一种总预算，它反映的是企业未来某一特定期间的全部生产、经营活动的财务计划，它以实现企业的目标利润为起点，进而对生产、成本及现金收支等进行预测，并编制预期利润表和预期资产负债表，反映企业在未来期间的财务状况和经营成果。有了全面预算，企业就可以按照预算体系进行经营管理，而不是主观臆断、随心所欲。作为协调的工具、控制的标准、考核的依据，全面预算是推行企业内部管理规范化和科学化的基础，也是促进企业各级经营管理人员自我约束及自我发展能力培养的有效途径。财务预算与业务预算、资本预算、筹资预算共同构成企业的全面预算。

在理解全面预算上，必须注意以下几点。

第一，全面预算是公司治理结构中投资者和经理人之间的一种约束与激励机制。《公司法》中对投资人和经理的权力与义务的规定为："股东大会行使以下职权……审议批准公司的年度财务预算方案、决算方案。""董事会行使以下职权……制定公司的年度财务预算方案、决算方案。""经理对董事会负责，行使下列职权：主持公司的生产经营管理工作，组织实施董事会决议；组织实施公司年度经营计划和投资方案。"由此可见，在现代公司制度中，投资者和经理之间是一种委托代理关系，经理受控于出资人的谋利要求、战略决策和财务监控。在具体的管理框架中，必须也只有通过预算才能明确出资人和经理各自负有哪些责任和义务，同时维护他们各自的权益。

第二，全面预算是公司战略实施的保障与支持系统。公司战略管理的任务就是要通过战略来明确未来的具体目标，统一思想，这只有通过定量化的预算指标体系才能完成。首先，预算目标实际上是企业战略目标，没有战略意识的预算不可能增强企业的竞争优势。其次，预算的战略性还应体现不同类型企业战略重点的差异。企业的战略一般包括地域扩张、多元化经营、产品开发、市场渗透、收缩与剥离。战略的不同决定了企业的发展思路与方针存在差异，所以，不同的企业和同一企业不同时间的预算管理的目标与重点应该不一样。最后，预算的战略性体现在它沟通了企业战略与经营活动的关系，使企业的战略意图得以具体贯彻，长短期预算计划得以衔接。

第三，全面预算是一种整合性的管理系统，具有全面控制能力。公司预算不仅是投资者和经理之间的游戏规则，还体现经营者与其下属员工之间的权利、责任安排，即在实现整体利益的目标下，明确各单位的权力和责任区间。预算使各单位的权利得以用表格化的形式体现，这种分权以不失去控制为最低限度。预算是权力控制者采用的合理方式，否定预算就是否定经营者自身，经营者的权威便无从谈起。经理需要协调各种业务活动和管理方案，使企业内部各部门、各环节均能统筹规划、协调行动。所以，企业预算既是由销售、采购、生产、盈利、现金流量等单项预算组成的责任指标体系，又是公司的整体"作战方案"。各项预算应该统一于总预算体系中，所以称之为"全面预算"。它不只是财务部门的事情，还是企业综合的、全面的管理，是具有全面约束力的机制。

第四，全面预算是企业日常经营管理活动的控制尺度。预算作为一根"标杆"(benchmark)，使所有预算执行主体都知道自己的目标是什么，现在做得如何以及如何努力地去完成预算，预算完成与否是如何与其自身收益挂钩的等，从而起到自我约束与自我激励相对等的作用。同时，预算管理主体也有了明确的依据来考核执行主体，从而控制企业管理的运行过程，并保证结果的实现。在日常业务活动和财务收支过程中，企业一切成本费用支出和现金流量都必须纳入预算范围，以预算指标为基础，不允许超预算运行或无预算运行。对因特殊情况需要突破预算的，应预先提出预算修订报告，经批准后方可实施。

第五，预算指标是业绩奖惩标准以及激励机制的重心。业绩评价标准是指判断和评价对象业绩优劣的基准。评价标准的选择取决于评价的目的。企业业绩评价系统中常用的标准是：年度预算标准为企业历史(如上年)实际和竞争对手标准。标准的选用与评价对象密切联系，也直接影响评价的功能。为全面发挥业绩评价的战略导向功能，企业最好设立预算标准。预算为考核和评价各部门及员工工作业绩提供了依据。定期或不定期检查和考评各职能部门所承担的经济责任和工作任务的完成情况，确保企业总目标的实现，是企业管理工作的重要组成部分。所以，预算是考核和评价各责任层次与单位工作成绩和经营成果的重要"标杆"。

(二)全面预算的分类

1. 全面预算按其涉及的预算期分为长期预算和短期预算

长期销售预算和资本支出预算属于长期预算。长期预算有时还包括长期资金筹措预算和研究与开发预算。短期预算是指年度预算，或者时间更短的季度预算或月度预算，如直接材料预算、现金预算等。通常长期预算和短期预算的划分以一年为界限，有时把2~3年的预算称为中期预算。

2. 全面预算按其涉及的内容分为总预算和专门预算

总预算是指预计利润表、资产负债表和现金流量表，它们反映企业的总体状况，是各种专门预算的综合。专门预算是指反映企业某一方面的经济活动的预算。

3. 全面预算按其涉及的业务活动领域分为销售预算、生产预算和财务预算

销售预算和生产预算统称为业务预算，用于计划企业的基本经济业务。财务预算是关于资金等的筹措和使用的预算，包括短期的现金收支预算和信贷预算，以及长期的资本支出预算和长期资金筹措预算。

(三)全面预算的编制程序

企业全面预算的编制，涉及经营管理的各个部门，只有执行人参与预算的编制，才能

使预算成为他们自愿努力完成的目标,而不是外界强加在他们身上的枷锁。

企业全面预算的编制程序如下。

(1) 最高领导机构根据长期规划,利用量本利分析等工具,提出企业一定时期的总目标,并下达规划指标。

(2) 最基层成本控制人员自行草编预算,使预算更加可靠、更加符合实际。

(3) 各部门在汇总部门预算的基础上,逐步协调本部门预算,编制出销售、生产、财务等业务预算。

(4) 预算委员会审查,平衡业务预算,汇总出公司的总预算。

(5) 经过行政首长批准,审议机构通过或者驳回预算。

(6) 主要预算指标报告给董事会或上级主管单位,讨论通过或者驳回修改。

(7) 批准后的预算下达给各部门执行。

(四)全面预算管理的基本功能

1. 确立目标

编制预算,实质上是根据企业的经营目标与发展规划制定近期(预算期)各项活动的具体目标。通过目标的建立,引导企业的各项活动按预定的轨道进行。

2. 整合资源

编制预算,可以使企业围绕既定目标有效地整合资金、技术、物资、市场渠道等各种资源,以取得最大的经济效益。

3. 沟通信息

预算管理过程,是企业各层次、各部门信息互相传达的过程。全面预算管理为企业内部各种管理信息的沟通提供了正式的和有效的途径,有助于上下互动、左右协调,从而提高企业的运作效率。

4. 评价业绩

各项预算数据提供了评价部门和员工实绩的客观标准。进行预算与实绩的差异分析,还有助于发现经营和管理的薄弱环节,从而改进未来的工作。

(五)全面预算管理的作用

全面预算管理除了以上四个方面的基本功能外,在市场经济条件下,还能发挥以下重要作用。

(1) 有助于现代企业制度的建立。预算不等于单纯的预测或计划,预算管理也不是数据的简单罗列,而是与公司治理结构相适应并通过企业内部各个管理层次的权利与责任安排以及相应的利益分配来实施的管理机制。全面预算管理对规范出资者和经营者的关系提供了制度保障。在市场经济条件下,企业出资者、经营者和其他员工之间构成了复杂的经济关系,通过预算制约来有效地协调这三方面的关系,正是体现了现代企业制度的内在要求。这一管理体系,体现了公司内决策、执行与监督权的适度分离,股东会和董事会批准预算

第十一章 企业财务预算分析

实际上是对决策权的行使,管理层实施预算方案是对公司决策的执行,内审机构、审计委员会、监事会等则行使监督权,对预算实施进行事中监督和事后分析,这便理顺了决策制定与决策控制的关系。预算管理的重要环节,如预算编制、预算审批、预算协调等,还明确界定了各个层次的管理权限与责任。同时,全面预算制度也为出资者对经营者履行受托责任的考核提供了依据。

(2) 全面预算运用货币度量来表达,具有高度的综合性,经过综合平衡以后可以体现解决各级和各部门冲突的最佳办法,使各级和各部门协调工作。以"财务管理为中心"的理论是开展全面预算管理的内在要求。以财务管理为中心的理论有一个最明显的特点,就是在资金的筹集和使用上将过去的"用了算"改为"算了用",极大地提高了资金使用的计划性,发挥出了更大的综合效益。当前,国有企业在积累、投资和增资等机制上相对薄弱,经营规模与资本的匹配性差,实施全面预算后,将以货币形式详细地规范和促进企业的各项经济活动。

(3) 有助于企业战略管理的实施。全面预算管理是现代企业战略管理的重要形式。同时,全面预算是控制经济活动的依据,是衡量其合理性的标准。当实际状态和预算有较大差异时,可以及时查明原因并采取措施。通过预算管理,可以统一经营理念,明确奋斗目标,激发管理的动力,增强管理的适应能力,确保企业核心竞争能力的提升。

(4) 有助于现代财务管理方式的实现。实施预算管理,是企业实现财务管理科学化、规范化的重要途径。全面预算把现金流量、利润、投资收益率等指标作为管理的出发点与归宿,强调价值管理和动态控制,为财务管理目标的实现奠定了坚实的基础。同时,实行全面预算管理,将成本控制和财务预算有机地结合起来,由孤立、单项地从企业内部降低费用支出转向通过市场化的方式和资源共享的方式降低费用支出,树立了成本控制的新理念。预算管理是信息社会对财务管理的客观要求。市场风云变幻,能否及时把握信息、抓住机遇是企业驾驭市场的关键。从计划经济脱胎出来的国有企业要想焕发新的生命力,就必须适应市场经济的要求,在预测和控制方面具有较强的灵敏度。全面预算管理根据企业特点和市场信息,超前提出财务预算方案,有计划、有步骤地实施财务对策,使财务管理从目前的被动应付和机械算账转变为超前控制和科学理财。此外,健全的预算制度增强了财务管理的透明度,更好地树立了现代财务管理的形象。

(5) 有助于强化内部控制和提高管理效率。在企业实施分权管理的条件下,全面预算管理既保证了企业内部目标的一致性,又有助于完善规范管理,强化内部控制。全面预算可以把企业的总目标分解成各级和各部门的具体目标,可以动员全体职工为此而奋斗。企业全面预算是各级和各部门奋斗的目标、协调的工具、控制的标准、考核的依据,在经营管理中发挥着重大作用。全面预算有利于划清责任中心,健全责任制度,变被动的奖惩措施为主动的激励与约束制度。全面预算已成为内部控制的重要手段和依据。

(6) 有助于企业集团资源的整合。集团公司一般由若干相对独立的二级单位组成,包括集团职能处室和二级经营单位。二级经营单位可以是独立法人——子公司,也可以是不具有法人资格的分公司或经营单位。集团公司管理的核心问题是将各二级经营单位及其内部各个层级、各个单位和各位员工联合起来,围绕着集团公司的总体目标而运作。实行全面预算管理,可以有效地消除集团公司内部组织机构松散的弱势,实现各层级、各单位成员的有机整合。

(7) 加强全面预算管理工作是提高竞争能力的需要。当前国有企业几乎都面临资金紧张的问题，资金结构也不甚合理，应收账款余额又强势"冲高"，这些状况严重地困扰着企业的生存，制约了企业的发展。加强全面预算管理，将成为企业增收节支、增产挖潜、扭亏增盈、提高效益和竞争能力的有效手段之一。

为使全面预算发挥上述作用，除了要编制一个高质量的预算外，还应制定合理的全面预算管理制度，包括编制程序、修改预算的办法、预算执行情况的分析办法、调查和奖惩办法等。

三、财务预算的含义

(一)财务预算的定义及特征

财务预算(financial budget)是一系列专门反映企业未来一定期限内预计财务状况和经营成果，以及现金收支等价值指标的各种预算的总称。

财务预算是反映某一方面财务活动的预算，如反映现金收支活动的现金预算，反映销售收入的销售预算，反映成本、费用支出的生产费用预算(又包括直接材料预算、直接人工预算、制造费用预算)、期间费用预算，反映资本支出活动的资本预算等。综合预算是反映财务活动总体情况的预算，如反映财务状况的预计资产负债表、预计财务状况变动表，反映财务成果的预计损益表。上述各种预算间存在下列关系：销售预算是各种预算的编制起点，它构成生产费用预算、期间费用预算、现金预算和资本预算的编制基础；现金预算是销售预算、生产费用预算、期间费用预算和资本预算中有关现金收支的汇总；预算损益表要根据销售预算、生产费用预算、期间费用预算、现金预算进行编制，预计资产负债表要根据期初资产负债表以及销售、生产费用、资本等预算编制，预计财务状况表则主要根据预计资产负债表和预计损益表编制。财务预算是一种更全面和长远有效的预算管理形式，其特点如下：

1. 财务预算是建立在企业战略目标基础上的一种预算形式

战略具有长期性和前瞻性，一般以定性描述方式出现，随竞争环境的变化随时调整，因而具有柔性，战略管理的关键在于其执行力；而预算具有相对短期性、现实性和可操作性，是一种定量表达，一旦颁布即成为"公司的基本游戏规则"，因而具有刚性。财务预算的战略性体现在它沟通了企业战略和经营活动的关系，使企业的战略意图得以具体贯彻，长短期预算计划得以衔接。财务预算目标应该体现企业战略目标，公司战略决定其预算目标，预算目标是对公司战略重点与管理方针的基本描述。一般来说，企业战略是企业长期经营的总方针，应该体现在年度预算和业绩合同中，而财务预算作为一种行动的安排，使得日常的经营活动和企业的战略部署中得以沟通，形成具有良好预算循环的预算系统，成为公司战略实施的保障与支持系统。没有预算支撑的公司战略是不具备操作性的、空洞的公司战略；而没有以战略引导为基础的公司预算，是没有目标的预算，也就难以提升公司的竞争能力和公司价值。公司在编制预算时一般要明确公司发展战略，然后在战略创新前回顾预算实施的结果，如图11-1 所示。

第十一章 企业财务预算分析

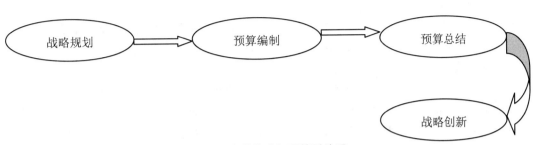

图 11-1 企业战略与预算系统图

2. 财务预算是一个全面而系统的管理方式

借助财务预算可以有效地组织企业的各项经济资源，包括人力、物力、财力、信息等，使之形成强有力的、有序的集合。运用财务预算管理与企业组织流程、管理体制的互动关系，进行企业流程再造与体制梳理，使预算建立在明确的责任单位(投资中心、利润中心、成本中心和费用中心)、经营责任(业务事项、时间段点和资金额度)、信息归集和报告上。除了以上的分层管理外，财务预算还推行"归口分级"的原则，也就是"谁干事谁负责，干什么事编什么预算"。公司财务部或者公司专设的预算办公室是预算综合管理部门，负责对各专业部室等单位的全面预算进行审查、汇总、平衡，对编制预算工作进行指导、检查。财务部负责编制公司总预算，包括编制公司损益预算、资产负债预算、成本费用预算、整体现金流量预算、财务费用预算。销售管理部(市场部门)负责编制预算期销售品种、销量、销售价格、收入、税金、销售费用及现金收入预算。供应部门(采购机构)负责编制和落实年、月各种大宗原材料、燃料和辅助材料采购预算。采购预算要求按照类别分别提供采购物资的品名、数量、价格、税金、金额、期初库存金额、期末库存金额，按月分解，并要求编制相关的现金流量支出预算。设备部门编制固定资产增减变化、折旧预算、修理计划等；编制备件工具采购预算和库存预算；编制修理费年、季、月支出预算。技术开发部编制年、季、月技术开发费用支出预算，包括项目、效益测算、资金支出等资本性支出的科研项目支出预算。人力资源部编制年、季、月的工资、奖金、津贴支出、补贴收入、劳务费用和统筹保险、福利费的总额预算及各单位明细预算；编制年度教育培训费用支出、职工住房补贴和公积金的总额预算和分单位预算。各车间、工厂作为预算的责任单位，实行以生产、成本控制为中心的预算管理。各职能部门作为各项费用的主管部门，要在公司年、季、月预算的总体框架内，编制本部门的年、季、月费用支出预算。这样的预算编制涉及公司的各级部门及全体员工。

(二)财务预算与全面预算的联系与区别

从表面上理解，财务预算和全面预算的含义很容易混淆，仔细分析二者的联系与区别，可以帮助我们更好地理解财务预算。

1. 联系

(1) 作为预算管理的一种，财务预算和全面预算一样都是建立在公司战略的基础上的。一般的财务预算只是企业为实现长期规划而对未来经营年度的生产经营活动及其目标进行的以财务数字为主要表达形式的预期安排，而全面预算则是利用预算这一手段对企业生产经营的各个环节和企业管理的各个部门进行管理控制，以及对企业经营的各种财务及非财务资源进行配置的一系列活动。预算管理系统作为一个循环管理系统，唯有前承战略规划、后启薪金考评才能更好地发挥作用。预算目标体系是预算管理系统的起点，与战略规划有直接联系，如图 11-2 所示。

(2) 财务预算与全面预算都包含了一个全面的企业财务预算过程。将预算局限于成本控制或销售预算都是欠妥当的。财务预算与全面预算这两种预算不只是财务部门的资金规划，也不只是控制费用的工具。只对成本费用或现金收支进行预算控制，就不能将组织经营的各个阶段有机地联系起来。只有利润预算的意识，没有亏损预算的意识，使得新企业的核心项目在起步时处于亏损状态而缺乏应有的预算控制制度，造成心中无数的局面，这种缺乏整合思想的预算管理经常导致各部门之间的冲突，留下预算空白地带，从而影响了预算管理的整体效果。财务预算和全面预算都是从整体上进行财务预算，从而很好地克服了单方面预算的缺点。

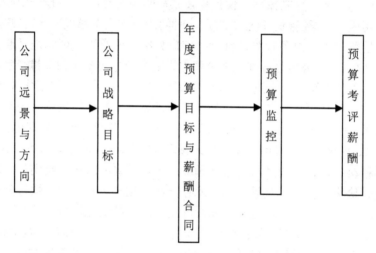

图 11-2　预算管理系统图

(3) 财务预算与全面预算都是企业的一种管理方式，其核心职能就在于对企业的业务流、资金流、信息流和人力资源进行全面整合，因此需要企业上下左右沟通协作、全员参与。同时，财务预算过程与全面预算过程也就是权、责、利的划分过程，它将权、责、利落实到相应的部门乃至具体的责任人身上。

2. 区别

(1) 与全面预算相比，财务预算的最大特点是其引入了经济预算指标的概念。经济预算指标是不同于财务预算指标的一种预算指标，它强调财务问题以外的其他方面，比如顾客层面、内部层面、学习和创新层面等。这些方面是企业提高其管理水平的重要考核指标。通过这几方面的提高，可以求得企业的平衡发展，企业要想提高其管理水平，从以上几方面下手往往能取得较好的效果。当然，企业最终管理效果的评价，还要看企业考核的财务指标是否达到，否则，企业管理水平的提高也只是纸上谈兵。

(2) 财务预算不仅从财务的角度来看待企业管理问题，还从企业的其他经济活动进行分析。如果说全面预算是一棵树的可见部分，那么财务预算则是把树的根系也纳入了人们的

第十一章 企业财务预算分析

视野范围。

四、财务预算的作用

财务预算是企业全面预算体系的组成部分，它在全面预算体系中有以下重要作用。

(一)财务预算使决策目标具体化、系统化和定量化

在现代企业财务管理中，财务预算全面地、综合地协调、规划企业内部各部门、各层次的经济关系与职能，使之统一服从于未来经营总体目标的要求；同时，财务预算又能使决策目标具体化、系统化和定量化，能够明确规定企业有关生产经营人员的各自职责及相应的奋斗目标，做到人人事先心中有数。

财务预算作为全面预算体系中的最后环节，可以从价值方面总括地反映经营期特种决策预算与业务预算的结果，使预算执行情况一目了然。

(二)财务预算有助于财务目标的顺利实现

通过财务预算，可以建立评价企业财务状况的标准。将实际数与预算数进行对比，可及时发现问题和调整偏差，使企业的经济活动按预定的目标进行，从而实现企业的财务目标。

(三)有助于企业在产品、程序、顾客和试产开发等关键领域取得突破性的进展

经济指标所涉及的顾客、核心资源、技术资源和人力资源使企业的管理集中到企业长远战略的层面上来，有利于企业集中资源打造核心竞争力，促进企业发展。

(四)对于一个集团企业来说，有利于把各个单位的战略转化为能与整个管理体系相吻合的测评体系

财务预算将企业一定期间的业绩目标用具体的结果指标(财务指标)和标准来表达，进而将这些结果指标和标准分解成相应的动因指标(经济指标)和标准，这就能整合企业各职能部门的工作，使之与企业的整个管理体系相吻合。

拓展阅读

"财务预算案例分析"的内容扫右侧二维码。

财务预算案例分析.doc

思 考 题

1. 全面预算可以按哪些标准分类？它的功能有哪些？
2. 成本中心、利润中心、投资中心的区别是什么？
3. 在整个预算编制过程中，主要做好哪些方面的平衡工作？

第十二章　企业财务风险分析

知识要点：

财务风险是指企业财务活动未来实际结果偏离预期结果的可能性。对财务风险进行分析能够反映企业财务状况的好坏，可以使企业恰当地选择资本结构，重视对筹资的管理，从而增强企业对财务风险的抵御能力。本章首先阐述什么是风险，其次说明了企业财务风险的定义和分类，接着分析了财务危机的特征及形成过程，最后着重介绍了财务风险的评估与预警方法。

第一节　风　险　概　述

预计未来可能发生的情况以及在各种选择之间取舍的能力是当前社会发展的关键。对企业而言，加强企业的科学管理特别是财务管理，是企业建立规范的现代管理制度、转换经营机制、实现持续快速健康发展的根本途径。当前，企业管理中的薄弱环节还有很多，尤其是一些企业的财务管理、成本管理失控，财务风险控制失当，以财务预算管理为核心的企业全面预算管理体系尚未真正建立。这些问题影响和制约着企业的健康发展，甚至滋生腐败和犯罪。

在企业的财务管理工作中，经常需要做出各种财务决策，如筹资决策、投资决策等。所有的财务决策都面临一个共同的问题，即估计决策方案预期的收益及不能实现的风险，企业总是期望决策方案预期的收益足以补偿其所承担的风险。企业财务决策的过程，实际上就是一个权衡风险和报酬的过程。进行财务管理，必须认真分析风险和报酬之间的关系，运用风险报酬原理做出正确的财务决策。

一、风险的含义

一般而言，风险是指预期收益的不确定性。在现实的经济生活中，由于各种不确定因素的存在，使企业的每一项财务决策都既有有利的一面，也有不利的一面，只是有利因素和不利因素各自程度的大小会有所不同。只要不利因素存在，企业财务决策就面临风险。因此，风险是客观存在的。

早在 19 世纪末，古典经济学家就将风险引入经济领域并加以考察。他们在研究企业利润形成的原因时指出，风险是利润的由来。到了 20 世纪，人们对风险的理解主要有三种观点，分别有三派代表性人物。1895 年，美国学者海因斯(Haynes)在 *Risk as an Economic Factor* 一书中从经济学意义上提出了风险的概念：风险意味着损害的可能性；美国经济学者罗伯特·梅尔(Robert I. Mehr)所著的 *Fundamentals of Insurance* 中，把风险定义为"损失的不确定性"；第三种观点的代表人物是美国的小阿瑟·威廉姆斯(C.Arthur Willianms)和理查德·M.汉斯(Richard M. Heins)，他们将风险定义为实际结果和预期结果的离差。

第十二章 企业财务风险分析

(一)风险的性质

大多数人认为风险就是未来的损失，或发生损失的可能性。其实这并不完全正确，风险具有客观性、损失性和不确定性，其中，不确定性是其最主要的性质。

1. 客观性

不论人们是否意识到，也不论人们是否能够准确地估计风险的大小，风险本身是"唯一"的。比如，以前装修中经常用到的甲醛，对人的健康来说是存在风险的，它会损害人的多个器官及系统，这种风险是客观存在的，却并不是每个人都了解这些。尽管如此，并不会因为不了解这种危害，风险的程度就会降低。风险本身是客观的，只是在每个人心理上的反映不一样。

2. 损失性

风险是与损失紧密相关的，只有当未来可能发生损失时，才可以称为风险。如果未来的所有结果中不包括损失，谈论风险也就失去了意义。比如，深海或地壳深处的地震，如果它的作用只停留在地球深处，只是改变地球的地质结构，而不会给地表上的我们带来任何损失，那么就不存在风险。

3. 不确定性

这里的不确定性包括发生与否的不确定；发生时间的不确定；发生空间的不确定。对于某一事件或某一状态的未来结果，如果能够万无一失地预测到损失的发生以及损失的程度，那么风险也是不存在的。因为其结果已经确定下来了，人们可以采取准确无误的方法来应付它们。

(二)风险的分类

企业风险的内容极其广泛，这决定了其分类的复杂性，但一般来讲，大致可以划分为三类。

根据风险的性质不同，可将其划分为静态风险和动态风险。静态风险是指在社会经济正常运行的情况下，由于自然力的不规则作用或者人们的错误判断、失误行为而导致的风险。其具体表现在以下几个方面：财产风险、人身风险、责任风险和违约风险。动态风险是指以社会经济变动为直接原因的风险。其具体表现为经营风险、财务风险。

根据损失的性质，即是否有获利的机会，可将企业风险分为纯粹风险和投机风险。纯粹风险是一种只有损失而没有获利可能的风险，与静态风险类似。投机风险是一种既有损失可能性又有获利机会的风险。投机风险与动态风险的区别在于：投机风险是企业内部经营过程中，企业经营者主动选择的冒险投机行为而产生的风险；而动态风险则是由于社会经济等外部因素变动所引起的风险。

根据风险是否能分散，可将其分为系统风险和非系统风险。系统风险又称市场风险、不可分散风险，是指由于政治、经济及社会环境等企业外部某些的不确定性而产生的风险。它存在于所有企业中，并且不受个别企业控制，无法通过多样化投资予以分散。非系统风险又称公司特有风险、可分散风险，是指由于经营失误、消费者偏好改变、劳资纠纷、工人罢工、新产品试制失败等因素影响产生的个别企业的风险。它只发生在个别企业中，由单个特殊因素所引起,可以通过多样化投资来分散。系统风险和非系统风险共同构成了企业的总风险。

(三)企业财务风险

企业的绝大多数财务活动都有风险,只是风险的大小各不相同。所谓风险性财务活动,是指决策者对这些财务活动的最终结果不能完全确定,但对未来结果出现的可能性,即其概率分布是已知的或是可以估计的。不确定性财务活动是指企业决策者对未来的情况不仅不能完全确定,而且对各种情况发生的概率也不清楚,或者说,不确定是指对未来发生各种事件的可能性都不知道。

在现代企业财务管理中,大多数财务决策都是在不确定的情况下做出的。为了提高财务决策的科学性,决策人员常常为不确定性财务活动规定一些主观概率,以便进行计量分析,这使不确定性决策与风险性决策很相似。因此,企业在进行财务决策时,对风险和不确定这两个概念并不作严格的区分,而是把它们都视为风险。

在现实经济生活中,风险是一种客观存在,绝对肯定的、没有风险的经营和投资决策是不存在的。在西方国家,一般把企业投资于国库券作为一项没有风险的投资。而实际上由于受资本市场上利率升降的影响,国库券的价格也是处于经常变动之中,进行这项投资也是有风险的,只是相对于企业其他的投资决策来讲,风险要小得多。风险在企业经营中几乎是无处不在的,只是风险的程度有大有小而已。一般认为,在企业的投资决策中,投资于国库券的风险最小,由于其本金和利息是固定且有保障的,如果不考虑资本市场上利率变动的影响,一般可视之为无风险决策;而企业投资于股票或开发新产品,一般都要承担较大的风险,因为这些投资的收益要受很多不确定因素的影响。企业进行正常的生产经营投资,如为扩大销售而投资,为提高产品质量或改进技术而投资,这些投资风险一般要大于投资于国家债券,但要小于开发新产品或投资股票。

企业决策者一般都讨厌风险,并尽可能地回避风险;这种现象叫风险反感。既然存在着普遍的风险反感,为什么在实际中企业都要冒着风险进行经营和投资呢?其主要原因在于进行风险投资具有双重效应,即它是一种危险与机会并存的活动。如果出现负面效应,会给企业带来损失,且风险越大造成的损失也越大;如果出现正面效应,则会给企业带来超额收益,而且常常是企业冒的风险越大,可能获得的超额收益也越大。

企业之所以愿意冒着风险进行投资,这是因为风险与报酬紧密相连,进行风险投资可使企业得到超过货币时间价值以上的额外报酬,即风险报酬。因此,风险报酬就是投资者因冒着风险进行投资而获得的超过时间价值的那部分额外报酬。风险报酬既可用绝对数表示,又可用相对数表示。用绝对数表示的风险报酬叫风险报酬额,用相对数表示的风险报酬叫风险报酬率。在财务管理中,风险报酬一般用相对数风险报酬率加以计量。

二、投资的风险与报酬

投资既存在收益,也存在风险,作为企业最主要的一种活动,投资风险也是企业风险的一种,而且是最重要的一种风险。风险是一种不易计量的因素,但由于投资者冒着风险投资可以得到额外报酬,因此需要对风险进行计量。对投资活动来讲,由于风险是与投资收益的不确定相联系的,因此,对风险的计量必须从投资收益的概率分布开始分析,在计算出风险大小的基础上，进而计算风险投资的报酬率。

下面说明单项投资风险及报酬的计算过程。

(一)确定概率分布

概率是指任何一项随机事件可能发生的机会。例如，预测明年的市场状况，繁荣的可能性是 70%，萧条的可能性是 30%。如果把决策方案中所有可能的结果及每一结果可能出现的机会都排列出来，则形成概率分布。

概率分布可以是离散的，也可以是连续的。离散型概率分布，可能出现的结果数目有限，因此也易于计算。在经济决策分析中，所应用的概率分布大多是离散型的概率分布。

所有的概率分布都必须符合以下两条规则。

(1) 所有的概率(P_i)都在 0 和 1 之间，即：$0 \leqslant P_i \leqslant 1$。

(2) 所有的概率之和必须等于 1，即：$\sum_{i=1}^{n} P_i = 1$（n 为可能出现结果的个数）。

(二)计算期望报酬率

期望报酬率是指各种可能的预期报酬率以其概率为权数计算的加权平均报酬率。期望报酬率是反映未来发展集中趋势的一种量度。期望报酬率的计算公式为

$$\text{期望报酬率}(\bar{K}) = \sum_{i=1}^{n} K_i P_i \tag{12-1}$$

式中：P_i——第 i 种可能结果的概率；

K_i——第 i 种可能结果的报酬率；

n ——可能结果的数目。

报酬率的分散程度不同，说明其风险不同，一般情况下，报酬率分散程度越大，其风险也越大。

(三)计算方差和标准差

方差和标准差是反映各种可能的报酬率相对于期望报酬率离散程度的一种量度，实际上也是反映决策方案所冒风险的程度。方差一般用 δ^2 表示；标准差是方差的平方根，一般用 δ 表示。

方差的计算公式为

$$\text{方差}(\delta^2) = \sum_{i=1}^{n} (K_i - \bar{K})^2 \tag{12-2}$$

由于标准差是方差的平方根，所以标准差的计算公式为

$$\text{标准差}(\delta) = \sqrt{\delta^2} = \sqrt{\sum_{i=1}^{n} (K_i - \bar{K})^2 \cdot P_i} \tag{12-3}$$

方差和标准差是衡量风险大小的一种量度。一般而言，方差和标准差越大，说明各种可能的结果相对于期望值的离散程度越大，风险也就越大；反之，则说明风险越小。在实际中，由于标准差便于与期望值进行直接比较，所以在衡量风险时一般利用标准差这一指标。

标准差是一个绝对值，用它只能反映某一决策方案的风险程度，或比较期望报酬率相

同的决策方案的风险程度。但是对于期望报酬率不同的两个或两个以上的决策方案,要比较其风险程度的大小,就不能用标准差这个绝对值,而必须用标准离差率这个反映风险程度大小的相对值。

(四)计算标准离差率

标准离差率是标准差同期望报酬率的比值,其计算公式为

$$标准离差率(V) = \frac{\delta}{K} \tag{12-4}$$

在实际工作中,运用标准离差率指标,不仅可以反映投资项目风险的大小,而且可以用来比较期望报酬率不同的各个方案的风险程度,该指标的适用范围比标准差更广泛。

(五)导入风险报酬系数,计算风险报酬率

标准离差率可以反映决策方案的风险程度,但它不是风险报酬率。要计算风险报酬率,还必须在计算出标准离差率的基础上,导入一个系数,即风险报酬系数,才能计算出风险报酬率。

具体地,风险报酬率的计算公式为

$$风险报酬率(R_r) = bV \tag{12-5}$$

式中:V——标准离差率;

b——风险报酬系数。

风险报酬系数(b)是将标准离差率转化为风险报酬率的系数或倍数。它可以由企业根据以往同类项目的情况确定,也可以由企业组织有关专家确定,或由国家有关部门组织专家确定。风险报酬系数的确定带有一定的主观性,根据确定人的不同很可能有所不同,但就某一国家、某一地区、某一行业来说,不应该有太大的差别。

第二节 企业财务风险

一、企业财务风险的含义及其分类

企业财务风险与企业资金筹措、运用、管理以及安全密切相关。它是指企业在各项财务活动中由于各种难以预料或难以控制因素的影响,导致财务状况具有不确定性,从而使企业有蒙受损失的可能性。它是从价值方面反映企业在理财活动以及处理财务关系中所遇到的风险,具体表现为筹资风险、投资风险、现金流量风险、利率风险及汇率风险等。在财务实践中,企业往往会由于管理不善而遭受财务风险所带来的经济损失,有时甚至会破产倒闭。如英国巴林银行的倒闭,日本八佰伴总店及中国香港、澳门地区分店的破产等都源于对财务风险的规避不善。

财务风险有狭义和广义之分。

(一)狭义的财务风险

狭义的财务风险通常被称为举债筹资风险,是指企业由于举债而给企业财务成果(企业利润或股东收益)带来的不确定性。举债筹资一方面为满足投资需要,扩大规模,提高收益

创造了前提条件，另一方面也增加了按期还本付息的筹资负担。由于企业投资收益率和借款利息率都具有不确定性(都可能提高或降低)，从而使得企业投资收益率可能高于或低于借款利息率。如果企业决策正确，管理有效，就可以实现其经营目标(使企业的投资收益率高于借款利息率)。但在市场经济条件下，由于市场行情的瞬息万变，企业之间的竞争日益激烈，都可能导致决策失误、管理措施失当，从而使得筹集资金的使用效益具有很大的不确定性，由此产生了筹资风险。这种风险程度的大小受到负债规模的影响，负债规模越大，风险程度也越大；反之亦同。由于负债资金规定了严格的还款方式、还款期限和还款金额，一旦企业负债过度，经营不善，无力偿还到期债务，便会陷入财务困境甚至破产倒闭。可见，这种狭义的财务风险存在于负债经营的企业，没有负债，企业经营的全部资本由投资者投入，则不存在财务风险。

(二)广义的财务风险

广义的财务风险是指在企业的各项财务活动中，由于内外部环境及各种难以预计或无法控制的因素影响，在一定时期内企业的实际财务收益与预期财务收益发生偏离，从而蒙受损失的可能性。它是从企业理财活动的全过程和财务的整体观念透视财务本质来界定财务风险的。在市场经济条件下，企业财务风险贯穿企业各个财务环节，是各种风险因素在企业财务上的集中体现。广义财务风险一般包括筹资风险、投资风险、现金流量风险、利率风险以及汇率风险等。

1. 筹资风险

筹资风险是指企业在筹资活动中由于资金供需市场、宏观经济环境的变化或筹资来源结构、币种结构、期限结构的因素而给企业财务成果带来的不确定性。

资金是企业生产经营活动的必备条件，任何企业在其创立、发展的过程中都需要通过一定的渠道、方式来筹集所需资金。随着金融市场体系的不断发展、完善，资金来源渠道呈现多元化，筹资方式也出现多样化，不同的筹资方式概括起来可分为债务筹资方式与股权筹资方式两种。在企业的债务筹资过程中，受固定的利息负担和债务期限结构等因素的影响，若企业经营不佳，特别是投资收益率低于债务利息率时，可能产生不能按时还本付息导致破产的风险。在股权筹资过程中，企业通过发行股票的方式吸收投资者投入资金而形成企业的股权性资本，当企业投资收益率不能满足投资者的收益目标时，投资者就会抛售公司股票，造成公司股价下跌，同时，也会使企业再筹资的难度加大，筹资成本上升，特别是在企业经营出现困难时，极易成为竞争对手的收购对象，而面临被收购的风险。

2. 投资风险

投资风险是指企业在投资活动中，由于受到各种难以预计或难以控制因素的影响给企业财务成果带来的不确定性，致使投资收益率达不到预期目标而产生的风险。通常，投资项目是决定企业收益和风险的首要因素，不同的投资项目往往具有不同的风险，包括对内投资项目风险和对外投资项目风险，它们对公司价值和公司风险的影响程度也不同。

企业对外投资是指企业将资金投资于其他有关单位，或者购买有价证券等金融资产。由于被投资企业投资收益的不确定性，导致投资企业对外投资收益的不确定性，使企业遭受财务成果损失的风险。尤其在当今企业寻求资本扩张、进行并购投资中，由于协同效应的不确定性，会使企业面临投资风险的威胁。

3. 现金流量风险

现金流量风险，是指企业现金流出与现金流入在时间上不一致所形成的风险。当企业的现金净流量出现问题，无法满足日常生产经营、投资活动的需要，或无法及时偿还到期的债务时，可能会导致企业生产经营陷入困境，收益下降，也可能给企业带来信用危机，使企业的形象和声誉遭受严重损害，最终陷入财务困境，甚至导致破产。

4. 利率风险

利率风险是指在一定时期内，由于利率水平的不确定变动而导致经济损失的可能性。

利率风险的存在导致了利率收支以及资本市场价值的不确定，从而使企业的筹资能力产生可能随之下降的风险。另外，利率是资金的价格，利率的变动势必会引起金融资产价格的变动。如企业的证券投资，当利率上升时，证券价格下降；当利率下降时，证券价格上升。因利率的这种变动而造成的企业收益或资产价值的波动(包括收益和损失)，就产生了利率风险。

5. 汇率风险

汇率风险是指在一定时期内由于汇率变动引起企业外汇业务成果的不确定性。

企业所面临的汇率风险基本上包括交易风险、折算风险和经济风险。交易风险是指在企业以外币计价的各项交易活动中，由于交易发生日和结算日汇率不一致，使折算为本币的数额增加或减少的风险。这些交易包括：以信用方式进行的商品进出口交易、外汇借贷交易、外汇买卖交易、远期外汇交易、外汇投资等。折算风险是指企业将以外币表示的会计报表折算为以某一特定货币表示的会计报表时，由于汇率的变动，报表的不同项目采用不同汇率折算而产生的风险。经济风险是指由于汇率变动对企业产销数量、价格、成本等经济指标产生影响，致使企业未来一定时期的利润和现金流量减少或增加，而引起企业价值变化的风险。

二、财务风险的表现

财务风险是贯穿现代财务理论的一个重要范畴，它表现在以下几个方面。

(1) 财务风险是一种可度量的可能性。即它以认知风险为前提，如果对风险无法加以度量，就不能真正认识、驾驭并转移和分散风险，从而也就不能降低和减少风险的损失。换言之，人们在采取某种行动之前，能预先知道的所有可能的后果及各种后果出现的可能性，也就能认知并测度风险。若用概率来描述，财务风险则体现为结果的概率分布特征。

(2) 财务风险是与风险报酬(收益)直接相通的，风险程度与风险报酬的大小成正比。高风险、高收益，低风险、低收益，此即风险报酬(收益)交换律，或称风险收益权衡理论(Risk and Return Trade off Theory)。任何收益的取得，都要付出相应的风险代价(成本)，风险与收益有替代效应。财务风险，实际上就是预期收益率与实际收益率的变异程度及其概率。这是科学决策必须考虑的重要问题。

财务风险还是贯穿筹资、融资、投资等财务活动和财务关系始终的核心问题。它在企业财务的四大决策——筹资决策、投资决策、股利决策、资产重组决策的领域居中心地位。企业财务的上述各项决策，离开或偏离了财务风险的方向，就会使各项财务决策失去依据。例如，企业的筹资决策，包括筹资的内外渠道，发行股票、债券、银行借款、租赁等筹资方式的选择，筹资的费用成本以及合理的财务结构和资本结构的安排，都要运用财务风险理论做出比较与权衡。又如，企业的投资决策，即企业资产最优配置决策，它决定一家公司的资产如何利用才最有利的问题，包括企业的资本预算原理，长期资产即固定资产的投资应达到怎样的规模水平，投资方案或项目评估以及流动资产应保持在何种水平等，都必须借助于财务风险和不确定性分析。再如，公司的胜利决策和资产重组决策，包括股利的发放，股利发放形式的选择，股利额的大小，采取何种股利政策(稳定政策或不规则政策)，以及资产重组决策中兼并、收购乃至破产等方式的选择，资产重组动因的分析，资产的正确评估等，都要围绕收益与风险交换律的要求进行权衡而选择。

三、财务风险的特征

企业财务风险是企业资金运动过程中不确定性因素给企业带来的风险，对企业的所有影响最终都集中体现在企业的财务状况和经营成果方面，财务风险是企业风险货币化的表现形态。除具备风险的客观性和不确定性两个基本特征外，财务风险还具有无意性、复杂性、相对性等特征。

(一)财务风险的客观性

财务风险是市场经济条件下企业资金运动的必然产物，是价值规律运行的客观存在，而不是主观设计的制造物，是不以人们的意志为转移的，无论是自然界的风暴、火灾、地震等天灾导致的资金市场变动，还是社会间、国家间的冲突、战争、恐怖活动，其他企业的违法违规和不道德行为以及企业内部有关人员的失误等引起的资金运动变异，都是独立于主观意愿之外存在的，并超越人们的主观认识，是人们所不能拒绝和排斥的。财务风险的客观性取决于形成财务风险原因的客观性，产生和诱发财务风险的原因是多方面的，它主要源于社会经济背景、市场环境和竞争对手策略的不确定性，企业生产经营活动及其资金运动规律的复杂性，市场经济参与主体的认识及其他方面能力的局限性，因此财务风险就有了存在的客观基础和依据，就必然从风险成因的角度表现出来；财务风险的客观性还表现为财务风险的不可避免性，在财务风险的存在基础消除之前，财务风险是"必然事件"，市场经营主体只能将其控制在一定的范围之内，但无法将其降低为零；财务风险的客观性还表现在它是通过偶然性表现出来的，财务风险的存在具有抽象性和不确定性，但风险的表现形式却有具体性和差异性，风险的发生无论是范围、程度、频度，还是时间、区间、强度等，都可以表现出各种不同的形态，并以各自独特的方式表现自身的存在。对财务风险的认识只有通过无数次观察、比较、分析和积累总结，才能发现和揭示财务风险的内在运行规律。

(二)财务风险的不确定性

财务风险的不确定性指财务风险的可能性和潜在性，即财务风险发生的概率大于 0 小于 1，如果财务风险发生的可能性等于 0 或等于 1，那就无所谓风险了。财务风险的不确定性是可以通过以下特点表现的，即财务风险内涵的肯定性和外延的偶然性。首先，经营者在企业理财过程中所面临的财务风险是必然的，但风险发生的具体时间、空间和形式却是偶然的，表现出一定的不确定性；其次，财务风险发生的概率是难以准确计算的，财务风险的发生彼此之间往往存在诸多差异，缺乏可比性，因此对财务风险的测定不能单纯依靠数理统计方法计算其大小强弱，实际工作中对财务风险大小的评价在一定程度上要依赖于经营者的专业估计和判断，而这种估计判断与实际发生的风险实情相比会存在出入；最后，财务风险的后果是潜在的，对其进行判断预测比财务风险发生的预测要困难得多，因为从时间顺序上讲，结果是事物发展的最终结局，是过程的终点，它更易受到诸多因素的影响而产生变异。

(三)财务风险的无意性

财务风险存在于经营主体的无意识行为，经营主体在未意识到的情况下发生失误，又在无意识的情况下承担这些失误及其所产生的后果。具体来说，首先，财务风险与有关经营者的主观意识的无意识性密切相关，因为即使在比较复杂的理财环境里，只要经营主体能够正确地意识到所处的环境，有意识地采取切实有效的避免风险的策略和措施，财务风险在一定程度上是可以避免或降低的。因此财务风险往往与经营主体的主观无意识相关，经营行为人的主观意识包括其无意中做出了错误的判断，无意中采用了不合适的经营方法，无意中遗失了经营过程中的某些细节，对理财环境和竞争对手的分析失误等。其次，财务风险是经营行为人无意识中接受的，经营行为人先前对风险的发生并无足够的觉察，或对风险的强度判断失准，所采取的对策与实际发生的风险不符。最后，财务风险不包括经营行为人故意行为所产生的结果。

(四)财务风险的复杂性

财务风险的复杂性说明财务风险的前因后果，其发生的原因、表现形式、影响力和作用力是复杂的，也就是说财务风险的成因是复杂的：有经营者自身的原因，有经营者之外的原因；有可预测的原因，有不可预测的原因；有自然原因，有社会原因；有直接原因，有间接原因等，这就自然要求经营行为人所采取的应付对策的复杂性和多样化。财务风险形成的过程是复杂的，人们对其产生不能完全了解、全面掌握，在企业理财过程中各个环节都有可能产生财务风险，但是风险的强弱、频率及表现是不同的，经营者对其把握存在一定的难度。经营者只能根据经验和认识来判断，对某些环节的风险可能比较敏感，而对另外一些环节的风险可能不甚敏感，依此做出不同的风险反应，但这种反应是否正确往往取决于许多因素。

(五)财务风险的相对性

财务风险不是一成不变的，它随着一定条件发生转化，或者加强或者削弱，也就是说，财务风险不是一个常数，而是一个变数，是相对于不同的经营者及其抗衡风险的能力而言的。如由于人们识别风险、认识风险、抵御风险的能力增强，经营者对付风险的承受力提高了，就能在一定程度上降低风险导致损失的强度、范围和风险的不确定性，减少风险发生的机会和概率，减少不可控风险发生的破坏力。

四、财务风险的成因

财务风险是市场经济社会化大生产的客观产物,存在于财务管理工作的各个环节。不同的财务风险产生的具体原因不尽相同,有内部和外部的原因,也有主观和客观的原因。总体来看,财务风险是财务活动本身及其环境复杂多变性和财务主体主观认识的局限性共同作用的结果。其主要表现为以下两方面。

(1) 企业财务活动所处的环境复杂多变,是企业财务风险产生的外部原因。

企业财务活动的环境包括自然环境、政治环境、经济环境等,它们存在于企业之外,但会对企业的财务活动产生重大影响。各种环境的变化对企业来说是难以准确预见和把握的,具有不确定性,这势必会给企业带来财务风险。其具体表现为以下三方面。

① 自然环境的不确定性。自然界的运行发展过程呈现不规则的变化趋势,通常是人们无法预知和控制的。企业的流动资产、固定资产等会因为自然灾害等不可抗力的发生而产生损耗和毁损。企业会因为债务人的死亡而无法收回应收账款,引起应收账款回收的风险。

② 政治环境的不确定性。其主要是指社会的政治、法律等因素的变化。各种政治力量、政治观点的对抗以及地区和民族冲突等都可能引起政府更迭、动乱、战争、罢工等,其结果可能引起财务风险。例如由于战争引起世界原油价格上涨,进而导致成品油价格上涨,使运输企业增加了营运成本,减少了利润,无法实现预期的财务收益。

③ 经济环境的不确定性。国家经济环境的变化主要包括产业结构、国民生产总值增长状况、经济周期的波动、国际收支与汇率、利率、通货膨胀与就业、工资水平等诸多方面。通货膨胀最直接的表现形式就是物价上涨,它又直接影响着企业财务活动的各个环节。例如,物价上涨必然导致资本市场上资本成本的上升,从而加大企业筹资的难度,影响企业适时、适量地筹集资金,带来筹资风险。同时,企业也会由于原材料价格、工资水平提高而引起企业经营成本上升,经营成果降低,财务状况恶化。此外,当国家出现严重通货膨胀时,政府往往采取紧缩银根、减少货币投放,提高利率或中央银行再贴现利率及法定存款准备率等货币政策来抑制通货膨胀。然而紧缩的货币政策在成功地降低通货膨胀的同时,也会引起严重的经济衰退,势必会对企业财务状况产生重大影响,带来财务风险。

(2) 财务主体的局限性所导致的财务决策失误是产生财务风险的又一重要原因。

作为企业财务管理工作的财务主体的局限性,主要表现在主观认识的局限性上,并由此导致各项决策风险。1978 年,诺贝尔经济学奖得主赫伯特·西蒙(Herbert A. Simon)认为:"企业的一切管理工作都是决策。"而决策和风险是联系在一起的,只要某项活动的未来结果有两种或两种以上,就存在风险。决策恰恰是对若干个方案进行评价并做出最优选择的行为。企业在进行财务决策时,面对自然和经济运动规律的不规则性、财务活动的复杂性,财务人员由于受到自身经验和能力的局限,不可能完全准确地预见客观经济活动的变化,因而做出完全正确的决策是十分困难的,信息略有偏误、决策略有偏差,便有可能失之毫厘、谬以千里,招致风险。

第三节 企业财务危机

财务风险的凸显和积聚,势必导致企业在无法及时偿还到期的债务时,可能会导致企业生产经营陷入困境,收益下降,也可能给企业带来信用危机,使企业的形象和声誉遭受严重损害,最终陷入财务困境,出现财务危机,而财务危机得不到控制和扭转时,就会出现企业的破产风险,最终导致破产清算。为避免出现破产清算,企业就要对财务危机进行预警,及时采取有效措施,控制财务风险。

一、财务危机的含义

财务危机(financial crisis),又称财务困境(financial distress)。

国内学术界在使用财务危机这个词时,认为其含义是多样的,它主要包括以下两种情况:其一是企业现金流量不足以抵偿其现有债务的情况,这些债务包括应付未付款、诉讼费用、违约的利息和本金等;其二是企业现有资产价值不足以偿还负债价值(也就是说净资产出现负数)。从不同的角度来看,财务危机的含义是截然不同的。当企业经营现金流量不足以补偿现有债务(包括利息、应付账款等)时,反映企业资本流动能力的相对低下或流动资产与流动负债不匹配,公司通常面临重组和破产两种后果,这时企业可以通过出售主要资产、与其他企业合并、减少资本支出进行资产重组,或通过发行新股、与债权人协商谈判、进行债权换股权等债务重组使企业免于破产,当这些行动无效后,企业才进入破产程序。当企业现有资产价值不足以偿还负债价值时,则反映出企业资本收益能力严重下降,而破产是其必然结果。

因此,我们从防范企业财务危机的角度来研究财务危机的定义,应该侧重于考察企业的技术性破产,应把财务危机定义为"一个企业处于经营性现金流量不足以抵偿现有到期债务的状况"。

二、财务危机发生前的早期表现

财务危机是由于企业财务状况的不断恶化而生成的,因此,企业一定要注意那些可能导致财务恶化的早期特征,将那些可能会危及企业获利能力甚至生存的财务问题及早解决,并随时注意可能引起财务危机的种种现象。一般来说,财务危机发生前主要有以下几种表现形式。

(1) 销售的非预期下跌。

销售的下降会引起企业各部门的关注,但是,大多数人往往将销量的下降仅看作是销售问题,会用调整价格、产品品种或加强促销来解释,而不是考虑财务问题。事实上,销售量的下降会带来严重的财务问题,尤其是非预期的下降,只不过财务问题可能并不会立即反映出来。比如,当一个销售量正在下跌的企业,仍在扩大向其客户提供赊销时,管理人员就应该预料到其现金流量将面临的困境。

为什么销售量下降时,财务危机不会马上出现呢?这主要是由于现金流量的滞后性。如一个企业月销售额流入量减少了,但企业仍要按正常销售支付采购费和其他开支,因而

第十二章 企业财务风险分析

必定存在潜在问题。如果拿不出现金来填补缺口，就会使潜在问题变成现实问题。

(2) 非计划的存货积压。

企业管理人员应根据企业的具体情况，掌握关于存货与销售比率的一般标准，任何一个月的存货与销售的比率如果高于这个标准，都可能是企业财务危机的早期信号，不少情况还与非预期的销售下跌有关，必须通过增加销售或削减采购等办法来及早解决这一问题。

(3) 平均收账期延长。

较长的平均收账周期会吸掉许多现金。当企业的现金余额由于客户迟缓付款而逐渐消失时，较长的平均收账期就会成为企业严重的财务问题。还有一些原因也会减少企业正常的营业现金余额，管理人员应重视企业的收账期，从中找出主要问题，以免使问题变得更严重。

(4) 过度规模扩张。

如果一家企业同时在许多地方大举收购其他企业，同时涉足许多不同的领域，可能使企业因负担过重、支付能力下降而破产。一个企业新建项目扩张或对原有的厂房进行大规模扩建，都是扩张业务的表现。一旦业务发展过程中企业未进行严密的财务预算与管理，很可能会发生周转资金不足的现象。因而，对于大举收购企业(或资产)的行为要多加注意，要能够透过繁华的表象发现财务危机的征兆。

(5) 财务报表不能及时公开。

财务报表不能及时报送，财务信息公开延迟一般都是财务状况不佳的征兆。但这只是提供一个关于企业财务危机发生可能性的线索，而不能确切地告知公众是否会发生财务危机。对这样的公司，不仅要分析财务报表，还要关注财务报表附注以及有关的内幕情况，以防范风险。

(6) 财务预测在较长时间内不准确。

财务预测偶尔发生误差，是十分正常的事情。但是如果预测结果与实际状况长时间发生很大差距，这说明企业即将发生财务危机。

(7) 过度依赖贷款。

在缺乏严密的财务预算与管理的情况下，较大幅度地增加贷款只能说明该企业资金周转失调或盈利能力低下。

(8) 过度依赖某家关联公司。

子公司如对母公司过度依赖，一旦母公司根据战略的需要或者整体投资回报率的考虑，觉得某子公司不再有利用价值，它们会立即停止对子公司的支持。子公司如果在销售、供应甚至管理、技术等各个方面都完全依赖于母公司的帮助，那么没有了母公司的支持，子公司很可能会倒闭。

(9) 其他特征。

管理层重要人员、董事或财务会计人员的突然或连续变更、集体辞职等通常是企业存在隐患的明显标志。如美国安然公司在危机爆发之前的四五个月就相继出现CEO辞职、CFO离去的现象。此外，企业发生财务危机的其他特征还包括：信用额度或信用评级降低、资产注销、企业主要领导人的反常行为(拒接电话或总难以找到人)、全新的竞争对手出现、士气低落等。

三、企业财务危机的形成过程

企业发生财务危机主要源于企业的内在因素、行业特征因素和外部经济环境。企业的内在因素主要包括经营者的管理能力、企业的组织结构、企业的财务结构、企业生产技术的先进性、企业的营销渠道等,这些因素大部分是可控的。企业的行业特征因素主要包括所处行业的产品特性、产品销售的竞争程度、行业的景气变化情况、产品的生命周期等。企业的外部经济环境主要包括货币供应、汇率变动、利率水平、物价水平、国民就业状况及所在国的法律、文化、社会、政治等因素。企业的行业特征因素和外部经济环境因素大多是企业不可控制的因素。

企业发生财务危机的过程可以分为三个阶段,即经营失调阶段、经营危机阶段、经营失败阶段,这三个阶段的划分依据是反映企业流动性、结构性、盈利性、效率性和成长性等财务指标的恶化程度。例如,企业在经营失调阶段主要表现为主营业务收入下降、流动资金紧张;在经营危机阶段主要表现为资金严重不足、周转困难、短期债务无法偿还;在经营失败阶段主要表现为企业经营活动几乎陷入停滞状态,负债总额超过资产总额,出现资不抵债的现象,除非进行大规模的资产重组,否则企业无法摆脱破产的困境。如图 12-1 所示,较为详细地描述了企业财务危机发生的全过程。

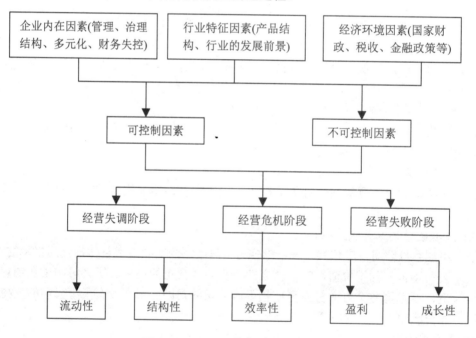

图 12-1 财务危机的形成过程示意图

从图 12-1 可以看出,企业的财务危机都有一个逐步显现、恶化的过程,这一过程被划分为企业经营失调阶段、经营危机阶段和经营失败阶段,每个阶段都有一定的特征,这些特征一般可以通过企业的财务指标加以反映,也可以选择其中一些具有敏感性的财务指标建立预警模型来对企业可能发生的财务危机进行预警分析,以便充分利用财务危机预警机制,防范和化解企业由于经营不善所带来的风险。

第四节 财务风险评估与预警

一、风险评估管理

风险评估管理是一个很有研究价值的经济问题,风险评估管理是指企业围绕总体经营目标,通过在企业管理的各个环节和经营过程中执行风险管理的基本流程,培育良好的风险管理文化,建立健全的风险管理体系,包括风险管理策略、风险理财措施、风险管理的组织职能体系、风险管理信息系统和内部控制系统,从而为实现风险管理的总体目标提供合理保证的过程和方法。风险评估管理应纳入企业经营管理的全过程,各部门需对各自收集的风险管理初始信息进行风险评估、制定风险管理策略、提出和实施风险管理解决方案、使风险评估管理措施健全、有效。

(一)风险评估的历史发展

企业财务风险评估研究是一个世界性的研究课题。在国外对企业财务风险预测评估已经有60多年的历史。最早用于企业财务风险评估研究的方法是单变量判定分析法,费兹帕特里克(Fitzpatrick)在1932年就开始使用该方法研究企业财务风险问题。他以19家企业的财务数据作为样本建立了单变量判定模型,研究发现判别能力最高的两个财务比率为净利润/股东权益和股东权益/负债,这些比率在企业出现财务危机的前三年就呈现显著差异。而后于1966年,比沃(Beaver)对1954—1964年的158家企业进行了财务比率的研究(其中79家为财务破产的企业,79家为财务正常的企业)。研究结果发现:现金流量/总资产的预测效果最好,其次为净利润/总资产。在以现金流量/总资产作为单变量判定模型的指标时,该模型在企业发生财务危机前五年预测的准确性达到了70%以上,在发生危机的前一年达到了87%的准确率,大大高于其他预测变量。但是由于该指标用于分辨财务正常的企业的准确性高于财务非正常的企业,所以在实际运用中效果不太好。由于单变量模型因财务比率的选取不同,其预测的能力也不同,并且其效果相差太大,因此无法全面反映企业财务特征的缺陷,决策者也很难根据模型结果制定正确的决策。所以单变量模型逐渐被多变量判定分析法所取代。

1968年,阿尔曼(Altman)首次利用多变量判定分析法对企业财务风险以及破产违约现象进行了预测。他在其研究过程中随机抽取了1946—1965年申请破产的33家制造业企业和与之相对应的33家正常企业的财务数据作为样本数据,先后选取了22个财务比率作为企业破产前1—3年的备选预测评价变量。他根据误判最小原则最终确定了营运资本/总资产、留存收益/总资产、息税前利润/总资产、股东的权益资产/负债总额、销售收入/总资产这五个指标为最佳判别变量,建立著名的Z计分模型。

在1977—1983年,阿尔曼等人又在Z-Score模型的基础上进行了扩展,建立了第二代模型——ZETA模型。在该模型中,他们对年报公布的财务数据进行了调整,使用了资产报酬率、盈利波动比率、利息保障倍数、存留收益/总资产、流动比率、市净值、总资产七个财务指标重新建立的多变量判别分析模型。结果表明,对财务危机发生前五年和前一年的预测精度分别达到70%和91%,与1968年Z-Score模型相比具有提前五年的预测准确性。

研究者们还针对以前研究中的假设,对财务困境和非财务困境的先验概率、预测错误的误判成本差异进行了调整,发现预测效率又有所提高。目前 ZETA 模型已被商业化运作,广泛运用于欧美等国的商业银行,取得了巨大的商业效益。

不管是单变量判定分析法还是多变量判定分析法,都需要建立一个线性判别函数进行分类预测。但是线性判别函数存在两个无法克服的逻辑问题,即固定影响假设和完全线性补偿假设。在 20 世纪 70 年代根据实际研究的发展引入 Logistic 模型对其进行多元非线性分析。1977 年,马丁(Martin)首次采用 Logistic 模型对 1970—1977 年大约 5700 家美联储银行进行风险评价及违约概率的研究,并与 Z-Score 模型和 ZETA 模型进行了比较。结果表明,Logistic 模型的预测效果是最好的。而后奥尔森(Ohlson)和玛大拉(Madalla)在马丁的研究基础上继续运用 Logistic 方法对企业破产进行预测研究。他们选择了 1970—1976 年破产的 105 家公司和 2058 家非破产公司作为研究样本,运用多元逻辑回归方法建立了财务风险预测评价模型,其研究结果表明,利用企业的规模大小、资本结构、经营绩效以及流动性四个因素进行财务风险预测评价的准确率达到 96.12%。1999 年,崔帕特(Tirapat)和尼塔亚格塞特沃特(Nittayagasetwat)两人运用多元逻辑回归模型研究了 1997 年泰国企业的破产情况,他们认为宏观经济条件可以在一定程度上反映企业潜在的财务危机,而且如果一家企业对通货膨胀的敏感度越高,其陷入财务危机的风险越大。

进入 20 世纪 80 年代以后,专家系统逐步被应用于商业、经济领域,如会计、审计、税务信用评分、企业危机预测及证券组合等领域。这主要得益于专家系统是一种使用知识和推理的智能计算机程序,可以将专家解决问题的推理过程再现,使其成为专家的决策工具,也可以为非专业的据测者提供专业性的建议和帮助。1985 年,曼丝尔(Messier)和汉森(Hansen)从知识获取角度探讨了专家系统在信用风险分析领域中的应用。曼丝尔和汉森提出了启发式方法,即首先由专家提出范例对其特性加以提取,之后使用启发算法获取生产式规则,从若干固定的属性(如收入趋势、速动比趋势等)描述的已知分类(如有财务危机的和非财务危机的)中抽取共性的变量,然后在这些属性的基础上建立生产式系统,利用其中的规则对新样本中的指标进行评估。在曼丝尔和汉森选择 71 家公司作为样本研究的过程中,其分类准确性为 87%,而同样情况下的线性判别法比较其准确性仅为 57%。

20 世纪 90 年代以后,神经网络方法被引入银行业用于信用风险识别和预测。神经网络是一种具有模式识别能力,自组织、自适应、自学习特点的计算机机制,它能够编码为整个权值网络,呈分布式存储且具有一定的容错能力。神经网络对样本数据的分布要求很低,也不需要详细表述自变量和因变量之间的函数关系。神经网络的这些特点很快使其成为财务信用风险评价的分析方法的研究热点。1992 年,詹森(Jensen)利用 BP 算法网络对申请贷款的企业进行信用分级,分类的准确性接近 80%。同年塔曼(Tam)和开格(Kiang)也建立了三层 BP 网络对银行的财务危机进行了破产预测评价研究,同样取得令人满意的效果。

1968 年,瓦普尼克(Vapnik)等人首先提出了统计学习理论(Statistic Learning Theory),而后在 1995—1998 年瓦普尼克(Vapnik)等人又根据统计学习理论提出了支持向量机的学习方法(简称 SVM)。近年来,支持向量机的学习方法在如何根据有限学习样本,支持向量机凭借着在模式识别、分类、预测等方面的出色表现,以及它能够不断学习,能够从未知模式的大量复杂数据中发现其规律的特点,国外相关学者广泛地用其对企业财务风险进行预测研究。2000 年,范(Fan)和帕兰斯瓦米(Palaniswami)利用 SVM 方法对企业破产进行预测。

第十二章 企业财务风险分析

2000 年加林多(Galindo)和特马犹(Temayo)利用统计学和机器学习的方法对银行信用风险进行评价等。可以看到,自 20 世纪 60 年代以后,越来越多的学者对企业财务风险评估进行了深入的系统的研究。这些学者利用现代统计学原理和方法借助计算机强大的信息处理能力进行了大量的实证研究,提出了很多财务风险预测评估模型。在进入 20 世纪 90 年代以后,以神经网络方法支持向量机方法为代表的现代智能方法成为此领域的研究热点。

(二)企业财务风险预测评估的方法

企业财务状况从正常到发生危机不外乎两种类型:一种是突发性的债务危机或其他不可预测的问题。例如巴林银行和法国兴业银行皆因其业务员的违规操作分别导致了巴林银行的破产和兴业银行的危机。这类危机的发生具有突发和不可预见的特点。在实际生活中,我们经常碰到的是第二类情况,即企业从财务状况正常到陷入财务困境再到破产是一个循序渐进的过程。这类财务困境具有逐步发生并可以预测的特点。因此如果能够利用上市企业的财务报表,应用数学方法建立相应有效的企业财务风险预测评估模型,及时地发现和化解危机,不仅对企业决策层和企业的利益相关者具有十分重大的意义,而且对政府及相关经济决策部门而言,可以参考企业财务风险预测的结果制定宏观经济政策,调控经济运行,调配国家资源。对于那些陷入危机的企业,政府也可以此为依据决定是否给予援助,最大限度地减少损失。

正是因为企业财务风险预测的重要作用和所具有的实践价值,如何在激烈的市场竞争中准确预测企业财务危机成了系统论、控制理论专家研究的热点。尽管从国内外企业财务系统研究现状可以看出,当前该研究领域研究最多也最成熟的多元判别模型虽然在实证过程中也有不错的分类预警评价能力,但该模型对样本数据分布要求高,对非线性化的数据处理比较困难。而 Logistic 模型由于计算复杂、中间过程近似处理很多且只能进行二分类的预测评价。BP 神经网络虽然对样本数据要求不高且可以通过学习获取企业财务状况的特征,但它对样本数量的要求比较多。因此,传统的财务预测评估方法很难为企业提供实时、有效的企业财务预测评估结果。而本书主要采用的研究企业财务风险的支持向量机方法作为一门新兴的技术方法,尽管在诸多领域已表现出优良的学习推广性能,但在企业财务风险评价这样复杂的、高噪声且低质量的样本数据条件下的具体应用研究相对较少,因此将支持向量机应用于企业财务风险预测评估中来,其理论和应用意义很大。

判别分析方法主要研究在已知研究对象分成若干类型并已取得各类样品观测数据的基础上,如何判别一个新样品的归类问题,即判别分析的宗旨就是判断新案例的类别。单变量判别分析方法无须假设前提,适用范围广,方法简单易行,然而仅选用一项财务指标作为判别标准,使其判断的精度大打折扣。多元判别分析方法数据有严格的要求,例如要求自变量呈正态分布,因此其适用范围一般是在近似状态下,其预测精度比单变量判别分析法有较大的提高。目前,欧美许多国家已经将这类预测模型成功地商业化,取得了很好的预测效果,并获得了巨大的经济效益,但该方法并不适合直接用于我国,需要对其 Z 值进行调整。

多元逻辑回归模型(Logistic 模型)是为了克服简单线性概率模型的缺陷而建立起来的,一般采用最大似然估计方法进行估计,不需要满足正态分布和两组协方差矩阵相等的条件,得出的结果直接表示企业发生财务失败的可能性大小,操作简单。目前我国学者广泛运用此方法于证券等级判定、银行信贷、债券付息还本能力判定以及企业财务风险评估等方面的研究。

神经网络的理论虽然可以追溯到 20 世纪 40 年代，但在信贷风险及财务风险分析中的应用还是在 20 世纪 90 年代初。其对自变量没有严格的假设条件，具有很强的容错性、学习能力和纠错能力。利用神经网络方法，建立上市公司财务风险预测评估模型，克服了传统模型依赖线性函数建立模型的缺陷，用非线性函数更好地拟合实际资料数据曲线，从而使模型的精度得到进一步的提高。但它本身存在着一些固有的缺点，如网络模型和结构选择困难、容易陷入局部极小点、推广能力有限等。

通过对上面几种较常用的研究方法的介绍与比较，可以看出随着科学技术的进步与发展，这一领域的理论及实证继续向着更广更深的方向发展。目前各国的学者仍然在不断地尝试挖掘新的变量或使用新的研究方法，但一直还没有找到一种最优的判别与预测模型，甚至还没有形成一致的评价标准。自瓦普尼克等人提出支持向量机(support vector machines)理论后，支持向量机得到了全面深入的发展，在多项具有挑战性的应用中获得了目前为止最好的性能。由于支持向量机具有严密的数学理论(统计学习理论)基础，良好的泛化能力，并且成功地解决了小样本学习问题，可以得到了小样本条件下的全局最优解。因此近年来支持向量机不仅被广泛应用在手写体识别、人脸检测、文本图像分类、故障诊断等方面，也逐渐运用在包括银行客户信用评估、产品销量预测、企业信用评估等经济领域，取得了巨大的经济效益。

二、财务预警

(一)财务风险预警的概念及功能

预警原义是指在敌人进攻之前发出警报，以做好防守应战的准备。19 世纪末，人们开始把预警思想应用于经济领域，但主要是对宏观经济的预测与警示，以显示一个国家经济运行过热或过冷的不良状态。直到 20 世纪 60 年代，欧美一些国家才开始将预警思想运用于微观经济领域，对企业的经营状况进行事前监测，以便在企业经营出现险情之前，发出警告，采取措施，加以排除。美国著名财务学家比沃(Beaver)和阿尔曼(Altman)等将预警思想运用于企业财务领域，以对企业财务风险进行预警。

通过上述对预警一般含义的认识，再结合财务管理的基本知识，可以知道财务风险预警就是对企业的财务风险进行监测，具体来说就是以企业的财务报表、经营计划及其他相关的财务资料为基础，通过对企业的经营成果、财务状况及其变动等进行分析和预测，及时发现企业在经营管理活动中存在或潜在的经营风险和财务风险，判断财务风险发生的可能性，并向经营者发出警告，为其提供决策依据，督促其采取有效措施。

一个完整的财务预警系统应该具备以下功能：监测功能、环境功能、判断功能、警报功能以及健身功能。

(二)财务风险预警的内容

企业财务风险预警是从企业财务工作的内部组织和外部环境入手，对财务风险进行预警和规范化管理，从而预防由于管理问题出现的财务活动失常。对财务风险管理工作进行预警将会产生两种结果：一是正确有效的管理过程使企业财务风险管理工作由困境状态转

第十二章 企业财务风险分析

入良性状态；二是错误失败的管理过程使企业财务风险的困境加剧，转入危机状态。通过财务风险预警，企业可以预测财务风险是否存在，如果存在风险，可能造成的损失程度如何。我们知道，风险和收益是并存的，企业在实施某一方案之前，通过对财务风险的存在及其产生原因进行分析，保证发生意外风险时能有效地应付。另外，通过财务风险预警，企业运用定量分析法和定性分析法，观察、计算并监督企业财务风险状况，及时调整企业的财务活动，控制出现的偏差，制定出新的措施，有效地阻止和抑制不利事态的发展，将企业的财务风险降到可控范围，减轻损失程度，保证企业生产经营活动正常进行。同时，通过财务风险预警，企业以财务风险分析资料为依据评价和指导企业未来的财务管理行为，制定今后财务风险管理的方向措施。

企业财务风险预警是先对企业财务活动的不良趋势进行监测与识别，再加以诊断，在此基础上进行预控，以免其步入危机状态。企业财务风险预警工作包括两部分：预警分析与预控对策。

(三)财务风险预警研究的规范理论

尽管在大多数公司破产研究中，较少提到解释公司破产原因的"规范理论"，但是规范理论的确存在，且大致可分为四类。

第一类理论可称作"非均衡理论(disequilibrium theories)"，其中一些主要用外来冲击(external shock)来解释公司破产，如混沌理论(chaos)和灾害理论(catastrophe)，主要关注一系列不均衡冲击对整个系统的影响。

斯科特(Scott)于1981年总结了由四种财务模型组成的第二类解释公司破产的规范性理论。其一为期权定价模型，该模型将负债经营的企业看成是被债权人持有的证券，而股东持有一个以该证券为标的物的看涨期权(call option)，只有在企业的总市场价值(MV)高于债务价值(D)时，股东才会使用该看涨期权。斯科特的第二个模型是不存在外部资本市场条件下的赌徒破产模型，该模型假设企业无法通过证券市场筹集资本，企业破产的概率由现金流(CF)和企业净资产清算价(NA)之和的期望与现金流方差的比率决定。如果放松企业不能和外部资本市场接触的假设，其余假设和第二个模型相同，就得到了具有完美外部资本市场条件下的赌徒破产模型。进一步放松对资本市场的假设，就可以得到外部资本市场不完美条件下的赌徒破产模型，该模型进一步考虑融资成本、税收及其他市场不完善因素对企业破产的影响。

契约理论的引进产生了第三类规范性理论。该理论试图用股东和债权人之间的潜在利益冲突来研究公司破产。契约理论的分析结果不仅表明破产原因远比斯科特所描述的复杂，而且还表明现金流的波动性和公司资产的变现价值是决定企业生存的关键因素。因此，研究公司破产的实证模型应该寻找这两个因素的代理变量。

第四类规范性理论是管理学和企业战略学理论，但这类理论只能勉强称为规范性理论，这是因为它们只不过是通过对一系列破产公司进行案例研究得出的规律性总结，他们大多数都将管理失误作为公司经营失败的主要原因，如权力过于集中、缺乏内部控制机制或机制没有得到有效执行、会计及财务控制不严、对竞争反应太慢、经营缺乏多元化、借贷过度等。

规范性理论虽然不能完全认定进行实证检验或预测公司破产的实证模型所应包括的变

量,但它毕竟提供了一个理论框架,为变量选择提供了一定的指导作用。与规范性理论相反,实证理论研究注重于通过考察公司的财务特征,利用一手数据和各种统计手段来预测公司的财务风险程度。尽管实证研究并不能很好地解释"为什么会出现破产",但是由于能够提供良好的预测能力并帮助决策,它们实际上已经构成了财务风险预警研究的主体。

(四)财务风险预警分析方法的类型

1. 单变量预警分析和多变量预警分析

这是按分析时利用指标或因素的多少来划分的。单变量是指通过对每个因素或指标进行分析判断,与标准值进行比较,然后决定是否发出警报以及警报的程度;多变量分析则是根据不同指标、不同因素的综合分析的结果进行判断。

2. 指标判断和因素判断

这是按分析判断时采取的主要依据划分的。指标判断是建立风险评价指标或指标体系,划定指标预警标准以及警报区域,然后根据指标值落入警报区域的状况来确定是否发出警报以及警报的程度;因素判断则是以风险因素是否出现或出现的概率作为报警准则。在进行判断时,可将风险因素按一定方式进行重要度排序,以重点因素作为主要的报警因素,或通过某种方法得到风险因素的出现概率,然后与报警概率进行比较,作出判断。

3. 定性分析和定量分析

这是按预警分析所采用的分析方法划分的。定性分析是根据分析者对企业财务运行状况、组织管理的各种风险综合评判得出预警结论。定量分析主要以量化的资料、数据和模型进行预警,包括财务指标分析法、财务杠杆系数分析法、概率分析法、敏感性分析、盈亏平衡分析法、模型分析法、实证分析方法等。

三、财务风险预警方法

(一)定性分析法

1. 标准化调查法

标准化调查法又称风险分析调查法,指通过专业人员、咨询公司、协会等,就企业可能遇到的问题加以详细调查与分析、形成报告文件供企业经营者使用的方法。之所以称其为标准化,并不是指这些报告文件或调查表格具有统一的格式,而是指它们所提出的问题具有共性,对所有的企业或组织都普遍适用。这是这种方法的优点,但换个角度来看,对特定的企业而言,标准化调查法形成的报告文件无法提供企业的具有个性特征的问题,并且,报告文件是专业人员根据调查结果,以自己的职业判断为准对企业的情况给予的定位,有可能出现主观判断错误的情况。另外,该类表格没有要求对回答的每个问题进行解释,也没有引导使用者对所提问题之外的相关信息做出正确判断。

2. "三个月资金周转表"分析法

判断企业经营状况的有效方法之一,是看有没有制定三个月的资金周转表。是否制作资金周转的三个月计划表,是否经常检查结转下月余额对总收入的比率以及销售额对付款

第十二章 企业财务风险分析

票据兑现额的比率以及考虑资金周转问题，对维持企业的生存极其重要。这种方法的理论思路是当销售额逐月上升时，兑现付款票据极其容易。可是反过来，如果销售额每月下降，已经开出的付款票据也就难支付。而且，经济繁荣与否和资金周转关系甚为密切，从萧条走向繁荣时资金周转渐趋灵活，然而，从繁荣转向萧条，尤其是进入萧条期后，企业计划就往往被打乱，销售额和赊销款的回收都不能按照计划进行，但是各种经费往往超过原来的计划，所以如果不制定特别细致的计划表，资金的周转就不能不令人担忧。

这种方法的实质是企业面临的理财环境是变幻无穷的，要避免发生支付危机，就应当仔细制定计划，准备好安全度较高的资金周转表。假如连这种应当办到的事也做不到，就说明这个企业已经呈现紧张状态了。

这种方法的判断标准：①如果制定不出三个月的资金周转表，这本身就已经是个问题了；②倘若已经制定好了三个月资金周转表，就要查明转入下一个月的结转额是否占总收入的20%以上，付款票据的支付额是否在销售额的60%以下(批发商)或40%以下(制造业)。

3. 管理评分法

管理评分法又叫"A 记分"法，其基本原理是：首先将与企业风险有关的各种现象或标志罗列出来，并根据它们对企业经营失败影响的大小赋予不同的数据，然后将企业每一因素下所得的分值加总，即得综合风险分值"A"将它与标准比较，便可判断程度所属级别。管理评分法试图把定性分析判断定量化，如表12-1 所示。

表12-1 管理评分法分值表

项　目	风险因素	计分法	总值	临界值
经营缺点	管理活动不深入	1	43	10
	管理技能不全面	2		
	被动的经理班子	2		
	财务经理能力欠缺	2		
	无过程预算控制	3		
	无现金开支计划	3		
	无成本监督控制系统	3		
	董事长兼任总经理	4		
	总经理独断专行	8		
	应变能力太低	15		
经营错误	高杠杆负债经营	15	45	15
	企业过度发展，核心竞争力能力欠缺	15		
	过大风险的项目	4		
破产征兆	危机财务信号	4	12	0
	被迫编制假账	4		
	经营秩序混乱	3		
	管理停顿	1		
分数加总		100	100	25

管理评分法的理论基础是认为企业经营失败是一个逐步累积的过程，是由一些经营上的不足导致经营出现错误，进而出现财务危机的征兆，最后引发破产。因此该理论将风险因素分为企业经营缺点、企业经营错误和企业破产征兆三类，并赋予这三类因素以不同的标准分值，分值越大的风险因素给企业带来的风险越大，分值越小的风险因素给企业带来的风险越小。管理评分法基于这样一个前提：企业失败源于企业的高层管理者，因此，在这三类风险因素中，分值最高的是经营错误，计 45 分，这是企业失败的关键所在；其次，经营缺点中的后几项，其分值从 3—15 分不等，这是企业失败的主要原因。当企业出现破产征兆时可以说大势已定，因此企业应对经营中的缺点和错误予以足够的重视，否则等到企业出现破产征兆时再来挽救将为时已晚。在具体确定分值时，对表中列示的任一风险因素若能肯定其已在本企业存在，就记对应分值的满分，否则记零分，不允许有中间分。所给的分数表明了管理不善的程度，企业的风险因素越多，得分越高，则企业的处境越差。在理想的企业中，这些分数应当为零。根据经验，企业总的临界分值是 25 分，如高于 25 分，则表示企业已处于高风险区；若分值在 18—25 分，则表示企业处于风险警戒区，这时企业面临着某种危机，但这种危机可以通过加强或改善管理来转危为安而不至于导致失败；低于 18 分，则表示企业处于风险安全区。

管理评分法在很大程度上依赖估测者的主观判断；因此存在一些问题尚需进一步研究：第一，影响企业风险的主要因素是否已全部包括在表之中；第二，已列出的因素是否均与企业风险相关；第三，各风险因素的标准分值是否真的标准；第四，评分只取两极(对应记分值的满分和零分)，依此所得的分值能不能充分反映企业风险因素的不同程度；第五，作为风险大小标志的临界分值只是根据经验确定，其代表性以及预测效果有待实践检验。鉴于以上几点，在有效解决这些问题之前，管理评分法还只能作为一套主观测定风险程度的方法，需要结合其他方法进行风险估测。

4. "四阶段症状"分析法

企业财务运营情况不佳甚至出现危机，肯定有其特定的症状，而且是逐步加剧的，财务预警分析的任务是及早地发现各个阶段的症状，对症下药。可以认为，企业财务运营病症大体分为四个阶段，各阶段病症状况如表 12-2 所示，如企业有相应情况发生，一定要尽快弄清病因，采取有效措施，摆脱财务困境，恢复财务正常运作。

表 12-2　"四阶段症状"分析法的各阶段症状

阶　　段	财务危机潜伏期	财务危机发作期	财务危机恶化期	财务危机实现期
病症状况	盲目扩张 无效市场营销 疏于风险管理 缺乏有效管理制度 企业资源分配不当 无视环境重大变化	自由资本不足 过分依赖外部资金，利息负担重 缺乏财务预警作用 债务拖延偿付	经营者无心经营业务，专心于财务周转 资金周转困难 债务到期违约	负债超过资产，丧失偿付能力 宣布倒闭

第十二章 企业财务风险分析

(二)定量分析方法

定量分析方法有很多种,这里主要介绍单变量预警分析方法和多变量预警分析方法。

1. 单变量预警分析方法

单变量预警分析方法是指运用单一变量、用个别的财务比率来预测财务危机的模型。按照这一模式,当企业的财务危机预警模型所涉及的几个财务比率趋于恶化时,通常是企业将要发生财务危机的先兆。单变量模式所运用的预测财务危机的比率,按其预测能力可以分为以下三大类:偿债能力指标、获利能力指标和营运能力指标。企业应该充分运用财务报表的数据对企业的财务状况和经营成果,从企业偿债能力指标、获利能力指标、营运能力指标等方面进行定期评价和诊断,若发现企业的某些重要财务指标发生重大变化,或超出通常的警戒范围,就应该积极地去寻找原因,并及时采取应对措施,把财务危机的损失降到最小化。

最早的财务预警研究是菲茨帕特里克(Fit Zpatrick)(1932)开展的单变量破产预测研究。他以 19 家企业作为样本,运用单个财务比率将样本划分为破产与非破产两组,菲茨帕特里克发现判别能力最高的是净利润/股东权益和股东权益/负债。

比沃(Bevrer,1966)较早运用单变量预警分析法建立财务危机预警模型。他在预警方法设计上,首先抽取了 1954 年至 1964 年的 79 家失败公司作为样本,并逐一选择了产品相同、资产规模相近的对比分析样本公司,然后将这些样本公司在财务失败前数年的财务比率用作判别指标,利用二分类检定法(dichotomous classification test),按年度将样本公司的财务比率从大到小进行了排列,以便从中寻找一个使错误百分比最低的临界点。比沃(Bevrer)研究发现,使用"现金流量/总负债"这一财务比率来预测企业失败的效果最好,在企业失败前一年可判别 90%的失败公司,使用"总负债/总资产"比率的判别效果次之,其判别成功率为 88%。

在单变量预警分析方法中,由日本企业经营诊断专家田边升一提出的"利息及票据贴现费用"判别分析法也是比较有效的,他提出通过检查企业运营的"血液"——资金运行状况,特别是重点分析企业利息及票据贴现费用的大小,即以企业的贷款利息、票据贴现费用占其销售额的百分比来判别该企业的经营是否正常。

在运用单变量模式对企业财务危机进行预警分析时,单变量比率分析尽管有效,但其作用却有限,其局限性主要表现在以下几个方面:一是单变量比率可以判别公司是否处于财务危机之中,但不能判别企业是否可能破产以及预测何时破产;二是单变量比率分析的结论可能会受到通货膨胀的影响;三是当企业面临财务困难时,管理当局往往会采用粉饰财务报表的方法来掩盖公司的真实财务状况,使财务危机预警失去作用。

2. 多变量预警分析方法

财务风险预警系统从空间角度来看包括若干子系统,其中最重要的就是财务风险防范决策子系统,在财务风险防范决策子系统中起决定作用的就是财务风险预警模型的建立和运用。财务风险预警模型是财务风险预警系统的核心部分,它是以公司的财务数据为基础,以财务指标体系为中心,通过对财务指标的综合分析,用比率和公式计算的数据来反映公司的财务状况并对潜在的财务风险发出预警信号,为公司管理者和其他关系人提供决策的依据。

1) Z计分模型

1968年，阿尔曼提出了多元线性判定模型即运用多种财务指标加权汇总产生的总判断分值(称为Z值)来预测财务危机，阿尔曼的Z值计算模型分为上市公司和非上市公司两种情况。其中，上市公司的Z值模型和判别规则如下：

$$Z=0.012X_1+0.014X_2+0.033X_3+0.006X_4+0.999X_5$$

式中：X_1=净营运资本/资产总额，反映公司总营运资本的流动性。净营运资本是一个被广泛用于计量财务风险的指标，在其他因素不变的情况下，公司的净营运资本越多，就越能履行当期债务责任，一个公司的净营运资本如果持续减少，往往预示着它出现了短期偿债危机。

X_2=留存收益/资产总额，反映公司的支付剩余能力。对于上市公司而言，留存收益为公司净利润减去股利支付后的余额，如果不考虑公司的股利政策等其他因素，留存收益越多，表明公司支付股利的剩余能力越强，其财务失败的风险也越小。

X_3=息税前利润/资产总额，反映公司的收益率大小，衡量公司运用全部资产获取利润的能力。公司的利润不仅密切关系所有者的利益，也是公司偿还债务的重要保证，是反映公司是否财务失败的最有力依据之一。因此，模型分配给它一个最大的权数。

X_4=普通股和优先股市场价值总额/债务账面价值总额，反映公司财务状况的稳定性。该比率越高，债权人的贷款安全越有保障，公司的财务风险也就越小。

X_5=本期销售收入/资产总额，反映公司的活动比率。该指标越大，反映公司利用其资产进行经营的效率越高；反之，则表明公司利用其资产进行经营的效率低，从而影响公司的获利能力，增大财务风险。

该模型实际上是通过五个变量(五种财务比率)，将反映企业偿债能力的指标(X_1, X_4)、获利能力指标(X_2, X_3)和营运能力指标(X_5)有机地联系起来，综合分析预测企业财务失败或破产的可能性。一般地，Z值越低，企业越有可能发生破产。阿尔曼还提出了判断企业破产的临界值：如果企业的Z值大于2.675，则表明企业的财务状况良好，发生破产的可能性较小；反之，若Z值小于1.81，则企业存在很大的破产危险；如果Z值处于1.81—2.675，阿尔曼(Altman)称之"灰色地带"，进入这个区间的企业财务是极不稳定的。该模型在西方预测公司破产的准确率可以达到70%—90%。

非上市公司的Z值模型和判别规则如下：

$$Z=0.717X_1+0.847X_2+3.107X_3+0.420X_4+0.998X_5$$

其中：X_4修正为股东权益/总负债，反映公司财务状况的稳定性。它表明了股东权益对公司债务的保障程度，该比率越高，债权人的贷款安全越有保障，公司的财务风险也就越小。其余X_1、X_2、X_3、X_5同上市公司的相同。X_1、X_2、X_3、X_4、X_5分别反映资产流动性、公司的寿命及累积的利润率、盈利能力、财务结构、资本周转率。

根据该模型计算，如果Z<1.20财务将陷入困境，破产率很高；如果Z>2.90财务状况良好，破产概率很低；如果1.20<Z<2.90为灰色区域，难以简单得出是否破产的结论。公司破产一般发生在第一次Z值出现负数的3年里。但是对我国的企业，由于我国经济状况、地域、行业等诸多因素的差异，在运用这一基本模型时，如何根据自身的需要和特点，设计和选择财务比率指标，确定权重以及各种景气状态的数量特征值，是企业建立和用好该

系统的关键。

2) F 分数模型

Z 值判定模型考虑了多变量的因素,但在建立时并没有充分考虑到现金变动等方面的情况,为此,我国学者周首华等提出对 Z 值判定模型加以改造建立起 F 分数模型。许多专家证实,现金流量比率是预测公司破产的有效变量,F 分数模型加入现金流量这一预测自变量,弥补了 Z 值判定模型的不足,其表达公式为

$$F = -0.1774 + 1.1091X_1 + 0.1704X_2 + 1.9271X_3 + 0.0302X_4 + 0.4961X_5$$

其中:X_1、X_2 及 X_4 与 Z 计分模型中的 X_1、X_2 及 X_4 反映的指标相同;

X_1=(流动资产−流动负债)/资产总额;

X_2=留存收益/资产总额;

X_3=(税后净收益+折旧)/平均总负债;

X_4=股东权益/债务总额账面价值;

X_5=(税后净收益+利息+折旧)/平均总资产。

F 分数模型与 Z 分数模型中各比率的区别就在于其 X_3、X_5 与 Z 分数模型的 X_3、X_5 不同。X_3 是一个现金流量变量,它是衡量企业所产生的全部现金流量可用于偿还企业债务能力的重要指标。一般来讲,企业提取的折旧费用,也是企业创造的现金流入,必要时可将这部分资金用来偿还债务。X_5 测定的则是企业总资产在创造现金流量方面的能力(其中的利息是指企业利息收入减去利息支出后的余额)。相对于 Z 分数模型,它可以更准确地预测出企业是否存在财务危机。

F 分数模型中的五个自变量的选择都是基于财务理论,其临界点为 0.0274,如某一特定的 F 分数低于 0.0274,则企业可能发生财务危机;反之,如 F 分数高于 0.0274,则企业可继续稳健经营。

3) 概率模型

实证研究表明,二元选择模型中最常用的两种模型是 Logistic 模型和 Probit 模型,两种模型都适用于非线性情况,如果没有极端值,理论上两种方法得出的结论非常相似,本文以二元 Logistic 概率函数为例。二元 Logistic 概率函数又称增长函数,二元 Logistic 概率函数的定义为

$$p = \frac{1}{-(a_0 + b_1 x_1 + b_2 x_2 + \cdots + b_n x_n)}$$

式中,p 是二元 Logistic 函数的计算结果,a 是常数项,b_i 是斜率,x_i 是自变量。对以上等式进行等量变换,可以得到下面一个比较方便计算的公式:

$$\ln\left(\frac{p}{1-p}\right) = a_0 + b_1 x_1 + b_2 x_2 + \cdots + b_n x_n$$

式中各变量的解释同上。由于计算的是事件发生的概率,这样一来就有效地将回归因变量的值域控制在 0~1,并随自变量组合值 Z 的变化而连续变化。Logistic 模型将违约的概率限制在 0~1,Logistic 模型较直接简单且快速,所以实证上大多使 Logistic 模型进行分析。

思 考 题

1. 风险的本质是什么？
2. 简述企业财务风险。
3. 简述财务风险预警的发展。
4. 简述财务风险预警的含义及其方法。
5. 简述 Z 计分模型。

拓展阅读

"上市公司案例分析"的内容请扫下方二维码。

上市公司案例分析.doc

参考文献

1. 樊行健. 现代财务经济分析学[M]. 成都：西南财经大学出版社，2004.
2. 利奥波德·伯恩斯坦，约翰·维欧德. 财务报表分析[M]. 5版. 许秉岩，张海燕译. 北京：北京大学出版社，2001/2000.
3. Lyn M. Fraser，Aileen Ormiston. Understanding Financial Statements(影印本). 北京：北京大学出版社，2004.
4. 张先治. 财务分析[M]. 大连：东北财经大学出版社，2001.
5. 颜剩勇. 企业社会责任财务分析评价研究[M]. 成都：西南财经大学出版社，2007.
6. [美]怀特等. 财务报表分析与运用[M]. 李志强等译. 北京：中信出版社，2008.
7. [美]索弗. 财务报表分析：估值方法[M]. 肖星译. 北京：清华大学出版社，2005.
8. [美]利奥波德·A.伯恩斯坦等. 财务报表分析[M]. 许秉岩等译. 北京：北京大学出版社，2004.
9. 王又庄. 现代企业经济分析[M]. 上海：立信会计出版社，1999.
10. 林华，林世怡. 财务报告和分析：企业、政府与非营利组织财务报告分析[M]. 上海：复旦大学出版社，2010.
11. 荆新，刘兴云. 财务分析学[M]. 北京：经济科学出版社，2010.
12. 戴欣苗. 财务报表分析(技巧·策略)[M]. 北京：清华大学出版社，2008.
13. 张先治，陈友邦. 财务分析[M]. 大连：东北财经大学出版社，2007.
14. 吴联生. 上市公司会计报告研究[M]. 大连：东北财经大学出版社，2001.
15. 张新民，钱爱民. 财务报表分析[M]. 北京：中国人民大学出版社，2008.
16. 樊行健. 财务分析[M]. 北京：清华大学出版社，2007.
17. 胡奕明. 财务分析案例：公司战略、业绩预测与商业估值[M]. 北京：清华大学出版社，2006.
18. 单喆敏. 上市公司财务报表分析[M]. 上海：复旦大学出版社，2005.
19. Roberrt C.Higgins. Analysis for Financial Management. NewYork: Mcgraw-Hill，2008.
20. Roberrt S.Kaplan, Anthony A.Atkinson. Advanced Management Accounting. NewYork: Prentice Hall，1998.
21. 荆新，王化成. 财务管理学[M]. 北京：中国人民大学出版社，2006.
22. 财政部统计评价司. 企业绩效评价问答[M]. 北京：经济科学出版社，1999.